lassic
Computer
Science
Problems
in Python

고전 컴퓨터
알고리즘 인 파이썬

피보나치 수열부터 보드게임까지,
알고리즘으로 풀어보는 고전 문제 43선

고전 컴퓨터 알고리즘 인 파이썬

피보나치 수열부터 보드게임까지, 알고리즘으로 풀어보는 고전 문제 43선

초판 1쇄 발행 2019년 12월 1일

지은이 데이비드 코펙 / **옮긴이** 최길우 / **펴낸이** 김태헌
펴낸곳 한빛미디어(주) / **주소** 서울시 서대문구 연희로2길 62 한빛미디어(주) IT출판부
전화 02-325-5544 / **팩스** 02-336-7124
등록 1999년 6월 24일 제25100-2017-000058호 / **ISBN** 979-11-6224-246-9 93000

총괄 전정아 / **책임편집** 이상복 / **기획** 서현 / **교정·조판** 김철수
디자인 표지 이아란 내지 김연정
영업 김형진, 김진불, 조유미 / **마케팅** 박상용, 송경석, 조수현, 이행은, 홍혜은 / **제작** 박성우, 김정우

이 책에 대한 의견이나 오탈자 및 잘못된 내용에 대한 수정 정보는 한빛미디어(주)의 홈페이지나 아래 이메일로
알려주십시오. 잘못된 책은 구입하신 서점에서 교환해드립니다. 책값은 뒤표지에 표시되어 있습니다.

한빛미디어 홈페이지 www.hanbit.co.kr / 이메일 ask@hanbit.co.kr

Published by Hanbit Media, Inc. Printed in Korea
Classic Computer Science Problems in Python

Original English language edition published by Manning Publications, USA.
Copyright © 2019 by Manning Publications Co.
Korean language edition copyright © 2019 by Hanbit Media, Inc. All rights reserved.

지금 하지 않으면 할 수 없는 일이 있습니다.
책으로 펴내고 싶은 아이디어나 원고를 메일(writer@hanbit.co.kr)로 보내주세요.
한빛미디어(주)는 여러분의 소중한 경험과 지식을 기다리고 있습니다.

Classic Computer Science Problems in Python

고전 컴퓨터 알고리즘 인 파이썬

피보나치 수열부터 보드게임까지,
알고리즘으로 풀어보는 고전 문제 43선

데이비드 코펙 지음
최길우 옮김

MANNING   한빛미디어
Hanbit Media, Inc.

평생 선생님이자 학생인
저의 할머니 에르미니아 안토스에게 이 책을 바칩니다.

책 표지에 대하여

『고전 컴퓨터 알고리즘 인 파이썬』의 표지 그림은 중국 사제 또는 신부 의복이다. 이 그림은 토마스 제퍼리스가 1757~1772에 출간한 『다른 나라의 복장 모음집, 고대와 현대』(총 4권)에서 가져왔다. 책의 설명에 의하면 원본 그림은 동판에 수작업으로 색을 입힌 형태며 아라비아고무로 입체감을 주었다.

토마스 제프리(1719~1771)는 '킹 조지 3세^{King George III}의 지리학자'로 불렸다. 그는 당시 혁신적인 지도를 제작한 잉글랜드 지도 제작자였다. 정부 및 기타 공식 기관을 위한 지도를 작성하고 인쇄했으며, 특히 북아메리카와 관련한 다양한 상업용 지도와 지도책을 생산했다. 지도 제작을 하면서 해당 지역의 복장에 깊은 관심을 갖게 되었고, 4권의 모음집으로 다양한 복장을 소개했다. 이국적인 매력과 여행의 즐거움은 18세기에 새롭게 시작된 현상으로 실제 여행자나 다른 사람에게 보고 듣는 간접 여행자 모두에게 새로 수집한 물품은 많은 인기를 끌었다. 이 모음집은 인기가 좋아서 여행자와 다른 나라 주민들에게 소개되었다.

제프리의 책에 있는 다양한 그림은 약 200년 전의 전 세계 국가 복장의 독창성과 개성을 생생하게 표현하고 있다. 그 후 각 지역 및 나라의 복장 규정이 변경되었고, 지역과 국가마다 존재했던 다양성 또한 사라졌다. 현재는 겉모습만으로는 어떤 대륙에 사는 사람인지 구별하기 어려울 정도다. 긍정적으로 생각하면 아마도 우리는 문화의 다양성과 시각의 다양성을 개인 생활의 다양성(또는 좀 더 다양하고 흥미로운 지적이고 기술적인 삶)과 맞바꾼 것인지도 모른다.

우리는 구별하기 어려울 정도로 수많은 컴퓨터 책이 출간되는 시대에 살고 있다. 그럴수록 매닝은 제프리가 묘사한 2세기 이전의 다양한 국가 의상을 책 표지로 사용하는 독창성과 결단력을 자랑스럽게 생각한다.

지은이 · 옮긴이 소개

지은이 **데이비드 코펙** David Kopec

샹플랭 대학의 컴퓨터 과학 및 혁신 센터의 조교수다. 숙련된 소프트웨어 개발자이자 『Classic Computer Science Problems in Swift』(매닝, 2018)와 『Dart for Absolute Beginners』(에이프레스, 2014) 저자다. 다트머스 대학에서 경제학 학사학위와 컴퓨터 과학 석사학위를 취득했다.

옮긴이 **최길우** asciineo@gmail.com

스타트업에서 솔루션 엔지니어로 평범한 직장인의 삶을 살고 있다. 개발팀, 제품팀, 영업팀 사이에서 고객 기술 지원을 하며 이런저런 잡무를 담당하고 있다.

새로운 기술이 끊임없이 쏟아지고 있다. 책 제목에 들어 있는 '고전^{classic}'이라는 말은 왠지 최신 기술에 어울리지 않는 것처럼 들릴지도 모르겠다. 하지만 현재 소프트웨어 최신 기술은 하드웨어의 발전과 함께 고전 알고리즘을 바탕으로 개발되고 있다.

컴퓨터 과학을 전공했다면 정규 수업에서 수차례 들어봤을 법한 유명한 고전 알고리즘을 소개한다. 이 책은 난도가 높은 고전 문제를 파이썬 표준 라이브러리만 사용하여 구현한다. 그리고 문제 해결 과정에서 자주 사용하는 알고리즘은 모듈화해서 재사용한다. 이 책이 조금 어려운 점은 하향식$^{top\text{-}down}$ 방식으로 문제를 해결한다(코드를 구현한다). 즉, 문제 해결에 필요한 알고리즘을 구현한 뒤 구현된 알고리즘을 바탕으로 문제를 해결한다. 팀에서 중요한 핵심 알고리즘을 구현하는 개발자 혹은 면접을 준비하는 독자에게 이 책을 추천한다.

이 책은 먼저 재귀로 시작하여 메모이제이션, 비트 조작, 탐색 알고리즘, 제약 충족 문제, 그래프 알고리즘, 유전 알고리즘, k-평균 군집화, 신경망 문제, 적대적 탐색, 배낭 문제, 외판원 문제 등을 다룬다. 그리고 어떤 문제가 주어질 때 어떤 알고리즘을 사용해서 문제에 접근하면 좋은지에 대한 시야를 길러준다. 이 책에서 구현한 알고리즘은 파이썬 3.7 이상에서만 동작하며, 대부분의 파이썬 개발자에게 익숙하지 않은 타입 힌트를 사용한다. 타입 힌트를 익히며, 고전 알고리즘을 살펴보는 독자에게 좋을 것이다.

이 책을 편집해준 서현 편집자님께 감사의 말을 전한다. 부족한 본인과 같이 일했던 혹은 현재 같이 일하고 있는 회사 동료에게도 감사의 말을 전한다. 끝으로 항상 멀리서 응원해주는 가족들에게 사랑한다는 말을 전한다.

최길우

이 책에 대하여

『고전 컴퓨터 알고리즘 인 파이썬』 책을 구입해주셔서 감사하다. 파이썬은 인기 프로그래밍 언어 중 하나며, 사람들은 다양한 배경으로 파이써니스타(파이썬 프로그래머)가 된다. 일부 독자는 공식적인 컴퓨터 과학 교육을 받는다. 일부는 취미로 파이썬을 배운다. 또 다른 일부는 전문 환경에서 파이썬을 사용하지만, 이들의 주요 업무는 소프트웨어 개발자가 아닌 경우도 있다. 이 책을 통해 정규 컴퓨터 과학 교육을 받고 있는 독자는 컴퓨터 과학 교육에서 다루는 내용을 새롭게 상기하면서 언어의 고급 기능을 배울 수 있다. 혼자 학습하는 독자는 자신이 선택한 파이썬으로 기초 문제를 학습하면서 컴퓨터 과학 교과에서 다루는 내용을 학습할 수 있다. 이 책은 모든 사람에게 진정으로 필요한 문제 해결 기법의 다양성을 다룬다.

이 책은 파이썬을 소개하는 책이 아니다. 파이썬을 소개하는 책을 찾고 있다면 한빛미디어 및 다른 출판사에 파이썬을 소개하는 수많은 파이썬 우수 도서가 있다.[1] 이 책은 여러분이 중급 또는 고급 파이썬 프로그래머라고 가정한다. 파이썬 3.7로 설명하지만 최신 버전의 모든 내용을 숙달하는 데 중점을 두지 않는다. 독자들이 파이썬에 숙달하는 데 도움이 되는 학습 자료의 역할만 할 것이다. 파이썬에 완전 초보인 독자는 먼저 파이썬을 소개하는 기본 서적부터 공부한 뒤 다시 이 책으로 돌아오기 바란다.

왜 파이썬인가

파이썬은 데이터 과학, 영화 제작, 컴퓨터 과학 교육, IT 관리 등 다양한 목적으로 사용된다. 파이썬은 (아마 운영체제의 커널 개발을 제외하고) 거의 모든 분야에서 사용된다. 파이썬은 유연성, 아름답고 간결한 구문, 순수 객체 지향 및 인기 있는 커뮤니티로 인해 사랑받고 있다.[2] 강력한 커뮤니티는 신규 파이써니스타에게는 안락한 장소이며, 개발자가 구축할 수 있는 사용 가능한 라이브러리 생태계를 갖추고 있다는 것을 의미하므로 매우 중요하다.

---

1 파이썬에 익숙하지 않다면 이 책을 시작하기 전에 『처음 시작하는 파이썬』(한빛미디어, 2015) 또는 인터넷에 잘 정리된 파이썬 기초 연재 사이트 및 블로그를 확인하라.

2 옮긴이_ 한국에서도 매년 파이콘이 열린다. 파이썬을 사용한다면 꼭 한 번 가볼 것을 추천한다. https://www.pycon.kr/

이러한 이유로 파이썬은 프로그래밍 입문자에게 친화적인 언어로 인식된다. 대부분의 사람은 파이썬이 C++보다 배우기 쉽다는 것에 동의한다. 또한 커뮤니티는 새로운 사람이 파이썬에 친숙해지도록 만들어준다. 그 결과 많은 사람이 파이썬을 배우게 되며, 단기간에 프로그램을 구현하게 된다. 독자 중 컴퓨터 과학에서 사용할 수 있는 강력한 문제 해결 기술을 교육받지 못한 사람도 있을 것이다. 파이썬을 알고 있지만 컴퓨터 과학 기초를 모른다면 이 책은 당신을 위한 책이다.

이미 다른 언어를 사용해서 소프트웨어 개발에 잔뼈가 굵은 사람들은 파이썬을 2번째 또는 3, 4, 5번째 언어로 배우고 있을 것이다. 그들이 다른 언어로 학습한 고전 문제를 이 책에서 다시 학습하면 파이썬을 빠르게 익힐 수 있을 것이다. 또한 이 책은 코딩 면접에도 도움이 될 것이다. 그리고 이전에 해왔던 작업에서 활용하지 못했던 문제 해결 기술을 학습하게 될 것이다.

고전 컴퓨터 알고리즘 문제란 무엇인가

어떤 사람은 망원경(도구)과 천문학(학문)으로 컴퓨터와 컴퓨터 과학을 비유한다. 그렇다면 프로그래밍 언어는 망원경 렌즈와 같을 것이다. 어쨌든 '고전 컴퓨터 알고리즘 문제'라는 용어는 '컴퓨터 과학 학부 교육 과정에서 다루는 일반적인 프로그래밍 문제'를 의미한다.

고전 컴퓨터 알고리즘 문제는 컴퓨터 과학, 소프트웨어 공학 등의 학부와 알고리즘, 인공지능을 다루는 책에서 주로 다룬다. 이러한 고전 컴퓨터 알고리즘 문제를 이 책에서 살펴본다.

현실 문제는 몇 줄의 코드로 해결할 수 있는 작은 문제부터 여러 장에 걸쳐 시스템을 구축하는 복잡한 문제까지 다양하다. 일부 문제는 인공지능이 필요할 수도 있고, 일부는 단순한 상식으로 해결 가능하다. 또한 일부 문제는 실용적이며, 일부는 공상적이다.

이 책에서는 어떤 문제를 다루나

1장에서는 대부분의 독자에게 익숙한 문제 해결 기법을 소개한다. 재귀, 메모이제이션, 비트 조작과 같은 내용은 뒷부분에서 다룬다.

2장에서는 검색을 다룬다. 검색은 가장 많이 사용되며 인기 있는 주제다. 이진 검색, 깊이 우선 탐색, 너비 우선 탐색, A* 등 주요 검색 알고리즘을 다룬다. 이 장의 내용은 다른 나머지 장에서 재사용된다.

3장에서는 제한된 영역(도메인)과 제약 조건이 있는 변수로 추상적 정의가 가능한 보드게임(체스보드 등) 문제를 다룬다. 여덟 퀸 문제, 호주 지도 색칠하기 문제, SEND+MORE=MONEY 복면산cryptarithmetic[3] 같은 고전 문제도 다룬다.

4장에서는 활용도 높은 그래프 알고리즘을 살펴본다. 그래프 자료구조를 작성하여 여러 가지 기본 최적화 문제를 해결한다.

5장에서는 유전 알고리즘을 다룬다. 이 기술은 이 책에서 다루는 다른 알고리즘보다 덜 결정적deterministic이다. 그러나 때때로 유전 알고리즘은 전통적인 알고리즘이 합리적인 시간 내에 해결할 수 없는 문제를 해결할 수 있다.

6장에서는 k-평균 군집화에 대해 다루며, 아마 이 책에서 가장 알고리즘에 특화된 장일 것이다. 군집화 기법은 구현이 간단하고, 이해하기 쉬우며, 광범위하게 적용 가능하다.

7장에서는 신경망이 무엇인지 설명한다. 아주 단순한 신경망이 어떻게 생겼는지 맛보기 제공을 목표로 한다. 진화 분야는 포괄적으로 다루지 않는다. 외부 라이브러리를 사용하지 않고, 제1원리first principles[4]에서 신경망을 작성하므로 신경망의 작동 방식을 실제로 볼 수 있다.

8장에서는 2인 플레이어 게임에서 적대적 탐색에 대한 내용을 다룬다. 최소최대(미니맥스minimax) 검색 알고리즘을 배우게 될 것이다. 이 알고리즘은 체스, 체커, 커넥트포[5]와 같은 게임을 할 수 있는 컴퓨터 플레이어를 개발하는 데 사용할 수 있다.

---

3 옮긴이_ 수학 퍼즐의 한 종류로, 문자를 이용하여 표현된 수식에서 각 문자가 나타내는 숫자를 알아내는 문제다. https://ko.wikipedia.org/wiki/복면산

4 옮긴이_ 자연과학에서 제1원리(Ab initio)라는 말은 다른 경험적 수량을 전혀 사용하지 않고 계산했다는 것을 뜻한다. https://ko.wikipedia.org/wiki/제1원리_계산
이 문맥에서는 철학의 제1원리를 말한다. 기초적이고 근원적인 가정 또는 제안을 의미하며, 이는 다른 가정 또는 제안에서 유도될 수 없다. https://ko.wikipedia.org/wiki/제일원리

5 옮긴이_ 오목과 비슷한 사목 보드게임. https://ko.wikipedia.org/wiki/커넥트포

9장에서는 이 책의 다른 장에서 설명하지 않았던 흥미롭고 재미있는 문제들을 다룬다.

누구를 위한 책인가

이 책은 중급자 및 숙련된 프로그래머를 대상으로 한다. 숙련된 프로그래머는 컴퓨터 과학에서 다루는 익숙한 문제를 통해 파이썬에 대한 지식이 더 깊어질 것이다. 중급자는 파이썬으로 고전 컴퓨터 알고리즘 문제를 접하게 될 것이다. 특히 개발 면접을 준비하는 개발자에게 많은 도움이 될 것이다.

전문 프로그래머뿐 아니라 파이썬에 관심 있는 컴퓨터 과학 학부 과정 학생에게도 도움 될 것이다. 이 책은 데이터 구조와 알고리즘을 다루는 기초 교과서가 아니다. 그러므로 빅오 표기법 Big-O notation을 광범위하게 사용하거나 증명에 대해서는 다루지 않는다. 대신 자료구조, 알고리즘, 인공지능을 활용하여 문제 해결 기술에 대한 실용적인 내용을 학습한다.

이 책의 독자는 파이썬 문법에 대한 지식이 있다고 가정한다. 프로그래밍 경험이 전혀 없거나 파이썬 프로그래밍 경험이 전혀 없는 독자는 먼저 기초 서적부터 볼 것을 추천한다. 『고전 컴퓨터 알고리즘 인 파이썬』은 파이썬 프로그래머와 컴퓨터 과학 학생을 위한 책이다.

파이썬 버전 관리, 소스 코드 저장소, 타입 힌트

이 책의 소스 코드는 파이썬 3.7로 작성했다. 파이썬 3.7에서만 사용할 수 있는 기능을 사용하므로 일부 코드는 파이썬 3.7 이전 버전에서 실행되지 않을 것이다. 이 책의 예제를 실행하려면 반드시 파이썬 3.7 혹은 최신 버전을 설치한다.

이 책은 파이썬 표준 라이브러리만 사용한다(typing_extensions 모듈이 설치된 2장은 예외로 한다). 따라서 이 책의 모든 코드는 파이썬이 지원되는 플랫폼(맥, 윈도우, GNU/리눅스 등)에서 실행해야 한다. 이 책의 코드는 CPython(주요 파이썬 인터프리터는 python.org에서 구할 수 있다)에서 테스트했지만 대부분의 코드는 파이썬 3.7 호환 버전의 다른 파이썬 인터프리터에서도 실행될 것이다.

이 책은 에디터, 통합 개발 환경(IDE), 디버거, 파이썬 REPL과 같은 파이썬 도구를 사용하는 방법은 설명하지 않는다. 이 책의 소스 코드는 깃허브 저장소 또는 한빛미디어 웹페이지에서 다운로드할 수 있다.

- **깃허브 저장소**
  github.com/davecom/ClassicComputerScienceProblemsInPython

- **한빛미디어**
  www.hanbit.co.kr/src/10246

이 책의 소스 코드에는 소스 코드 파일 이름이 표시되어 있다. 소스 코드는 장별 폴더로 구성되어 있으므로 원하는 파일을 저장소의 해당 폴더에서 찾아서 사용할 수 있다. 독자 컴퓨터의 파이썬 3 인터프리터 설정에 따라 python3 파일이름.py 또는 python 파일이름.py를 입력하여 터미널(또는 명령 프롬프트 창)에서 파일을 실행할 수 있다.

이 책의 모든 코드에서 타입 어노테이션^{type annotation}이라고 하는 파이썬 타입 힌트^{type hint}를 사용한다. 타입 어노테이션은 파이썬에서 비교적 새로운 기능이다. 이전에 본 적이 없다면 조금 적응하기 어려울 수 있다. 타입 어노테이션은 다음 세 가지 이유로 사용한다.

1 변수 타입, 함수 매개 변수, 반환값에 대한 명확성을 제공한다.
2 위 결과로 코드 문서화가 가능하다. 함수의 반환 타입을 찾기 위해 주석이나 독스트링(docstring)을 찾아보는 대신 타입 힌트를 보면 된다.
3 코드의 정확성을 검사할 수 있다. 인기 있는 파이썬 타입 검사기 중 하나는 마이파이(mypy)다.

파이써니스타 모두가 타입 힌트의 팬은 아니다. 이 책 전체에서 타입 힌트를 사용하는 모험을 했다. 독자들에게 타입 힌트가 방해가 아닌 도움이 되었으면 한다. 타입 힌트를 사용하면 파이썬 코드를 작성하는 데 시간이 조금 더 걸리지만 코드가 더 명확해진다. 타입 힌트의 흥미로운 점은 파이썬 인터프리터에서 실제 코드 실행에 영향을 미치지 않는다는 것이다. 이 책의 코드에서 타입 힌트를 제거해도 실행된다. 본격적으로 책을 읽기 전에 타입 힌트에 대해 알고 싶다면 부록 C를 참조한다.

표준 라이브러리만 있을 뿐 그래픽과 UI 코드는 없다

이 책에는 그래픽을 출력하거나 그래픽 사용자 인터페이스(GUI)를 사용하는 예제가 없다. 제기된 문제를 가능한 한 간결하고 이해하기 쉽게 해결하는 데 집중하기 위해서다. 종종 그래픽을 사용하면 문제의 테크닉이나 알고리즘을 설명하는 데 필요한 것보다 훨씬 더 복잡한 솔루션을 만들거나 방해가 되는 경우가 있다.

게다가 어떤 GUI 프레임워크도 사용하지 않기 때문에 이 책의 모든 코드는 이식성^{portable}이 높다. 윈도우 환경에서 실행할 수 있으며, 파이썬이 설치된 임베디드 리눅스 배포판에서도 실행 가능하다. 다른 파이썬 서적에서는 외부 라이브러리를 많이 다루지만 이 책에서는 표준 라이브러리만 사용했다. 이 책의 목표는 문제 해결 테크닉을 솔루션 설치가 아닌 제1원리에서 학습하는 것이다. 모든 문제를 바닥부터 해결하면 인기 있는 라이브러리가 백그라운드에서 동작하는 방식을 이해할 수 있다. 이 책의 코드는 최소한의 표준 라이브러리만 사용했기 때문에 이식성이 높아서 다른 환경에서 쉽게 실행 가능하다.

그렇다고 텍스트 기반 솔루션이 그래픽 기반 솔루션보다 알고리즘을 더 잘 설명한다고 말하려는 것은 아니다. 단지 이 책에서는 문제를 해결하는 데 있어 다른 계층을 추가하는 불필요한 복잡성을 줄이는 데 초점을 맞췄을 뿐이다.

시리즈

이 책은 매닝 출판사가 출간한 『고전 컴퓨터 알고리즘』 시리즈의 두 번째 책이다. 첫 번째 책은 『Classic Computer Science Problems in Swift』(매닝, 2018)다. 이 시리즈의 책에서는 동일한 컴퓨터 과학 문제를 통해 언어별 통찰력을 제공하는 것을 목표로 한다.

이 책을 본 후 다른 언어를 배우려는 계획이 있다면 이 시리즈의 다른 책을 봄으로써 새 언어에 쉽게 숙달할 수 있다. 현재 이 시리즈는 스위프트와 파이썬 편만 존재한다. 저자는 두 언어 모두에 상당한 경험이 있기 때문에 이 책을 집필했다. 현재 다른 언어의 전문가들과 이 시리즈의 다음 도서에 관한 공동 집필 계획을 논의하고 있다. 이 책을 재미있게 봤고 다른 언어 학습을 고려하고 있다면 다른 언어로 작성된 이 시리즈를 추천한다. 시리즈에 대한 자세한 내용은 https://classicproblems.com/을 참고한다.

감사의 글

『고전 컴퓨터 알고리즘 인 파이썬』의 집필을 도와준 셰럴 와이즈먼, 데어드레이 히암, 케이티 테넌트, 도티 마르시코, 자넷 배일, 바바라 미렉키, 알렉산다르 드라고사브예비치, 마리 피에르 지에스, 마리아 튜더에게 감사드립니다.

『Classic Computer Science Problems in Swift』를 출간하고, 파이썬 편을 집필하게 도와준 편집자 브라이언 소이어에게 감사드립니다. 항상 긍정적인 개발 편집자 제니퍼 스타우트에게 감사드립니다. 이 책의 각 단원을 상세하고 신중하게 검토하고 유용한 피드백을 준 기술 편집자 프란시스 분템포에게 감사드립니다. 이 책의 스위프트 편과 파이썬 편에서 저의 몇몇 실수를 포착한 세심한 교정자 앤디 캐롤과 기술 교정자 후안 루페스에게 감사드립니다.

이 책을 집필하는 동안 건설적이고 구체적인 비평을 주신 모든 분께 감사드립니다. 그들의 의견이 이 책에 반영되었습니다. 알 크링커, 알 페제브스키, 앨런 보구시비치, 브라이언 캐나다, 크레이그 헨더슨, 다니엘 케니정, 에드몽 세세이, 에와 바라노프스카, 게리 반하트, 게오프 클라크, 제임스 왓슨, 제프리 림, 젠스 크리스티안, 브레달 매드슨, 후안 지메네즈, 후안 루페스, 맷 렘케, 마유르 파틸, 마이클 브라이트, 로베르토 카사데이, 샘 자이델, 토르스텐 웨버, 톰 제프리, 윌 로페즈에게 감사드립니다.

『Classic Computer Science Problems in Swift』를 출간한 후 이 책을 바로 쓸 수 있도록 응원해준 가족, 친구, 직장 동료에게 감사드립니다. 트위터 및 기타 다른 사이트에서 크고 작은 방식으로 이 책을 홍보해준 온라인 친구들에게 감사드립니다. 아내 레베카 코펙과 내가 하는 일이라면 항상 지지해주시는 어머니 실비아 코펙에게 감사드립니다.

이 책은 아주 짧은 기간에 완성했습니다. 대부분의 내용은 이전 스위프트 버전을 바탕으로 2018년 여름에 집필했습니다. 책이 빨리 출간될 수 있도록 긴 출간 프로세스를 압축해준 매닝 출판사에 감사드립니다. 단 몇 달 만에 여러 사람과 여러 단계의 검토를 3번 진행하면서 출판사 전체 팀을 매우 힘들게 만들었습니다. 대부분의 독자는 전통적인 출판사의 기술 도서가 얼마나 많은 종류의 리뷰를 검토하는지, 그리고 얼마나 많은 사람이 그것을 비판하고 개정하는지에 대해 놀랄 겁니다. 기술 검토자, 편집자 및 이 책에 관련된 모든 사람에게 감사드립니다!

마지막으로 이 책을 구입한 독자 여러분에게 감사드립니다. 온라인 튜토리얼로 가득 찬 세계에서 동일한 저자의 목소리를 책으로 제공하는 것은 매우 중요한 일이고 생각합니다. 컴퓨터 과학에서 온라인 튜토리얼은 훌륭한 학습 자료입니다. 하지만 많은 사람의 노력과 신중하게 개발 및 검토된 서적은 더 훌륭한 학습 자료가 될 겁니다.

데이비드 코펙

CONTENTS

CHAPTER **1 작은 문제**

CONTENTS

CHAPTER 4 그래프 문제

CHAPTER 5 유전 알고리즘

CONTENTS

CHAPTER 8 적대적 탐색

CHAPTER 9 기타 문제

CONTENTS

작은 문제

간단한 함수로 해결할 수 있는 작은 문제를 먼저 살펴보자. 이러한 작은 문제는 코드는 짧지만 문제를 해결하는 흥미로운 기법을 보여줄 것이다. 앞으로 큰 문제를 풀기 위한 몸풀기 예제로 생각하자.

1.1 피보나치 수열

피보나치 수열은 첫 번째와 두 번째 숫자를 제외한 모든 숫자가 이전 두 숫자를 합한 숫자를 나열한 수열이다.

    0, 1, 1, 2, 3, 5, 8, 13, 21...

수열의 첫 번째 피보나치 수의 값은 0이다. 네 번째 피보나치 수의 값은 2다. n번째 피보나치 수의 값은 아래 수식으로 구할 수 있다.

    fib(n) = fib(n - 1) + fib(n - 2)

피보나치 수의 값을 계산하기 위한 위 수식은 **재귀** 함수로 쉽게 구현할 수 있는 의사코드(슈도 코드^{pseudocode})다.

1.1.1 재귀 함수

재귀 함수는 자기 자신을 호출하는 함수다. [그림 1-1]은 앞의 수식을 삽화로 보여주고 있다.

그림 1-1 각 사람의 키는 이전 두 사람의 키를 합친 것이다.

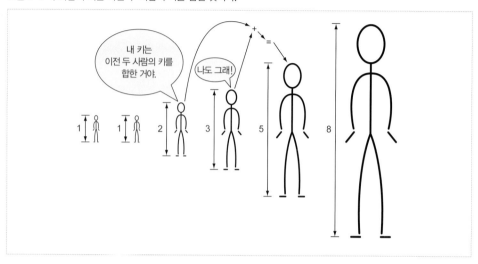

앞의 의사코드로 피보나치 수열의 주어진 값을 반환하는 첫 번째 재귀 함수를 작성해보자.

예제 1-1 fib1.py

```python
def fib1(n: int) -> int:
    return fib1(n - 1) + fib1(n - 2)
```

fib1( )에 값을 넣어 결과를 살펴보자.

예제 1-2 fib1.py (계속)

```python
if __name__ == "__main__":
    print(fib1(5))
```

위 코드를 실행하면 다음과 같은 에러가 발생한다.

```
RecursionError: maximum recursion depth exceeded
```

문제는 fib1( )이 최종 결과를 반환하지 않고 계속 실행된다. fib1( )의 호출은 fib1(n-1)과 fib1(n-2)를 통해 끝이 보이지 않는 두 번의 fib1( ) 호출로 이어진다. 이런 상황을 **무한 재귀**^{infinite recursion}라고 부르며(그림 1-2), **무한 루프**^{infinite loop}와 유사하다.

그림 1-2 재귀 함수 fib(n)은 인자 n-2와 n-1로 자신을 호출한다.

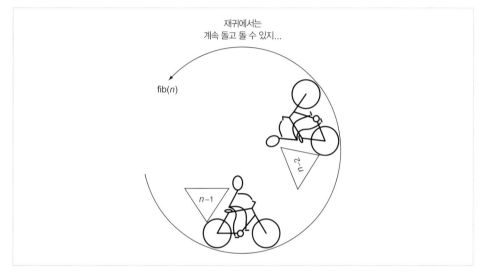

1.1.2 재귀 함수의 기저 조건

fib1( )을 실행할 때까지 파이썬 인터프리터에서는 무한 재귀를 호출한다고 알려주지 않는다. 컴파일러가 아닌 인터프리터 환경에서 무한 재귀를 피하는 것은 프로그래머의 의무다. 무한 재귀가 발생하는 이유는 기저 조건^{base case}을 설정하지 않았기 때문이다. 재귀 함수에서 기저 조건은 (재귀 함수를 빠져나오는) 탈출 조건이다.

피보나치 수열의 경우 0과 1의 특수한 처음 두 수열값으로 기저 조건을 설정한다. 0과 1은 수열의 이전 두 숫자의 합이 아닌 특수한 두 초깃값이다. 이를 기저 조건으로 지정해보자.

예제 1-3 fib2.py

```
def fib2(n: int) -> int:
    if n < 2: # 기저 조건
        return n
    return fib2(n-2) + fib2(n-1) # 재귀 조건
```

fib2()는 이제 잘 실행된다. 작은 값으로 함수를 실행해보자.

예제 1-4 fib2.py (계속)

```
if __name__ == "__main__":
    print(fib2(5))
    print(fib2(10))
```

fib2(50)과 같이 함수를 호출하면 아마 실행을 다 못할 것이다. 왜 그럴까? fib2()를 호출할 때마다 fib2(n-1)과 fib2(n-2)를 통해 fib2()가 두 번 더 호출된다(그림 1-3). 즉, 인자가 커질수록 호출 트리가 기하급수적으로 커진다. 예를 들어 fib2(4)를 호출하면 다음과 같은 전체 호출 집합이 생성된다.

```
fib2(4) -> fib2(3), fib2(2)
fib2(3) -> fib2(2), fib2(1)
fib2(2) -> fib2(1), fib2(0)
fib2(2) -> fib2(1), fib2(0)
fib2(1) -> 1
fib2(1) -> 1
fib2(1) -> 1
fib2(0) -> 0
fib2(0) -> 0
```

그림 1-3 기저 조건에 해당하지 않는 모든 fib2() 호출은 fib2()를 두 번 이상 호출한다.

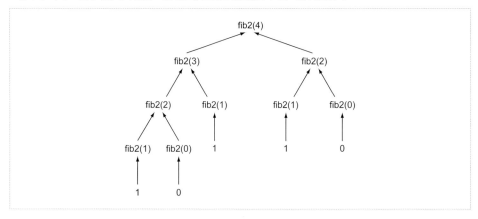

fib2( )의 호출 횟수를 계산해보자(함수에 print 문을 추가하면 알 수 있다). 피보나치 수열의 네 번째 요소의 fib2( )의 호출 횟수는 9다. 수열의 요소 숫자가 증가할수록 함수 호출 증가 횟수는 더 악화된다. fib2(5)는 15번 호출, fib2(10)은 177번 호출, fib2(20)은 21,891번이 호출된다. 호출 횟수를 개선해보자.

1.1.3 메모이제이션

메모이제이션^{memoization}은 계산 작업이 완료되면 결과를 저장하는 기술이다. 그러므로 이전에 실행된 같은 계산을 수행할 때 다시 계산하지 않고 저장된 값을 사용할 수 있다(그림 1-4).[1]

그림 1-4 휴먼 메모이제이션 머신

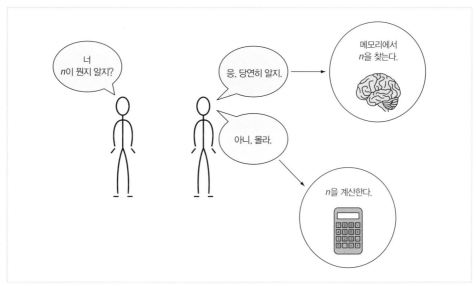

메모이제이션을 사용하여 피보나치 수열 코드를 다시 작성해보자.

---

1 유명한 영국 컴퓨터 과학자 도널드 미치(Donald Michie)가 '**메모이제이션**'이란 용어를 처음 사용했다. 도널드 미치, 『Memo functions: a language feature with "rote-learning" properties』(Edinburgh University, Department of Machine Intelligence and Perception, 1967)

예제 1-5 fib3.py

```python
from typing import Dict
memo: Dict[int, int] = {0: 0, 1: 1} # 기저 조건


def fib3(n: int) -> int:
    if n not in memo:
        memo[n] = fib3(n - 1) + fib3(n - 2) # 메모이제이션
    return memo[n]
```

이제 fib3(50)을 호출해도 된다.

예제 1-6 fib3.py (계속)

```python
if __name__ == "__main__":
    print(fib3(5))
    print(fib3(50))
```

fib2(20)은 자신을 21,891번 호출하는 반면 fib3(20)은 39번만 호출한다. 메모이제이션은 초기 기저 조건인 0과 1을 미리 저장한 후, 그 후 계산되는 값을 계속 저장한다. 변수 memo에 미리 계산된(저장된) 요소가 있으면 다시 계산하지 않고 결과를 반환한다.

1.1.4 메모이제이션 데커레이터

fib3()을 더 단순화할 수 있다. 파이썬에는 모든 함수를 자동으로 메모이징하는 내장형 데커레이터가 있다. @functools.lru_cache() 데커레이터를 사용하여 fib4()를 작성하자. 이때 fib2()와 똑같은 코드를 사용한다. 그러면 어떤 인자와 fib4()가 실행될 때마다 데커레이터는 계산된 반환값을 메모리에 캐싱(저장)한다. 이후 다시 동일한 인자와 fib4()가 실행되면 캐시된 값을 검색하여 반환한다.

예제 1-7 fib4.py

```python
from functools import lru_cache


@lru_cache(maxsize=None)
def fib4(n: int) -> int: # fib2()와 같음
```

```
        if n<2: # 기저 조건
            return n
        return fib4(n - 2) + fib4(n - 1) # 재귀 조건

    if __name__ == "__main__":
        print(fib4(5))
        print(fib4(50))
```

fib4( )는 fib2( )의 본문 내용과 동일하더라도 즉시 fib4(50)을 계산할 수 있다. @lru_cache의 maxsize 속성은 데커레이터 함수에서 가장 최근의 호출을 캐시할 수 있는 크기다. None은 캐시에 제한이 없다는 것을 의미한다.

1.1.5 간단한 피보나치 수열

피보나치 수열을 계산하는 훨씬 더 좋은 방법이 있다. 고전 방식으로 피보나치 수열을 풀어보자.

예제 1-8 fib5.py

```
    def fib5(n: int) -> int:
        if n == 0: return n # 특수 조건
        last: int = 0 # fib(0)
        next: int = 1 # fib(1)
        for _ in range(1, n):
            last, next = next, last + next
        return next

        if __name__ == "__main__":
            print(fib5(5))
            print(fib5(50))
```

CAUTION_ fib5( )의 for 문은 튜플 언패킹(tuple unpacking)을 영리한 방법으로 사용했다. 일부 사람은 간결성을 위해 가독성을 희생했다고 생각한다. 다른 일부 사람은 더 간결해서 가독성이 좋아졌다고 생각한다. 어쨌든 코드의 요지는 다음과 같다. 변수 last는 '변수 next의 이전 값'으로 설정되고, 변수 next는 '변수 last의 이전 값 + 변수 next의 이전 값'으로 설정된다. 즉, 변수 last가 갱신된 후 변수 next가 갱신되기 전에 변수 next의 이전 값을 저장할 임시 변수를 만들지 않는다. 변수를 스왑(swap)할 때 이러한 방식으로 튜플을 언패킹하는 것은 파이썬에서 일반적이다.

앞의 방법을 사용하면 for 문이 최대 n − 1번 실행된다. 이것은 피보나치 수열을 구하는 가장 효율적인 방법이다. fib2(20)은 함수가 21,891번 호출되지만 fib5(20)은 반복문을 19번 순회한다. 이것은 실제 응용 프로그램에서 심각한 차이다.

단순 재귀를 사용했을 때는 상향식$^{\text{bottom-up}}$으로 계산한다. 위 반복문을 사용했을 때는 하향식$^{\text{top-down}}$으로 계산한다. 때때로 재귀가 문제를 해결하는 가장 직관적인 방법이다. 예를 들어 fib1()과 fib2()는 원래 피보나치 수식을 기계적으로(그대로) 변환한 것이다. 그러나 이러한 단순 재귀는 성능에 상당한 문제를 일으킬 수 있다. 재귀적으로 해결할 수 있는 문제는 반복문으로 해결할 수 있다는 것을 명심한다.

1.1.6 제너레이터와 피보나치 수

지금까지 피보나치 수열의 단일값을 구하는 함수를 작성했다. 대신 해당 단일값까지 전체 수열을 구하려면 어떻게 해야 할까? yield 문을 사용하여 fib5()를 파이썬 제너레이터로 쉽게 변환할 수 있다. 제너레이터를 순회할 때 각 반복은 yield 문을 사용해 피보나치 수를 반환한다.

예제 1-9 fib6.py

```python
from typing import Generator

def fib6(n: int) -> Generator[int, None, None]:
    yield 0 # 특수 조건
    if n > 0: yield 1 # 특수 조건
    last: int = 0 # fib(0)
    next: int = 1 # fib(1)
    for _ in range(1, n):
        last, next = next, last + next
        yield next # 제너레이터 핵심 반환문

if __name__ == "__main__":
    for i in fib6(50):
        print(i)
```

fib6.py를 실행하면 피보나치 수열의 51개 숫자가 출력된다. for i in fib6(50):에서 매 반복마다 fib6()의 yield 문이 실행된다. 만약 fib6()의 끝에 도달하여 더 이상 반환될 yield 문이 없다면 for 문은 반복을 종료한다.

1.2 압축 알고리즘

가상공간이나 현실 세계에서 공간을 절약하는 것은 중요하다. 작은 공간을 잘 이용하는 건 효율적이며 비용을 절약할 수 있다. 자신과 가족에게 필요한 공간보다 더 큰 아파트로 이사하여 임차료를 많이 내는 것보다 조금 더 작은 필요한 만큼의 공간으로 이사하면 임차료를 줄일 수 있다. 데이터를 서버에 저장할 때 바이트 단위로 돈을 지불해야 하는 경우 저장 비용을 줄이기 위해 파일을 압축할 수 있다. **압축**^{compression}은 공간을 덜 차지하는 방식으로 데이터를 인코딩(데이터 형식 변경)하는 행위다. **압축 풀기**^{decompression}는 압축의 역과정으로 디코딩(원래 형식으로 데이터를 되돌림)하는 행위다.

데이터를 압축하면 저장 공간의 효율성이 높아지지만 모든 데이터를 압축하지 않는 이유는 무엇일까? 시간과 공간 사이에 트레이드오프^{tradeoff}(절충점)가 있기 때문이다. 데이터를 압축하고 원래 형식으로 되돌리려면 시간이 걸린다. 데이터 압축은 데이터가 빠르게 실행되는 것보다 작은 저장 공간을 차지하는 것이 우선순위가 높은 상황에서만 의미가 있다. 인터넷을 통해 전송되는 대용량 파일을 생각해보자. 압축된 파일을 푸는 시간보다 전송하는 시간이 더 오래 걸리기 때문에 당연히 압축하는 것이 더 효율적이다. 또한 서버에 파일을 저장할 때 클라이언트에서 한 번만 압축하면 된다.

일반적으로 데이터 압축은 데이터 저장 타입이 해당 데이터에 대해 엄격하게 필요한 것보다 더 많은 비트를 사용한다고 깨달았을 때 더 쉽게 이루어진다. 예를 들어 로우레벨을 생각해보면 65,635를 넘지 않은 부호 없는 정수가 64비트 부호 없는 정수로 메모리에 저장되는 경우 데이터가 비효율적으로 저장된다. 64비트 대신 16비트 부호 없는 정수로 저장할 수 있다. 이는 정수의 공간 사용량을 75% 줄일 수 있다. 수백만 개의 이러한 숫자가 비효율적으로 저장되는 경우 최대 메가바이트의 공간이 낭비될 수 있다.

보통 단순하게 개발자는 숫자를 비트 단위로 생각하지 않는다(물론 단순함은 파이썬에서 중요한 미덕이다). 파이썬에서 64비트 부호 없는 정수 타입이 없고, 16비트 부호 없는 정수 타입이 없다. 임의 정밀도 수를 저장할 수 있는 단 하나의 int 타입이 있을 뿐이다. sys.getsizeof()는 파이썬 객체가 소비하고 있는 메모리 바이트 수를 알려준다. 그러나 파이썬 객체 시스템의 내재된 오버헤드 때문에 파이썬 3.7에서 28바이트(224비트) 미만을 차지하는 int를 생성할 방법은 없다. 단일 int 타입은 한 번에 한 비트씩 확장할 수 있지만 최소 28바이트를 소비한다.

어떤 한 타입으로 표현된 다른 값의 수가 이 값을 저장하는 데 사용되는 비트로 표현할 수 있는 수보다 적다면 이 값을 더 효율적으로 저장할 수 있다. DNA에서 유전자를 형성하는 뉴클레오타이드를 예로 들어보자.[2] 각 뉴클레오타이드는 A, C, G, T 중 단 하나만 될 수 있다(2장에서 조금 더 자세히 살펴본다). 유전자가 유니코드 문자열로 저장되어 있다면 각 뉴클레오타이드는 일반적으로 8비트의 저장 공간을 필요로 하는 문자로 표시된다. 2진수에서는 이 4개의 값을 저장하기 위해 각각 2비트가 필요하다. 00, 01, 10, 11은 2비트로 나타낼 수 있는 4개의 다른 값이다. A가 00, C가 01, G가 10, T가 11인 경우 뉴클레오타이드 문자열에 필요한 저장소를 75%까지 줄일 수 있다(뉴클레오타이드 한 문자당 8비트가 2비트로 된다).

뉴클레오타이드를 문자열로 저장하는 대신 **비트 문자열**로 저장할 수 있다(그림 1-5). 비트 문자열은 말 그대로 1과 0으로 이루어진 임의 길이의 시퀀스다.

그림 1-5 뉴클레오타이드 문자열을 비트 문자열로 압축 표현

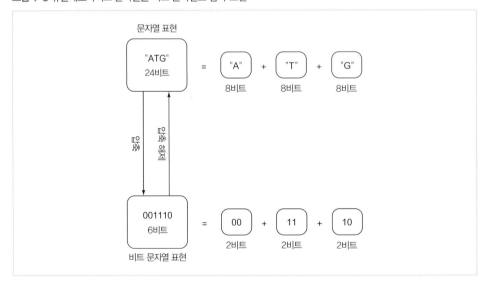

---

2 이 예제는 『Algorithms, 4th Edition』(에디슨 웨슬리 프로페셔널, 2011)의 819쪽에서 영감을 얻었다.

파이썬 표준 라이브러리에서는 임의 길이의 비트 문자열을 다루기 위한 구조체를 제공하지 않는다. 다음 코드는 A, C, G, T로 구성된 문자열을 비트 문자열로 변환하여 반환한다. 비트 문자열은 정수로 저장되며, 정수는 어떤 길이의 비트 문자열로도 사용될 수 있다. 정수를 다시 문자열로 변환하려면 특수 메서드 __str__( )를 구현한다.

예제 1-10 trivial_compression.py

```
class CompressedGene:
    def __init__(self, gene: str) -> None:
        self._compress(gene)
```

CompressedGene 클래스의 __init__( ) 메서드는 유전자 뉴클레오타이드의 문자열 시퀀스를 인자로 받아서 데이터를 초기화한다. _compress( ) 메서드는 뉴클레오타이드 문자열 시퀀스를 비트 문자열로 변환한다.

compress( ) 메서드는 언더스코어()로 시작한다. 파이썬은 변수와 메서드에 대한 접근 제한자가 없다. 대신 모든 변수와 메서드는 리플렉션을 통해 접근할 수 있다. 메서드 이름 앞의 언더스코어는 이 메서드가 클래스 외부에서 사용되지 않게 하기 위한 컨벤션이다(클래스 내부 객체가 변경될 수 있으므로 비공개^{private}로 처리한다).

> **TIP** 클래스에서 두 개의 언더스코어로 시작하는 메서드나 인스턴스 변수가 있다면 파이썬은 이들을 네임 맹글링(name mangle)한다. 즉, 이들의 이름을 특별한 값(salt)으로 변경하여 다른 클래스에서 쉽게 접근할 수 없게 한다. 이 책에서 하나의 언더스코어를 사용하여 비공개 변수 또는 메서드를 나타내지만, 정말 비공개임을 강조하고 싶다면 두 개의 언더스코어를 사용할 수도 있다. 파이썬 네이밍에 대한 자세한 내용은 파이썬 코드 스타일 가이드(PEP 8) 문서에서 'Descriptive Naming Styles' 부분을 참고한다.[3]

다음 코드에서 실제 압축을 수행한다.

예제 1-11 trivial_compression.py (계속)

```
def _compress(self, gene: str) -> None:
    self.bit_string: int = 1      # 1로 시작한다.
    for nucleotide in gene.upper():
        self.bit_string <<= 2      # 왼쪽으로 2비트 시프트
```

----

3 http://mng.bz/NA52

```
        if nucleotide == "A":   # 마지막 2비트를 00으로 변경
            self.bit_string |= 0b00
        elif nucleotide == "C": # 마지막 2비트를 01로 변경
            self.bit_string |= 0b01
        elif nucleotide == "G": # 마지막 2비트를 10으로 변경
            self.bit_string |= 0b10
        elif nucleotide == "T": # 마지막 2비트를 11로 변경
            self.bit_string |= 0b11
        else:
            raise ValueError("유효하지 않은 뉴클레오타이드입니다:{}".format(nucleotide))
```

_compress() 메서드는 뉴클레오타이드 문자열의 각 문자를 순차적으로 살펴본다. 문자가 A면 비트 문자열에 00을 추가하고, C면 비트 문자열에 01을 추가하는 식이다. 각 뉴클레오타이드마다 2비트가 필요하다. 그러므로 각각의 새로운 뉴클레오타이드를 추가하기 전에 비트 문자열을 2비트 왼쪽으로 시프트(이동)한다(self.bit_string <<= 2).

모든 뉴클레오타이드는 'or' 연산자(|)를 사용하여 추가한다. 2비트 왼쪽으로 시프트하면 비트 문자열 오른쪽에 두 개의 0이 추가된다. 비트 단위 연산에서 두 개의 0과 다른 어떤 값을 'or' 연산하면(예를 들면 self.bit_string |= 0b10) 두 개의 0이 다른 값으로 대체된다. 즉, 비트 문자열의 오른쪽에 두 개의 새 비트를 계속 추가한다. 뉴클레오타이드 타입에 따라 두 비트가 결정된다.

압축을 해제하는 decompress() 메서드와 이를 사용하는 __str__() 특수 메서드를 구현하자.

예제 1-12 trivial_compression.py (계속)

```
    def decompress(self) -> str:
        gene: str = ""
        for i in range(0, self.bit_string.bit_length() - 1, 2): # 1로 시작하므로 1을 뺀다.
            bits: int = self.bit_string >> i & 0b11 # 마지막 2비트를 추출한다.
            if bits == 0b00: # A
                gene += "A"
            elif bits == 0b01: # C
                gene += "C"
            elif bits == 0b10: # G
                gene += "G"
            elif bits == 0b11: # T
                gene += "T"
```

```
        else:
            raise ValueError("Invalid bits:{}".format(bits))
    return gene[::-1] # [::-1]은 문자열을 뒤집는다.

def __str__(self) -> str: # 출력을 위한 문자열 표현
    return self.decompress()
```

decompress( ) 메서드는 비트 문자열에서 한 번에 2비트를 읽어서 변수 gene 끝에 문자를 추가한다. 압축된 순서(왼쪽에서 오른쪽으로 압축되는 대신 오른쪽에서 왼쪽으로 압축됨)를 봤을 때 비트가 역방향으로 읽혀지기 때문에 마지막에 문자열을 뒤집는다([::-1] 슬라이싱을 사용하여 반전). int 타입에서 제공하는 bit_string( ) 메서드를 사용하여 비트 문자열을 활용해보자.

예제 1-13 trivial_compression.py (계속)

```
if __name__ == "__main__":
    from sys import getsizeof
    original: str =
        "TAGGGATTAACCGTTATATATATATAGCCATGGATCGATTATATAGGGATTAACCGTTATATATATATAGC
        CATGGATCGATTATA" * 100
    print("원본: {} 바이트".format(getsizeof(original)))
    compressed: CompressedGene = CompressedGene(original)  # 압축
    print("압축: {} 바이트".format(getsizeof(compressed.bit_string)))
    print(compressed)  # 압축 해제
    print("원본 문자열과 압축 해제한 문자열은 같습니까? {}".format(original ==
        compressed.decompress()))
```

sys.getsizeof( ) 메서드를 사용하면 압축을 통해 유전자를 저장하는 메모리 비용을 거의 75% 줄일 수 있다는 것을 확인할 수 있다.

```
원본: 8649 바이트
압축: 2320 바이트
TAGGGATTAACC...
원본 문자열과 압축 해제한 문자열은 같습니까? True
```

1.3 깨지지 않는 암호화

일회용 암호$^{\text{One-Time Pad}}$(OTP)는 원본 데이터와 의미 없는 무작위 더미 데이터를 결합하여 원본 데이터를 암호화한다. 이때 두 개의 키를 가진 암호화기가 생성되는데 하나는 프로덕트 키고 다른 하나는 무작위 더미 데이터 키다. 이 두 키의 접근 없이는 원본 데이터를 다시 구성할 수 없다. 즉, 두 키의 쌍을 통해 복호화가 이루어진다. 둘 중 하나의 키만 있으면 암호를 풀지 못한다. 어떤 데이터의 암호화를 잘 수행했다면 일회용 암호는 깨지지 않는 암호화 형식이다. [그림 1-6]은 암호화 과정을 보여준다.

그림 1-6 두 개의 키를 이용하여 원본 데이터를 암호화하고 복호화하는 과정(일회용 암호)

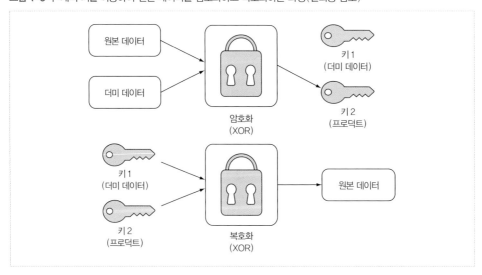

1.3.1 데이터 순서대로 가져오기

다음 예제에서는 일회용 암호를 사용하여 문자열을 암호화한다. 파이썬 3에서 문자열은 UTF-8로 된 바이트 시퀀스다(UTF-8은 유니코드 문자 인코딩이다). 문자열은 encode( ) 메서드를 이용해서 UTF-8 바이트 시퀀스(바이트 타입으로 표현됨)로 변환할 수 있다.

일회용 암호에서 암호화 작업에 사용된 더미 데이터는 암호화 결과의 프로덕트 키가 깨지지 않도록 하기 위한 세 가지 기준이 있다. 더미 데이터는 첫째, 원본 데이터의 길이와 같아야 한다. 둘째, 무작위여야 한다. 셋째, 비밀이어야 한다(공개되면 안 된다). 첫 번째와 세 번째는 기본 조건이다. 더미 데이터가 너무 짧으면 반복을 통해 쉽게 패턴이 노출된다. 두 키 중 하나가 공개된다면(다른 곳에서 또는 부분적으로 노출되어 재사용될 때) 공격자는 단서를 얻는다. 두 번째 기준에서 다음과 같은 의문을 가질 수 있다. 우리는 진정한 무작위 데이터를 생성할 수 있을까? 대부분의 컴퓨터는 생성하지 못한다.

다음 예제는 secret 모듈(파이썬 3.6에서 표준 라이브러리에 포함됨)에서 token_bytes( ) 함수를 사용하여 의사난수$^{pseudo-random}$ 데이터를 생성한다. 이 데이터는 진정한 난수가 아니지만 secret 모듈의 token_byte( ) 함수는 예제 사용 목적을 충분히 만족한다. 더미 데이터로 사용할 임의의 키를 생성해보자.

예제 1-14 unbreakable_encryption.py

```python
from secrets import token_bytes
from typing import Tuple


def random_key(length: int) -> int:
    # length만큼 임의의 바이트를 생성한다.
    tb: bytes = token_bytes(length)
    # 바이트를 비트 문자열로 변환한 후 반환한다.
    return int.from_bytes(tb, "big")
```

이 함수는 길이(length)만큼 임의의 바이트로 채워진 정수를 생성한다. int.from_bytes( ) 메서드는 바이트를 정수로 변환하는 데 사용된다. 어떻게 여러 바이트를 단일 정수로 변환할 수 있을까? 답은 1.2절 '압축 알고리즘'에 있다. 이전에 임의 크기의 정수를 일반 비트 문자열로 사용했다. 여기서도 정수를 그와 같은 방식으로 사용한다. 예를 들면 from_bytes( ) 메서드는 7바이트를 56비트 정수로 변환한다(7바이트 * 8비트 = 56비트). 이것이 왜 유용할까? 비트 단위 연산은 시퀀스의 많은 개별 바이트보다 단일 정수('긴 비트 문자열' 읽기)를 통해 쉽고 효율적으로 계산할 수 있다. 여기서는 비트 연산을 위해 XOR을 사용한다.

1.3.2 암호화와 복호화

원본 데이터와 더미 데이터를 어떻게 조합할까? XOR 연산으로 조합을 수행한다. XOR은 피연산자 중 하나가 참일 때 true를 반환하지만, 둘 다 참이거나 거짓이면 false를 반환하는 논리 비트 연산(비트 수준에서 동작함)이다. XOR은 **eXclusive OR**(배타적 OR, 배타적 논리합)을 의미한다.

파이썬에서 XOR 연산자는 ^다. 2진수에서 0 ^ 1 및 1 ^ 0은 1을 반환하지만, 0 ^ 0 및 1 ^ 1은 0을 반환한다. 두 숫자의 비트가 XOR 연산자를 사용하여 결합되는 경우 유용한 속성은 연산 결과를 피연산자 중 하나와 재결합시켜 다른 피연산자를 생성할 수 있다는 것이다.

```
A ^ B = C
C ^ B = A
C ^ A = B
```

XOR 연산은 일회용 암호의 기초를 형성한다. 프로덕트 키를 생성하기 위해 '원본 문자열에서 바이트를 나타내는 정수'와 'random_key( ) 함수에 의해 생성된 같은 비트 길이의 무작위 정수'를 XOR 연산한다. 다음 encrypt( ) 함수는 한 쌍의 더미 키와 프로덕트 키를 반환한다.

예제 1-15 unbreakable_encryption.py (계속)

```python
def encrypt(original: str) -> Tuple[int, int]:
    original_bytes: bytes = original.encode()
    dummy: int = random_key(len(original_bytes))
    original_key: int = int.from_bytes(original_bytes, "big")
    encrypted: int = original_key ^ dummy # XOR
    return dummy, encrypted
```

NOTE_ int.from_bytes( ) 메서드는 두 인자를 취한다. 첫 번째 인자는 정수로 변환하려는 바이트다. 두 번째 인자는 해당 바이트의 **엔디언**(endian)이다(코드에서는 인잣값 "big"). 엔디언은 데이터를 저장하는 데 사용되는 바이트 순서를 나타낸다. 최상위 바이트가 먼저 오는지 최하위 바이트가 먼저 오는지 순서를 나타낸다. 예제 코드의 경우 데이터 암호화 및 복호화를 동일한 순서로 하는 한 엔디언을 신경 쓰지 않아도 된다.

데이터가 개별 비트 수준에서 조작되기 때문이다. 이 외의 다른 상황에서 암호화 및 복호화 프로세스를 제어하지 않을 때는 순서가 중요하므로 주의한다.

복호화는 단순히 encrypt( ) 함수에서 생성한 키 쌍을 재결합하는 문제다. 즉, encrypt( ) 함수에서 반환된 두 키의 각 비트를 다시 XOR 연산하여 복호화를 수행한다. 최종 결과는 문자열이다. 먼저 정수는 int.to_bytes( ) 메서드를 사용하여 바이트로 변환된다. 이 메서드는 정수가 변환할 바이트 수를 인자로 취한다. 이 수를 얻기 위해 비트 길이를 8로 나눈다(비트 / 8 = 바이트). 마지막으로 바이트 decode( ) 메서드에서 문자열을 반환한다.

예제 1-16 unbreakable_encryption.py (계속)

```
def decrypt(key1: int, key2: int) -> str:
    decrypted: int = key1 ^ key2 # XOR
    temp: bytes = decrypted.to_bytes((decrypted.bit_length() + 7) // 8, "big")
    return temp.decode()
```

off-by-one 오류[4]를 피하기 위해 정수 나누기 연산자(//)를 사용하여 8로 나누기 전에 복호화된 데이터의 길이에 7을 더하여 반올림해야 한다. 일회용 암호의 암호화가 잘 작동하면 동일한 유니코드 문자열을 문제없이 암호화하고 복호화할 수 있어야 한다.

예제 1-17 unbreakable_encryption.py (계속)

```
if __name__ == "__main__":
    key1, key2 = encrypt("One Time Pad!")
    result: str = decrypt(key1, key2)
    print(result)
```

화면에 'One Time Pad!'가 출력되면 암호화 및 복호화가 성공했다는 것을 의미한다.

---

4 옮긴이_ 이 문제는 프로그래머가 '작거나 같음(<=)'과 '작음(<)'에서 발생하는 실수처럼 잘못된 숫자로 비교할 때나 시퀀스가 1이 아닌 0에서 시작한다는 점을 고려하지 않을 때 발생할 수 있다. https://en.wikipedia.org/wiki/Off-by-one_error

1.4 파이 계산하기

수학적으로 중요한 수인 파이^{pi}(π 또는 3.14159…)는 많은 공식에 사용된다. 가장 간단한 예는 라이프니츠 공식$^{\text{Leibniz formula}}$이다. 다음 무한급수$^{\text{infinite series}}$의 합은 파이와 같다.

$$\pi = 4/1 - 4/3 + 4/5 - 4/7 + 4/9 - 4/11…$$

무한급수의 분자는 4로 유지되고, 분모는 2씩 증가하며, 빼기와 더하기 연산이 번갈아 나타난다.

공식의 일부를 함수의 변수로 변환하여 급수를 직접 모델링할 수 있다. 분자는 상수 4이며, 분모는 1에서 시작하여 2씩 증가하는 변수가 된다. 연산은 더하기와 빼기 연산에 따라 −1 또는 1을 사용한다. 마지막으로 변수 pi는 다음 코드에서 for 문이 진행할 때 급수의 합계를 누적하는 데 사용된다.

예제 1-18 calculating_pi.py

```python
def calculate_pi(n_terms: int) -> float:
    numerator: float = 4.0
    denominator: float = 1.0
    operation: float = 1.0
    pi: float = 0.0
    for _ in range(n_terms):
        pi += operation * (numerator / denominator)
        denominator += 2.0
        operation *= -1.0
    return pi

if __name__ == "__main__":
    print(calculate_pi(1000000))
```

TIP 대부분의 플랫폼 환경에서 파이썬의 float 타입은 64비트 부동소수점수다(C 언어에서는 double).

이 함수는 수식을 코드로 기계 변환$^{\text{rote conversion}}$하여 어떤 흥미로운 개념을 모델링하거나 시뮬레이션하는 간단하고 효과적인 예다. 기계 변환은 유용한 도구지만 가장 효율적인 솔루션이라고 할 수는 없다. 물론 파이에 대한 라이프니츠 공식은 효율적이고 간결한 코드로 구현될 수 있다.

NOTE_ 무한급수의 항이 많을수록, 즉 calculate_pi( ) 함수를 호출할 때 인잣값(n_terms)이 클수록 파이의 결괏값은 더 정확해진다.

1.5 하노이탑

3개의 탑 A, B, C가 우뚝 서 있다. 3개의 도넛형 디스크는 A에 끼워져 있다. 가장 큰 디스크는 1이며, 그다음은 2, 3이다. 예를 들어 3개의 디스크를 한 탑에 끼운다면 순서대로 가장 큰 디스크 1을 끼우고, 그다음엔 2, 마지막으로 가장 작은 디스크 3을 끼운다. 하노이탑 문제는 다음과 같은 제약 조건에서 탑 A에 끼워져 있는 3개의 디스크를 탑 C로 이동하는 것이다.

- 한 번에 하나의 디스크만 이동할 수 있다.
- 탑에서 제일 위에 있는 디스크만 이동할 수 있다.
- 큰 디스크는 작은 디스크 위에 올 수 없다.

[그림 1-7]은 하노이탑 문제를 요약한 것이다.

그림 1-7 한 번에 하나씩 3개의 디스크를 탑 A에서 탑 C로 이동하는 문제다. 큰 디스크는 작은 디스크 위에 놓으면 안된다.

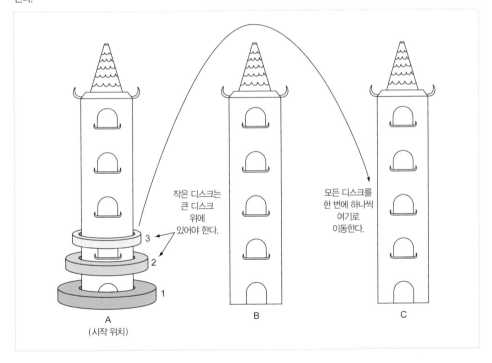

1.5.1 하노이탑 모델링

스택^{stack}은 후입선출$^{Last-In-First-Out}$(LIFO)의 개념으로 모델링한 자료구조다. 즉, 마지막으로 넣은 데이터가 가장 먼저 나온다. 스택의 두 기본 연산은 **푸시**^{push}와 **팝**^{pop}이다. 푸시는 새 항목을 스택에 넣고, 팝은 스택에 마지막으로 넣은 항목을 제거하고 반환한다. 파이썬에서는 리스트를 백업 저장소로 사용하여 스택을 쉽게 모델링할 수 있다.

예제 1-19 hanoi.py

```python
from typing import TypeVar, Generic, List
T = TypeVar('T')


class Stack(Generic[T]):

    def __init__(self) -> None:
        self._container: List[T] = []

    def push(self, item: T) -> None:
        self._container.append(item)

    def pop(self) -> T:
        return self._container.pop()

    def __repr__(self) -> str:
        return repr(self._container)
```

NOTE_ Stack 클래스는 탑의 내용물, 즉 디스크를 쉽게 탐색할 수 있도록 __repr__() 특수 메서드를 구현한다. __repr__() 메서드는 Stack 객체가 print() 함수에 출력될 때 나타나는 내용이다.

NOTE_ 서문에서 말했듯이 이 책에서는 타입 힌트(type hint)를 사용한다. typing 모듈에서 Generic 클래스를 가져오면 타입 힌트의 특정 타입에 대해 Stack 클래스가 일반화될 수 있다. 임의 타입 T는 T = TypeVar('T')에 정의되어 있다. T는 어떤 타입이든 될 수 있다. 나중에 하노이탑 문제를 해결하기 위해 스택에 타입 힌트를 사용할 경우 Stack[int] 타입으로 힌트를 지정한다. 이는 T가 int 타입으로 채워진다는 것을 의미한다. 다시 말해 스택은 정수 타입의 스택이다. 타입 힌트에 대한 내용은 부록 C를 참조한다.

스택은 하노이탑 문제에서 탑이라고 보면 된다. 탑에 디스크를 끼우려면 탑에 디스크를 밀어 넣으면 된다[push]. 첫 번째 탑에서 두 번째 탑으로 디스크를 옮기려면 첫 번째 탑에서 디스크를 꺼내서[pop] 두 번째 탑에 밀어 넣으면 된다[push].

하노이탑을 스택으로 정의하고, 첫 번째 탑을 디스크로 채워보자.

예제 1-20 hanoi.py (계속)

```python
num_discs: int = 3
tower_a: Stack[int] = Stack()
tower_b: Stack[int] = Stack()
tower_c: Stack[int] = Stack()
for i in range(1, num_discs + 1):
    tower_a.push(i)
```

1.5.2 하노이탑 문제 풀기

하노이탑 문제를 어떻게 해결할 수 있을까? 하나의 디스크만 옮기면 된다고 가정해보자. 디스크 하나를 어떻게 옮기는지 알고 있다. 사실 디스크 하나를 움직이는 것은 하노이탑 문제에 대한 재귀 함수의 기저 조건이다. 재귀 조건은 둘 이상의 디스크를 움직인다. 따라서 재귀 함수의 핵심은 기본적으로 하나의 디스크 이동(기저 조건)과 둘 이상의 디스크 이동(재귀 조건)의 두 가지 시나리오가 필요하다.

재귀 조건을 이해하는 구체적인 예를 살펴보자. 탑 A에는 3개의 디스크(작은 디스크, 중간 디스크, 큰 디스크)가 있고, 이들 모두를 탑 C로 옮겨야 한다(문제 해결 과정을 그려보면 이해하는 데 도움 된다). 먼저 작은 디스크를 탑 C로 옮긴다. 그리고 중간 디스크를 탑 B로 옮긴다. 탑 C에 있는 작은 디스크를 탑 B로 옮긴다. 탑 A에는 큰 디스크가 있고, 탑 B에는 작은 디스크와 중간 디스크가 있다. 현재 탑 A에서 다른 탑 B로 두 개의 디스크를 이동했다. 기저 조건은 큰 디스크를 탑 A에서 탑 C로 이동하는 것이다(단일 디스크 이동). 그리고 탑 A에서 탑 B로 옮기는 것과 같은 과정으로 중간 디스크와 작은 디스크를 탑 B에서 탑 C로 옮길 수 있다. 작은 디스크를 탑 A로, 중간 디스크를 탑 C로, 작은 디스크를 탑 A에서 탑 C로 옮긴다.

TIP 세 개의 연필과 세 개의 종이조각을 이용하여 자신만의 모형을 만들어낼 수도 있다. 이는 솔루션을 시각화하는 데 도움을 준다.

하노이탑 문제에는 하나의 디스크를 이동하는 간단한 기저 조건과 다른 두 개의 디스크를 모두 이동(한 탑을 임시적으로 사용)하는 재귀 조건이 있다. 재귀 조건은 세 단계로 나눌 수 있다.

1 상단의 n-1개 디스크(가장 작은 디스크와 중간 디스크)를 탑 C를 이용하여 탑 A에서 탑 B(임시)로 이동한다.

2 가장 큰 디스크를 A에서 C로 이동한다.

3 상단의 n-1개의 디스크를 탑 A를 이용하여 탑 B에서 탑 C로 이동한다.

이 재귀 알고리즘은 3개의 디스크뿐만 아니라 여러 디스크에도 적용된다. 아래 hanoi() 함수는 한 탑에서 다른 탑(세 번째 임시 탑)으로 디스크를 옮기는 코드를 작성한 것이다.

예제 1-21 hanoi.py (계속)

```python
def hanoi(begin: Stack[int], end: Stack[int], temp: Stack[int], n: int) -> None:
    if n == 1:
        end.push(begin.pop())
    else:
        hanoi(begin, temp, end, n - 1)
        hanoi(begin, end, temp, 1)
        hanoi(temp, end, begin, n - 1)
```

hanoi() 함수를 호출한 후 탑 A, B, C를 검사하여 디스크가 성공적으로 이동되었는지 확인해야 한다.

예제 1-22 hanoi.py (계속)

```python
if __name__ == "__main__":
    hanoi(tower_a, tower_c, tower_b, num_discs)
    print(tower_a)
    print(tower_b)
    print(tower_c)
```

디스크가 잘 옮겨진 것을 확인할 수 있다. 하노이탑 문제를 코드로 작성할 때 탑 A에서 탑 C까지 여러 디스크를 이동하는 데 필요한 모든 단계를 이해할 필요는 없다. 여러 디스크를 이동하는 일반적인 재귀 알고리즘을 이해하고 작성하면 나머지 일은 컴퓨터가 알아서 처리한다. 이것이 재귀적 솔루션을 공식화하는 힘이다. 하노이탑에서 디스크를 하나하나 어디로 옮길 것인지 구체적인 방식을 사용하지 않고 추상적인 방식으로 문제를 해결할 수 있다.

hanoi() 함수는 디스크 수가 증가함에 따라 기하급수적으로 여러 번 호출된다. num_discs 변수를 변경하여 디스크 수를 조정할 수 있다. 디스크가 64개인 경우 문제 해결이 어렵다. 재귀 알고리즘에 관한 수학 문제를 더 자세히 알고 싶다면 칼 버치^{Carl Burch}의 「하노이탑에 대하여^{About the Towers of Hanoi}」[5]를 참고한다.

1.6 적용사례

이 장에서 소개한 다양한 기술(재귀, 메모이제이션, 압축, 비트 조작)은 현대 소프트웨어 개발에서 매우 일반적이다. 이들이 없는 컴퓨팅 세상은 상상할 수도 없다. 이러한 기술이 없어도 어떤 문제를 해결할 수는 있지만, 이러한 기술을 적용하면 더 논리적이고 효율적으로 문제를 해결할 수 있다.

특히 재귀는 많은 알고리즘뿐만 아니라 모든 프로그래밍 언어의 핵심이다. 스킴^{Scheme}과 하스켈^{Haskell} 같은 일부 함수형 프로그래밍 언어에서는 명령형 언어(함수형 프로그래밍 언어와 구분하기 위해서 사용하는 용어)에서 사용하는 반복문 대신 재귀를 사용한다. 하지만 재귀로 해결할 수 있는 문제는 반복문으로도 해결할 수 있다는 점을 명심하라.

메모이제이션은 파서^{parser}(언어를 해석하는 프로그램)의 작업 속도를 높이기 위해 사용한다. 이는 최근 계산 결과를 다시 사용할 가능성이 있는 모든 문제에 유용하다. 메모이제이션의 또 다른 적용사례는 언어 런타임에 있다. 일부 언어 런타임(예를 들면 프롤로그)은 자동으로 함수 호출 결과를 저장하므로(**자동-메모이제이션**) 동일한 함수가 한 번 더 호출될 때 다시 실행할 필요 없다. [예제 1-7] fib4() 함수의 @lru_cache() 데커레이터의 동작 방식과 비슷하다.

압축으로 인해 인터넷에서 대역폭을 견딜 수 있게 되었다. 1.2절 '압축 알고리즘'에서 살펴본 비트 문자열 기법은 값의 수가 제한된 간단한 데이터 타입에 사용할 수 있다. 어떤 프로그램에서 데이터 타입의 한 바이트는 과도한 경우가 있다. 대부분의 압축 알고리즘은 반복되는 정보를 제거할 수 있는 데이터 집합 내의 패턴 또는 구조를 찾아서 동작한다. 이것은 1.2절에서 다루는 것보다 상당히 복잡하다.

---

5 http://mng.bz/c1i2

일회용 암호는 일반적인 암호화에는 실용적이지 않다. 원본 데이터를 재구성하기 위해 암호화기와 복호화기가 키들 중 하나(우리 예에서는 더미 데이터)를 가지고 있어야 하며, 이는 대부분의 암호화 체계(키를 비밀로 유지)의 목표를 달성하는 데 번거로운 일이다. 일회용 암호라는 이름은 냉전 기간 동안 암호화된 통신을 만들기 위해 더미 데이터가 있는 실제 종이 패드를 사용한 스파이에게서 유래했다.

이러한 기술들은 다른 알고리즘이 위에 구축되는 프로그래밍 블록이다. 이 책에서는 이러한 프로그래밍 블록이 자유롭게 적용되는 것을 볼 수 있을 것이다.

1.7 연습문제

1. 자신의 설계 기법을 사용하여 피보나치 수열의 항목 n을 구하는 또 다른 함수를 작성하라. 이 장의 피보나치 수열 코드와 비교하여 정확성과 성능을 평가하는 단위 테스트도 작성하라.

2. 파이썬 int 타입을 사용하여 단순히 비트 문자열을 표현하는 방법을 살펴봤다. 일반적으로 일련의 비트로 사용할 수 있는 int 타입 래퍼 클래스를 작성하라(순회 가능iterable해야 하며, __getitem__( ) 메서드를 구현한다).

3. 하노이탑 문제에서 탑 수에 상관없이 작동하는 코드를 작성하라.

4. 일회용 암호를 사용하여 이미지를 암호화하고 복호화하라.

## CHAPTER 2

검색 문제

검색은 이 책을 『고전 검색 알고리즘 인 파이썬』이라고 불러도 될 정도로 이 책에서 광범위하게 사용되는 용어다. 이 장에서는 모든 프로그래머가 알아야 할 핵심 검색 알고리즘을 다룬다.

2.1 DNA 검색

유전자는 일반적으로 프로그램에서 문자 A, C, G, T의 시퀀스로 표현한다. 각 문자는 **뉴클레오타이드**^{nucleotide}를 나타내고, 세 개의 뉴클레오타이드 조합을 **코돈**^{codon}이라고 한다(그림 2-1). 특정 아미노산에 대한 코돈 코드는 다른 아미노산^{amino acids}과 함께 **단백질**^{protein}을 형성할 수 있다. 바이오인포매틱스^{bioinformatics}(생물정보학) 소프트웨어의 고전적인 과제는 유전자 내에서 특정 코돈을 찾는 것이다.

2.1.1 DNA 정렬

4개의 뉴클레오타이드를 IntEnum으로 나타낼 수 있다.

예제 2-1 dna_search.py

```python
from enum import IntEnum
from typing import Tuple, List

Nucleotide: IntEnum = IntEnum('Nucleotide', ('A', 'C', 'G', 'T'))
```

뉴클레오타이드(Nucleotide)는 Enum 타입 대신 IntEnum 타입을 사용한다. IntEnum 타입은 비교 연산자(<, >, = 등)를 사용할 수 있기 때문이다. 이러한 데이터 타입은 구현하려는 검색 알고리즘에서 작동할 수 있어야 한다. 입력 힌트를 지원하기 위해 입력(typing) 패키지에서 튜플(Tuple)과 리스트(List)를 가져온다.

그림 2-1 뉴클레오타이드는 문자 A, C, G, T 중 하나로 표현한다. 코돈은 세 개의 뉴클레오타이드로 구성되고, 유전자는 다수의 코돈으로 구성된다.

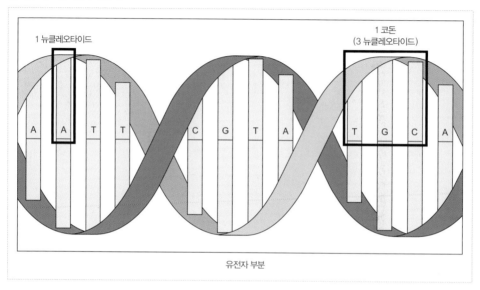

코돈은 뉴클레오타이드(Nucleotide) 세 개의 튜플(Tuple)로 정의한다. 유전자는 코돈(Codon)의 리스트로 정의한다.

예제 2-2 dna_search.py (계속)

```
Codon = Tuple[Nucleotide, Nucleotide, Nucleotide] # 코돈 타입 앨리어스(alias)
Gene = List[Codon] # 유전자 타입 앨리어스
```

> **NOTE_** 나중에 코돈과 또 다른 코돈을 비교해야 하지만, 코돈에 명시적으로 구현된 < 연산자로 사용자 정의 클래스를 정의할 필요는 없다. 파이썬은 비슷한 타입으로 구성된 튜플 간의 비교를 기본적으로 지원한다.

전형적으로 유전자는 유전자 순서에 있는 모든 뉴클레오타이드를 나타내는 거대한 문자열을 포함하는 파일 형식일 것이다. 우리 코드에서는 가상의 유전자에 대해 그러한 문자열을 정의하고 이를 gener_str이라고 부르겠다.

예제 2-3 dna_search.py (계속)

```
gene_str: str = "ACGTGGCTCTCTAACGTACGTACGTACGGGGTTTATATATACCCTAGGACTCCCTTT"
```

또한 문자열 타입을 Gene 타입 앨리어스로 변환하는 유틸리티 함수가 필요하다.

예제 2-4 dna_search.py (계속)

```
def string_to_gene(s: str) -> Gene:
    gene: Gene = []
    for i in range(0, len(s), 3):
        if (i + 2) >= len(s): # 현재 위치 다음에 2개의 문자가 없으면 실행하지 않는다.
            return gene
        # 3개의 뉴클레오타이드에서 코돈을 초기화한다.
        codon: Codon = (Nucleotide[s[i]],
                        Nucleotide[s[i + 1]], Nucleotide[s[i + 2]])
        gene.append(codon) # 코돈을 유전자에 추가한다.
    return gene
```

string_to_gene() 함수는 문자열(str) 인자를 취하고, 반복문에서 이를 처리한다. 여기서 세 개의 문자를 코돈(Codon)으로 변환하여 새 리스트 변수 Gene 끝에 추가한다. 문자열 현재 위치에서 다음 두 개의 뉴클레오타이드 문자가 없다면(if 문의 i + 2) 불완전한 유전자의 끝에 도달했다는 것으로 알고, 마지막 하나 또는 두 개의 뉴클레오타이드를 건너뛴다.

string_to_gene() 함수는 문자열 변수를 Gene 타입 앨리어스로 변환하는 데 사용한다.

예제 2-5 dna_search.py (계속)

```
my_gene: Gene = string_to_gene(gene_str)
```

2.1.2 선형 검색

위 문제는 유전자에서 특정 코돈이 존재하는지 여부를 확인하는 것이다. 선형 검색^{linear search}은 찾고자 하는 요소가 발견되거나 자료구조의 끝에 도달할 때까지 순서대로 모든 요소를 훑어본다. 선형 검색은 가장 간단하고, 자연스럽고, 명백한 방법으로 검색한다. 최악의 경우 선형 검색은 자료구조의 모든 요소를 거쳐야 하므로 시간복잡도는 $O(n)$이다. 여기서 n은 해당 자료구조의 요소 수다. 아래 그림을 살펴보자.

그림 2-2 선형 검색에서는 최악의 경우 배열의 모든 요소를 순차적으로 검색한다.

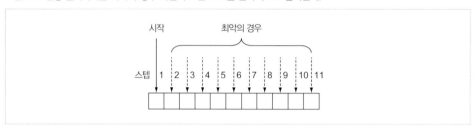

선형 검색을 수행하는 함수 정의는 매우 간단하다. 단순히 자료구조의 모든 요소를 탐색하면서 탐색할 항목과 동등한지 확인한다. 다음 코드는 Gene 타입 앨리어스와 Codon 타입 앨리어스를 인자로 취하는 선형 검색 함수를 정의한다. 앞에서 정의한 my_gene 변수(Gene 타입 앨리어스)와 각각의 acg, gat 변수(Codon 타입 앨리어스)를 함수의 인자로 전달하여 선형 검색한다.

예제 2-6 dna_search.py (계속)

```python
def linear_contains(gene: Gene, key_codon: Codon) -> bool:
    for codon in gene:
        if codon == key_codon:
            return True
    return False

acg: Codon = (Nucleotide.A, Nucleotide.C, Nucleotide.G)
gat: Codon = (Nucleotide.G, Nucleotide.A, Nucleotide.T)
print(linear_contains(my_gene, acg)) # 참
print(linear_contains(my_gene, gat)) # 거짓
```

2.1.3 이진 검색

이진 검색$^{binary\ search}$은 모든 요소를 살펴보는 선형 검색보다 빠른 검색 방법이지만, 해당 자료구조의 저장 순서를 미리 알고 있어야 한다. 자료구조가 정렬되어 있고, 그 인덱스로 항목에 즉시 접근할 수 있는 경우 이진 검색을 할 수 있다. 파이썬에서는 리스트를 사용하여 이진 검색을 수행한다.

이진 검색은 정렬된 요소들의 범위에서 중간 요소를 검색하여 찾고자 하는 요소와 비교한다. 그리고 해당 비교를 기준으로 범위를 반으로 줄이고 다시 이진 검색을 수행하는 방식으로 작동한다. 구체적인 예를 살펴보자.

사전 순으로 정렬된 단어의 리스트 ["cat", "dog", "kangaroo", "llama", "rabbit", "rat", "zebra"]에서 'rat'을 찾아보자.

1 7개의 항목 중 중간 요소는 'llama'다.

2 찾고자 하는 'rat'가 알파벳 순서로 'llama'의 다음이므로 검색 범위를 이후 리스트로 줄인다(검색 범위가 반으로 줄어든다). 이 단계에서 'rat'을 발견했다면 해당 인덱스를 반환한다. 만약 'rat'이 중간 요소의 알파벳 순서보다 앞에 있다면 검색 범위를 이전 리스트로 줄인다(검색 범위가 반으로 줄어든다).

3 반으로 줄어든 범위의 리스트로 단계 1과 단계 2를 다시 수행한다. 이들 단계는 'rat'이 발견될 때까지 혹은 줄여진 리스트 범위에 더 이상 검색할 요소가 없을 때까지(단어 리스트에 'rat'이 존재하지 않음) 계속 실행된다.

[그림 2-3]은 이진 검색 과정이다. 선형 검색과 달리 모든 요소를 검색하지 않는다.

그림 2-3 이진 검색에서 최악의 경우 시간복잡도는 O(lg n)이다.

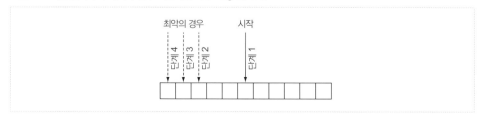

이진 검색은 검색 공간을 계속해서 절반으로 줄이므로 최악의 시간복잡도는 $O(\lg n)$이다. 그러나 이진 검색은 선형 검색과 달리 정렬된 자료구조가 필요하며, 정렬에는 시간이 소요된다. 보통 최적의 정렬 알고리즘의 시간복잡도는 $O(n \lg n)$이다. 검색을 딱 한 번만 수행하려 하고 원본 자료구조가 정렬되어 있지 않다면 선형 검색이 좋을 것이다. 그러나 검색이 여러 번 수행된다면 개별 검색의 시간 비용을 절약하는 점에서 이진 검색이 더 효율적이다.

유전자와 코돈에 대한 이진 검색 함수는 다른 타입의 데이터에 대한 이진 검색 함수를 작성하는 것과 크게 다르지 않다. 왜냐하면 Codon 타입은 다른 타입과 비교할 수 있고, Gene 타입은 리스트이기 때문이다.

예제 2-7 dna_search.py (계속)

```python
def binary_contains(gene: Gene, key_codon: Codon) -> bool:
    low: int = 0
    high: int = len(gene) - 1
    while low <= high: # 검색 공간(범위)이 있을 때까지 수행
        mid: int = (low + high) // 2
        if gene[mid] < key_codon:
            low = mid + 1
        elif gene[mid] > key_codon:
            high = mid - 1
        else:
            return True
    return False
```

위 함수를 한 줄씩 살펴보자.

```python
low: int = 0
high: int = len(gene) - 1
```

전체 유전자 리스트 범위에서 찾기 시작한다.

```python
while low <= high: # 검색 공간(범위)이 있을 때까지 수행
```

검색 범위가 유효하면 계속 검색을 수행한다. low가 high보다 크면 리스트에서 검색할 범위가 더 이상 없다는 것을 의미한다.

```
mid: int = (low + high) // 2
```

검색 범위를 반으로 나누기 위해서 // 연산자를 사용하여 mid를 계산한다.

```
if gene[mid] < key_codon:
    low = mid + 1
```

검색할 요소가 범위의 중간 요소 뒤에 있는 경우 mid 변수에 1을 더하여 중간 요소 다음 위치로 low 변수를 수정한다. 이는 검색 범위를 반으로 줄인다.

```
elif gene[mid] > key_codon:
    high = mid - 1
```

마찬가지로 검색할 요소가 범위의 중간 요소 앞에 있는 경우 mid 변수에서 1을 빼서 중간 요소 이전 위치로 high 변수를 수정한다. 이 역시 검색 범위를 반으로 줄인다.

```
    else:
        return True
return False
```

검색할 요소가 중간 요소보다 작거나 크지 않다면 검색할 요소를 찾았다는 것을 의미한다! 그리고 이 부분이 실행되지 않고 반복문이 끝나면 False를 반환하여 검색할 요소가 발견되지 않았음을 나타낸다.

선형 검색에서와 같은 유전자와 코돈으로 함수를 실행할 수 있지만, 먼저 다음과 같이 정렬을 수행해야 한다.

예제 2-8 dna_search.py (계속)

```
my_sorted_gene: Gene = sorted(my_gene)
print(binary_contains(my_sorted_gene, acg)) # 참
print(binary_contains(my_sorted_gene, gat)) # 거짓
```

TIP 파이썬 표준 라이브러리의 bisect 모듈을 사용하여 이진 검색을 수행할 수 있다. https://docs.python.org/3/library/bisect.html

2.1.4 제네릭 검색 예제

linear_contains()와 binary_contains() 함수는 파이썬의 거의 모든 시퀀스에서 동작하도록 일반화할 수 있다. 아래 일반화된 코드는 이전 코드와 거의 동일하며, 일부 이름과 타입 힌트만 바뀌었다.

> **NOTE_** 아래 코드에서는 여러 가지 타입을 임포트한다. 이 장에서는 generic_search.py 파일을 여러 가지 일반적인 검색 알고리즘에서 재사용할 것이다.

> **NOTE_** 아래 코드를 실행하기 전에 **typing_ extensions** 모듈을 설치해야 한다. 파이썬 인터프리터 구성에 따라 다음과 같이 설치한다.
>
> $ pip install typing_extensions
>
>   또는
>
> $ pip3 install typing_extensions
>
> 프로토콜 타입에 접근하려면 이 모듈이 필요하다. 이는 파이썬 3.8 버전(PEP 544에 지정된 대로)의 표준 라이브러리에 들어갈 예정이다. 따라서 파이썬 3.8 이후에는 **typing_extensions** 모듈을 설치하여 임포트할 필요가 없으며, from typing_extensions import Protocol 대신 from typing import Protocol 을 사용하면 된다.

예제 2-9 generic_search.py

```python
from __future__ import annotations
from typing import TypeVar, Iterable, Sequence, Generic, List, Callable, Set,
    Deque, Dict, Any, Optional
from typing_extensions import Protocol
from heapq import heappush, heappop

T = TypeVar('T')

def linear_contains(iterable: Iterable[T], key: T) -> bool:
    for item in iterable:
        if item == key:
            return True
    return False
```

```python
C = TypeVar("C", bound="Comparable")

class Comparable(Protocol):
    def __eq__(self, other: Any) -> bool:
        ...
    def __lt__(self: C, other: C) -> bool:
        ...
    def __gt__(self: C, other: C) -> bool:
        return (not self < other) and self != other
    def __le__(self: C, other: C) -> bool:
        return self < other or self == other

    def __ge__(self: C, other: C) -> bool:
        return not self < other

def binary_contains(sequence: Sequence[C], key: C) -> bool:
    low: int = 0
    high: int = len(sequence) - 1
    while low <= high: # 검색 공간(범위)이 있을 때까지 수행
        mid: int = (low + high) // 2
        if sequence[mid] < key:
            low = mid + 1
        elif sequence[mid] > key:
            high = mid - 1
        else:
            return True
    return False

if __name__ == "__main__":
    print(linear_contains([1, 5, 15, 15, 15, 15, 20], 5)) # 참
    print(binary_contains(["a", "d", "e", "f", "z"], "f")) # 참
    print(binary_contains(["john", "mark", "ronald", "sarah"], "sheila")) # 거짓
```

이제 다른 데이터 타입의 선형 검색과 이진 검색을 수행할 수 있다. 이 함수는 거의 모든 파이썬 컬렉션에서 재사용할 수 있다. 이것이 제네릭의 힘이다. 위 예제에서 한 가지 불편한 점은 타입 힌트를 위해 Comparable 클래스를 구현해야 한다는 것이다. Comparable 타입은 비교 연산자(<, >, = 등)를 구현하는 타입이다. 파이썬 다음 버전에서는 이러한 공통 연산자를 구현하는 타입에 대한 타입 힌트를 작성하는 보다 간결한 방법이 있어야 할 것이다.

2.2 미로 찾기

미로[maze] 찾기는 컴퓨터 과학의 많은 일반적인 검색 문제와 비슷하다. 여기서는 미로의 경로를
문자를 이용해서 찾고 너비 우선 탐색, 깊이 우선 탐색, A* 알고리즘을 구현할 것이다.

우리 미로는 셀[Cell]의 2차원 격자[grid]로 할 것이다. Cell 클래스는 문자열 열거형[enum]이다. " "
는 미로의 빈 공간을 나타내고, "X"는 막힌 공간을 나타낸다. 미로를 출력할 때 과정을 보여주
기 위한 다른 문자열도 있다.

예제 2-10 maze.py

```python
from enum import Enum
from typing import List, NamedTuple, Callable, Optional
import random
from math import sqrt
from generic_search import dfs, bfs, node_to_path, astar, Node

class Cell(str, Enum):
    EMPTY   = " "
    BLOCKED = "X"
    START   = "S"
    GOAL    = "G"
    PATH    = "*"
```

위 코드도 평상시와 다르게 많은 모듈을 임포트하고 있다. 마지막 임포트(from generic_
search)는 아직 정의하지 않았다. 이는 편의를 위해 미리 포함해둔 것이다. 원한다면 필요할
때까지 이 부분을 주석 처리해도 된다.

미로의 개별 위치를 나타내는 방법이 필요하다. 여기에서 행과 열 속성을 가진 네임드튜플
(NamedTuple)을 사용한다.

예제 2-11 maze.py (계속)

```python
class MazeLocation(NamedTuple):
    row: int
    column: int
```

2.2.1 미로 무작위로 생성하기

Maze 클래스는 상태를 나타내는 격자(리스트의 리스트)를 내부적으로 추적한다. 그리고 행 수, 열 수, 시작 위치 및 목표 위치에 대한 인스턴스 변수를 가지고 있다. 격자에는 막힌 공간이 무작위로 채워진다.

주어진 시작 위치에서 목표 위치까지 항상 경로가 존재해야 하므로 막힌 공간을 미로에 조금 희박하게 분포한다(미로는 알고리즘 테스트를 위해 사용된다). 미로를 생성할 때 막힌 공간의 무작위 비율을 설정한다. 이 매개변수의 기본값(임곗값)은 20%다(sparseness: float = 0.2). 무작위로 생성된 값이 sparseness 파라미터의 임곗값보다 더 클 경우 공간은 벽으로 채워진다. 이렇게 되면 통계적으로 막힌 공간의 분포는 임곗값의 비율과 비슷하게 된다.

예제 2-12 maze.py (계속)

```python
class Maze:
    def __init__(self, rows: int = 10, columns: int = 10,
                 sparseness: float = 0.2,
                 start: MazeLocation = MazeLocation(0, 0),
                 goal: MazeLocation = MazeLocation(9, 9)) -> None:
        # 기본 인스턴스 변수 초기화
        self._rows: int = rows
        self._columns: int = columns
        self.start: MazeLocation = start
        self.goal: MazeLocation = goal
        # 격자를 빈 공간으로 채운다.
        self._grid: List[List[Cell]] = [[Cell.EMPTY for c in range(columns)]
          for r in range(rows)]
        # 격자에 막힌 공간을 무작위로 채운다.
        self._randomly_fill(rows, columns, sparseness)
        # 시작 위치와 목표 위치를 설정한다.
        self._grid[start.row][start.column] = Cell.START
        self._grid[goal.row][goal.column] = Cell.GOAL

    def _randomly_fill(self, rows: int, columns: int, sparseness: float):
        for row in range(rows):
            for column in range(columns):
                if random.uniform(0, 1.0) < sparseness:
                    self._grid[row][column] = Cell.BLOCKED
```

이제 미로를 생성했으니 이를 콘솔에 출력하여 확인하는 게 필요하다. 문자를 잘 배치하여 미로처럼 보일 수 있도록 출력한다.

예제 2-13 maze.py (계속)

```python
# 미로 출력
def __str__(self) -> str:
    output: str = ""
    for row in self._grid:
        output += "".join([c.value for c in row]) + "\n"
    return output
```

미로 출력을 테스트해보자.

```python
maze: Maze = Maze()
print(maze)
```

2.2.2 기타 미로 세부사항

미로를 찾는 동안 목표 지점에 도달했는지 여부를 확인하는 기능이 있어야 한다. 다시 말해 검색된 특정 위치(MazeLocation 네임드튜플)가 목표 지점인지 확인해야 한다. Maze 클래스에 다음 메서드를 추가한다.

예제 2-14 maze.py (계속)

```python
def goal_test(self, ml: MazeLocation) -> bool:
    return ml == self.goal
```

말은 미로 안에서 어떻게 움직일까? 주어진 미로 공간에서 한 번에 한 칸씩 수평 또는 수직으로 이동할 수 있다고 가정해보자. successors( ) 메서드는 이러한 기준을 사용하여 지정된 위치(MazeLocation)에서 가능한 다음 위치를 찾을 수 있다. 모든 미로는 크기와 막힌 공간의 비율이 다르기 때문에 successors( ) 메서드는 미로마다 다르게 움직인다. Maze 클래스에 successors( ) 메서드를 정의해보자.

```python
    def successors(self, ml: MazeLocation) -> List[MazeLocation]:
        locations: List[MazeLocation] = []
        if ml.row + 1 < self._rows and self._grid[ml.row + 1][ml.column] !=
        Cell.BLOCKED:
            locations.append(MazeLocation(ml.row + 1, ml.column))
        if ml.row - 1 >= 0 and self._grid[ml.row - 1][ml.column] !=
        Cell.BLOCKED:
            locations.append(MazeLocation(ml.row - 1, ml.column))
        if ml.column + 1 < self._columns and self._grid[ml.row][ml.column + 1] !=
        Cell.BLOCKED:
            locations.append(MazeLocation(ml.row, ml.column + 1))
        if ml.column - 1 >= 0 and self._grid[ml.row][ml.column - 1] !=
        Cell.BLOCKED:
            locations.append(MazeLocation(ml.row, ml.column - 1))
        return locations
```

successors( ) 메서드는 미로에서 상하좌우 위치를 확인하여 해당 위치에서 이동할 수 있는 빈 공간을 찾는다. 또한 미로의 가장자리 너머의 위치를 확인하는 것은 피한다. successors( ) 메서드는 이동 가능한 모든 빈 공간(MazeLocation)의 리스트를 반환한다.

2.2.3 깊이 우선 탐색

깊이 우선 탐색^{Depth-First Search}(DFS)은 이름에서 알 수 있듯이 막다른 지점에 도달하여 최종 결정 지점으로 되돌아오기 전까지 가능한 깊이 탐색한다. 미로 찾기 문제에서는 다른 문제에도 재사용할 수 있도록 일반적인(제네릭) 깊이 우선 탐색을 구현할 것이다. [그림 2-4]는 진행 중인 미로의 깊이 우선 탐색 과정을 보여준다.

스택

깊이 우선 탐색 알고리즘은 **스택**이라는 자료구조에 의존한다(1장에서 스택에 관한 내용을 읽었다면 이 내용은 건너뛰어도 좋다). 스택은 후입선출^{Last-In-First-Out}(LIFO) 원칙에 따라 동작하는 자료구조다. 주방에 쌓인 접시를 생각해보자. 맨 위에 놓인 마지막 접시가 첫 번째로 사용된다. 일반적으로 리스트처럼 보다 원시적인 자료구조 위에 스택이 구현된다. 우리는 파이썬의 리스트 타입 위에 스택을 구현할 것이다.

그림 2-4 깊이 우선 탐색에서 검색은 벽에 도달할 때까지 계속 더 깊은 경로를 따라 방문하고, 더 이상 갈 곳이 없다면 마지막 결정 지점으로 되돌아간다.

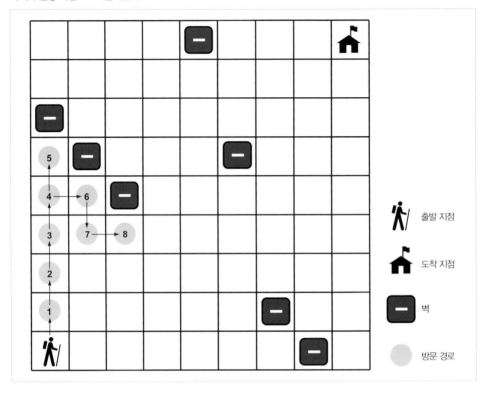

스택은 일반적으로 최소 아래 두 가지 작업을 수행한다.

- push( ) – 스택 상단에 항목을 추가한다.
- pop( ) – 스택 상단의 항목을 제거하고, 반환한다.

스택이 비었는지 확인하는 메서드뿐만 아니라 위 두 가지 메서드를 모두 구현하여 이 장 앞부분에서 작성한 generic_search.py 파일에 스택 코드를 추가할 것이다. 미로 찾기 코드에서 필요한 모듈은 이미 임포트했다.

예제 2-16 generic_search.py (계속)

```python
class Stack(Generic[T]):
    def __init__(self) -> None:
        self._container: List[T] = []
```

```
    @property
    def empty(self) -> bool:
        return not self._container # 컨테이너가 비었다면 false가 아니다(=true).

    def push(self, item: T) -> None:
        self._container.append(item)

    def pop(self) -> T:
        return self._container.pop() # 후입선출(LIFO)

    def __repr__(self) -> str:
        return repr(self._container)
```

파이썬 리스트를 사용하여 스택을 구현할 때 오른쪽 끝에서 항목을 추가하고[push], 제거 및 반환[pop]한다. 리스트에 항목이 없으면 pop( ) 메서드는 실패하므로 위 구현된 스택에서도 실패한다.

깊이 우선 탐색 알고리즘

깊이 우선 탐색을 구현하기 전에 노드를 구현해야 한다. 탐색은 한 장소에서 다른 장소(한 상태에서 다른 상태)의 변화를 추적하기 위해 Node 클래스가 필요하다. 미로 찾기에서 노드는 장소를 감싼 래퍼[wrapper]로 생각할 수 있다. 장소는 MazeLocation 타입이다. 노드는 부모 노드에서 온 한 장소를 의미한다. Node 클래스는 비용(cost)과 휴리스틱(heuristic) 속성이 있고, __lt__( ) 특수 메서드를 구현하여 정의한다. 이는 다음에 A* 알고리즘에서 재사용할 수 있다.

예제 2-17 generic_search.py (계속)

```
class Node(Generic[T]):
    def __init__(self, state: T, parent: Optional[Node], cost: float = 0.0,
     heuristic: float = 0.0) -> None:
        self.state: T = state
        self.parent: Optional[Node] = parent
        self.cost: float = cost
        self.heuristic: float = heuristic

    def __lt__(self, other: Node) -> bool:
        return (self.cost + self.heuristic) < (other.cost + other.heuristic)
```

TIP 선택적(Optional) 매개변수는 매개변수가 있다면 해당 타입의 값이 변수에 의해 참조되거나 None이 참조
될 수 있음을 의미한다.

TIP generic_search.py 파일 맨 위의 from __future__ import annotations 문(예제 2-9)은 노드가 자
신의 메서드 힌트 타입을 참조하도록 허용한다. 이를 사용하지 않으면 타입 힌트를 'Node'와 같이 따옴표
로 묶어야 한다. 파이썬 3.8 이상의 버전에서는 annotations 모듈을 임포트할 필요가 없다. 자세한 내용은
PEP 563 「어노테이션 지연 평가(Postponed Evaluation of Annotations)」 문서를 참고한다.[1]

깊이 우선 탐색은 다음 두 자료구조를 추적한다. 첫 번째는 탐색 방문하려고 하는 장소 스택으로
다음 코드에서 frontier 변수로 표현한다. 두 번째는 이미 방문한 장소 셋으로 다음 코드에서
explored 변수로 표현한다. 깊이 우선 탐색은 frontier 변수에서 장소를 방문하면서, 방문한
곳이 목표 지점인지 계속 확인한다(이 장소가 목표 지점이라면 깊이 우선 탐색은 종료됨). 그리
고 successors 변수에서 현재 지점을 확인하여 다음 이동할 장소를 frontier 변수에 추가한
다. 또한 이미 방문한 장소를 표시하여 방문한 곳을 또 다시 방문하지 않도록 한다. frontier
변수가 비어 있다면 모든 장소를 방문했다는 것을 의미하므로 탐색을 종료한다.

예제 **2-18** generic_search.py (계속)

```python
def dfs(initial: T, goal_test: Callable[[T], bool],
        successors: Callable[[T], List[T]]) -> Optional[Node[T]]:
    # frontier는 아직 방문하지 않은 곳이다.
    frontier: Stack[Node[T]] = Stack()
    frontier.push(Node(initial, None))
    # explored는 이미 방문한 곳이다.
    explored: Set[T] = {initial}

    # 방문할 곳이 더 있는지 탐색한다.
    while not frontier.empty:
        current_node: Node[T] = frontier.pop()
        current_state: T = current_node.state
        # 목표 지점을 찾았다면 종료한다.
        if goal_test(current_state):
            return current_node
        # 방문하지 않은 다음 장소가 있는지 확인한다.
        for child in successors(current_state):
            if child in explored: # 이미 방문한 자식 노드(장소)라면 건너뛴다.
                continue
```

....

1 http://mng.bz/pgzR

```
        explored.add(child)
        frontier.push(Node(child, current_node))
    return None # 모든 곳을 방문했지만 결국 목표 지점을 찾지 못했다.
```

위 dfs() 함수에서 목표 지점을 찾았다면 목표 지점 경로를 캡슐화한 노드(Node)를 반환한다. 출발 지점부터 목표 지점까지의 경로는 이 노드의 parent 속성을 사용하여 노드를 반전함으로써 재구성할 수 있다.

예제 2-19 generic_search.py (계속)

```
def node_to_path(node: Node[T]) -> List[T]:
    path: List[T] = [node.state]
    # 노드 경로를 반전한다.
    while node.parent is not None:
        node = node.parent
        path.append(node.state)
    path.reverse()
    return path
```

미로의 출발 지점, 목표 지점, 경로를 출력한다. 그리고 같은 미로에서 다른 탐색 알고리즘을 시도할 수 있도록 경로를 초기화한다. maze.py의 Maze 클래스에 다음 두 메서드를 추가한다.

예제 2-20 maze.py (계속)

```
def mark(self, path: List[MazeLocation]):
    for maze_location in path:
        self._grid[maze_location.row][maze_location.column] = Cell.PATH
    self._grid[self.start.row][self.start.column] = Cell.START
    self._grid[self.goal.row][self.goal.column] = Cell.GOAL

def clear(self, path: List[MazeLocation]):
    for maze_location in path:
        self._grid[maze_location.row][maze_location.column] = Cell.EMPTY
    self._grid[self.start.row][self.start.column] = Cell.START
    self._grid[self.goal.row][self.goal.column] = Cell.GOAL
```

이제 미로 찾기 문제를 실행해보자.

```python
if __name__ == "__main__":
    # 깊이 우선 탐색(DFS)
    m: Maze = Maze()
    print(m)
    solution1: Optional[Node[MazeLocation]] = dfs(
        m.start, m.goal_test, m.successors)
    if solution1 is None:
        print("깊이 우선 탐색으로 길을 찾을 수 없습니다!")
    else:
        path1: List[MazeLocation] = node_to_path(solution1)
        m.mark(path1)
        print(m)
        m.clear(path1)
```

다음은 실행 결과다.

```
S****X X
 X  *****
       X*
XX*******X
 X*
 X**X
 X *****
      *
    X  *X
       *G
```

별표asterisk는 깊이 우선 탐색의 출발 지점부터 목표 지점까지의 경로다. 실행할 때마다 미로가 무작위로 생성되기 때문에 어떤 미로는 답이 없다.

2.2.4 너비 우선 탐색

깊이 우선 탐색으로 찾은 목표 지점에 대한 경로는 부자연스럽게 보일 수 있으며, 최단 경로가 아닐 수 있다. 너비 우선 탐색Breadth-First Search (BFS)은 탐색의 각 반복마다 출발 지점에서 한 계층의 노드를 가까운 지점부터 순차적으로 탐색함으로써 항상 최단 경로를 찾는다. 깊이 우선 탐색은 일반적으로 너비 우선 탐색보다 더 빨리 목표 지점을 찾지만 그 반대의 경우도 있다. 따라서 두 가지 방법 중 하나를 선택하는 것은 최단 경로를 선택하느냐 빠른 탐색의 가능성을 선택하느냐의 문제다. [그림 2-5]는 미로 찾기의 너비 우선 탐색 과정이다.

그림 2-5 너비 우선 탐색은 한 지점에 가장 가까운 지점을 먼저 탐색한다.

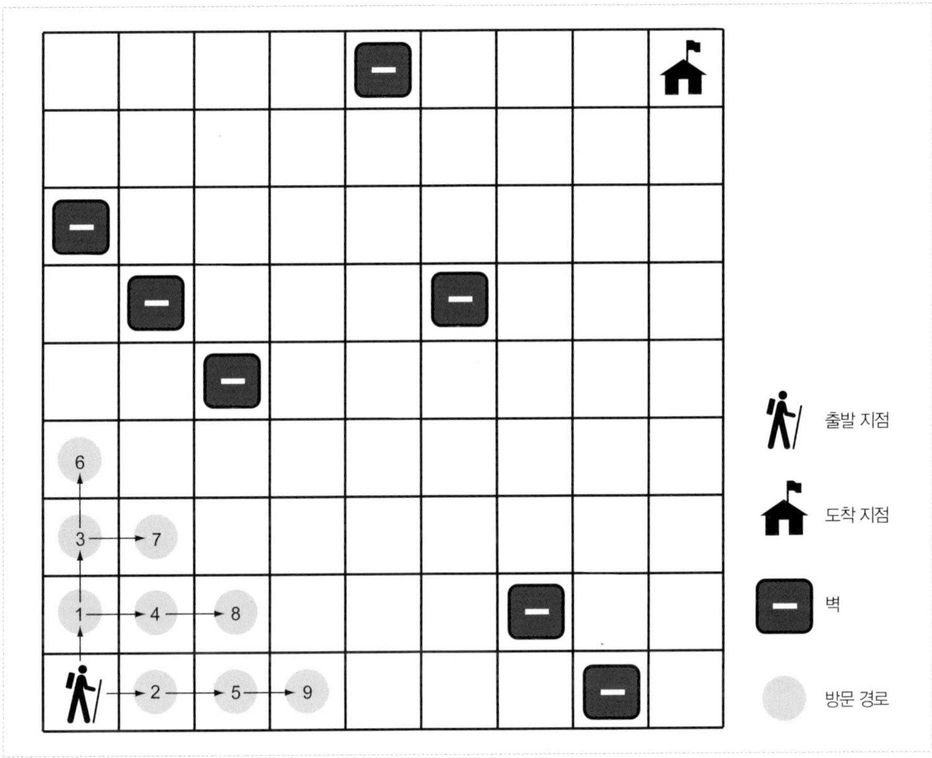

깊이 우선 탐색이 종종 너비 우선 탐색보다 빠른 결과를 반환하는 이유를 알아보기 위해 양파 안의 특정 층을 찾는다고 가정해보자. 깊이 우선 탐색을 사용한다면 양파를 반으로 잘라서 잘라낸 덩어리에서 우연히 특정 층을 찾을 수 있다. 너비 우선 탐색을 사용한다면 양파의 표면층부터 시작해서 한 번에 한 층씩 차례로 특정 층을 찾는다. 만약 특정 층이 양파의 표면에 가까이 있다면 너비 우선 탐색은 깊이 우선 탐색보다 특정 층을 더 빠르게 찾을 수 있다.

너비 우선 탐색이 항상 최단 경로를 찾는지에 대한 더 좋은 예는 보스턴과 뉴욕 사이의 최단 정거장 경로를 찾는 것이다. 깊이 우선 탐색과 같이 같은 방향으로 계속 탐색하고 막다른 골목을 만났을 때 역추적(백트래킹)으로 탐색한다면 보스턴을 탐색하기 전에 더 먼 시애틀을 탐색하게 될 수 있다. 그러나 너비 우선 탐색에서는 보스턴에서 한 정거장 떨어진 모든 역을 먼저 확인한다. 그런 다음 보스턴에서 두 정거장, 세 정거장... 떨어진 모든 역을 뉴욕을 찾을 때까지 계속 탐색한다. 따라서 너비 우선 탐색으로 뉴욕을 찾았을 때는 보스턴에서 몇 정거장 떨어진 모든 역을 이미 확인했기 때문에 뉴욕까지 최단 경로 정거장을 알 수 있다.

큐

너비 우선 탐색을 구현하려면 **큐** 자료구조가 필요하다. 스택이 후입선출$^{Last-In-First-Out}$(LIFO)인 반면 큐는 선입선출$^{First-In-First-Out}$(FIFO)이다. 큐는 화장실을 사용하기 위해 서 있는 줄과 같다. 일렬로 줄을 서서 먼저 온 사람이 먼저 화장실에 들어간다. 큐에는 스택과 같은 push( )와 pop( ) 메서드가 있다. 이 예제에서 구현한 큐(파이썬의 deque 모듈 사용)는 스택 구현과 거의 동일하다. 다른 점은 _container 변수에서 오른쪽 끝 요소 대신 왼쪽 끝 요소를 제거하고 반환한다는 것이다. 그리고 리스트 대신 덱^{deque}을 사용한다. 왼쪽 끝 요소는 덱에 있는 가장 오래된 요소(도착 시간 기준)이므로 가장 먼저 제거/반환된다^{pop}.

예제 2-22 generic_search.py (계속)

```python
class Queue(Generic[T]):
    def __init__(self) -> None:
        self._container: Deque[T] = Deque()

    @property
    def empty(self) -> bool:
        return not self._container # 컨테이너가 비었다면 false가 아니다(=true).

    def push(self, item: T) -> None:
        self._container.append(item)

    def pop(self) -> T:
        return self._container.popleft() # 선입선출(FIFO)

    def __repr__(self) -> str:
        return repr(self._container)
```

TIP 왜 큐 구현은 덱을 사용했고, 스택 구현은 리스트를 사용했을까? 이것은 pop( ) 메서드와 관련 있다. 스택은 오른쪽에서 요소를 추가하고 제거/반환(pop)한다. 큐는 오른쪽에서 요소를 추가하고 왼쪽에서 요소를 pop 한다. 리스트는 오른쪽에서 효율적으로 pop하지만 왼쪽에서는 그렇지 않다. 덱은 양쪽에서 효율적으로 pop 할 수 있다. 파이썬 덱 모듈에는 내장된 popleft( ) 메서드가 있지만 리스트에는 이 메서드가 없다. 리스트 를 큐의 컨테이너로 사용하는 다른 방법을 찾을 수 있지만 효율적이지 않다. 덱의 왼쪽 pop의 시간복잡도는 O(1)이지만 리스트의 시간복잡도는 O(n)이다. 리스트는 왼쪽에서 pop을 수행한 후 모든 요소를 왼쪽으로 한 칸씩 이동해야 하므로 비효율적이다.

너비 우선 탐색 알고리즘

놀랍게도 너비 우선 탐색 알고리즘은 깊이 우선 탐색 알고리즘과 동일하며, frontier 변수 타 입만 스택에서 큐로 변경되었다. 타입 변경으로 탐색 순서가 변경되고, 출발 지점에서 가장 가까 운 지점을 먼저 탐색한다.

예제 2-23 generic_search.py (계속)

```python
def bfs(initial: T, goal_test: Callable[[T], bool], successors: Callable[[T],
  List[T]]) -> Optional[Node[T]]:
    # frontier는 아직 방문하지 않은 곳이다.
    frontier: Queue[Node[T]] = Queue()
    frontier.push(Node(initial, None))
    # explored는 이미 방문한 곳이다.
    explored: Set[T] = {initial}

    # 방문할 곳이 더 있는지 탐색한다.
    while not frontier.empty:
        current_node: Node[T] = frontier.pop()
        current_state: T = current_node.state
        # 목표 지점을 찾았다면 종료한다.
        if goal_test(current_state):
            return current_node
        # 방문하지 않은 다음 장소가 있는지 확인한다.
        for child in successors(current_state):
            if child in explored: # 이미 방문한 자식 노드(장소)라면 건너뛴다.
                continue
            explored.add(child)
            frontier.push(Node(child, current_node))
    return None # 모든 곳을 방문했지만 결국 목표 지점을 찾지 못했다.
```

bfs() 함수를 실행하면 미로 찾기의 출발 지점에서 목표 지점까지의 최단 경로를 찾을 수 있다. 너비 우선 탐색의 실행은 코드 if __name__ == "__main__":에서 깊이 우선 탐색 코드 바로 다음에 추가되므로 동일한 미로에서 두 방법을 비교할 수 있다.

예제 2-24 maze.py (계속)

```
# 너비 우선 탐색(BFS)
solution2: Optional[Node[MazeLocation]] = bfs(
    m.start, m.goal_test, m.successors)
if solution2 is None:
    print("너비 우선 탐색으로 길을 찾을 수 없습니다!")
else:
    path2: List[MazeLocation] = node_to_path(solution2)
    m.mark(path2)
    print(m)
    m.clear(path2)
```

다른 자료구조, 같은 알고리즘을 사용하여 근본적으로 다른 결과를 얻는 것은 놀라운 일이다. 다음은 dfs() 함수에서 사용한 미로에서 bfs() 함수를 호출한 결과다. 별표로 표시된 경로가 이전보다 더 직설적이다.

```
S    X X
*X
*       X
*XX      X
* X
* X  X
*X
*
*    X   X
*********G
```

2.2.5 A* 알고리즘

너비 우선 탐색에서 양파 층을 차례로 벗기는 것은 시간이 많이 걸릴 수 있다. 너비 우선 탐색과 마찬가지로 A* 알고리즘은 출발 지점에서 목표 지점까지의 최단 경로를 찾는 것을 목표로 한다. 너비 우선 탐색 구현과 달리 A* 알고리즘은 비용 함수와 휴리스틱heuristic[2] 함수를 사용하여 목표 지점에 가장 빨리 도달할 가능성이 있는 경로 탐색에 집중한다.

비용 함수 $g(n)$은 특정 지점에 도달하기 위한 비용을 확인한다. 미로 찾기의 경우 한 지점으로 가기 위해 얼마나 많은 지점을 거쳐야 하는지 확인한다. 휴리스틱 함수 $h(n)$은 해당 지점에서 목표 지점까지의 비용을 추정한다. $h(n)$이 **허용 가능한 휴리스틱**admissible heuristic이라면 발견된 경로를 최적으로 판단한다. 허용 가능한 휴리스틱은 목표 지점에 도달하는 데 드는 비용을 절대로 과대평가하지 않는 것이다.[3] 2차원 평면에서 하나의 예는 직선거리 휴리스틱이다. 직선은 항상 가장 짧은 경로이기 때문이다.[4]

탐색을 고려하는 모든 지점에 대한 총 비용은 $f(n)$이다. $f(n)$은 단순히 $g(n)$과 $h(n)$을 더한 것으로 $f(n) = g(n) + h(n)$이다. A* 알고리즘은 방문하지 않은 지점frontier에서 다음 지점을 선택할 때 $f(n)$이 가장 낮은 것을 선택하며, 이 부분에서 너비 우선 탐색이나 깊이 우선 탐색 알고리즘과 구별된다.

우선순위 큐

방문하지 않은 지점 중 가장 낮은 $f(n)$의 지점을 선택하기 위해 A* 알고리즘은 **우선순위 큐**를 사용한다. 우선순위 큐의 요소는 내부 순서를 유지한다. 첫 번째 요소는 가장 우선순위가 높은 요소다(미로 찾기의 경우 우선순위가 가장 높은 항목은 $f(n)$이 가장 낮은 항목이다). 우선순위 큐는 보통 이진 힙을 내부적으로 사용하며, 푸시와 팝 연산의 시간복잡도는 $O(\lg n)$이다.

파이썬 표준 라이브러리 heapq 모듈에서 heappush( )와 heappop( ) 함수를 제공한다. 이 함수는 리스트를 이진 힙으로 유지한다. 이러한 함수를 래핑wrapping하여 우선순위 큐를 구현할 수 있다. 다음 PriorityQueue 클래스는 Stack, Queue 클래스의 push( ), pop( ) 메서드에서 각각 heappush( ), heappop( ) 함수를 사용하도록 수정한다.

----

2 옮긴이_ 휴리스틱 또는 발견법이란 불충분한 시간이나 정보로 인하여 합리적인 판단을 할 수 없거나, 체계적이면서 합리적인 판단이 굳이 필요하지 않은 상황에서 사람들이 빠르게 사용할 수 있는 어림짐작 방법이다. https://ko.wikipedia.org/wiki/휴리스틱_이론

3 옮긴이_ 목표 도달 추정 비용이 경로의 현재 지점에서 가능한 최저 비용 보다 높지 않은 경우다. https://en.wikipedia.org/wiki/Admissible_heuristic

4 휴리스틱에 대한 더 자세한 내용은 스튜어트 러셀과 피터 노빅의 『Artificial Intelligence: A Modern Approach, 3rd edition』(피어슨, 2010)의 94쪽을 참고하라. 옮긴이_ 『인공지능 2: 현대적 접근방식 제3판』(제이펍, 2016)에서 발견법적(휴리스틱) 함수 단원을 참고한다.

```python
class PriorityQueue(Generic[T]):
    def __init__(self) -> None:
        self._container: List[T] = []

    @property
    def empty(self) -> bool:
        return not self._container # 컨테이너가 비었다면 not false(=true)

    def push(self, item: T) -> None:
        heappush(self._container, item) # 우선순위 push

    def pop(self) -> T:
        return heappop(self._container) # 우선순위 pop

    def __repr__(self) -> str:
        return repr(self._container)
```

특정 요소와 다른 요소의 우선순위를 결정하기 위해 heappush( )와 heappop( ) 함수에 < 연산
자를 사용하여 비교한다. 그래서 generic_search.py의 Node 클래스에서 __lt__( ) 특수 메
서드를 구현했다. 한 노드는 각 $f(n)$을 확인하여 다른 노드와 비교한다. $f(n)$은 단순히 비용과
휴리스틱 속성의 합이다.

휴리스틱

휴리스틱은 문제를 해결하는 방법을 직관적으로 제시한다.[5] 미로 찾기의 경우 휴리스틱은 목표
지점에 도달하기 위한 최적 경로 찾기를 목적으로 한다. 다시 말해 방문하지 않은 지점^{frontier}의
어느 노드가 가장 목표 지점에 가까운지 찾는다. A* 알고리즘에 사용된 휴리스틱은 정확한 상
대 결과를 계산하고, 허용 가능한 휴리스틱이라면(목표 도달 추정 비용 < 경로에서 현재 지점의
최저 가능 비용), 즉 과대평가하지 않는다면 A* 알고리즘은 최단 경로를 제공한다. 더 적은 비
용을 계산하는 휴리스틱은 결국 더 많은 지점의 탐색으로 이어진다. 반면 최단 경로에 가까운 휴
리스틱은 더 적은 지점의 탐색으로 이어진다(허용 가능한 휴리스틱 범위여야 한다). 이상적인
휴리스틱은 지점을 모두 탐색하지 않고 가능한 실제 최단 경로에 가까운 경로를 찾는 것이다.

---

5 휴리스틱과 A* 알고리즘에 대한 자세한 내용은 아미트 파텔(Amit Patel)이 쓴 「아미트의 길 찾기에 대한 생각(Amit's Thoughts on Pathfinding)」을 참고한다. http://mng.bz/z7O4

유클리드 거리

두 점 사이의 최단 거리는 직선이다. 미로 찾기 문제의 휴리스틱에서는 이 직선을 사용한다. 피타고라스 정리에서 파생된 유클리드 거리는 $\sqrt{(두\ 점의\ x\ 차이)^2 + (두\ 점의\ y\ 차이)^2}$이다. 두 점의 x 차이는 두 미로의 위치에서 열의 차이와 같으며, 두 점의 y 차이는 행의 차이와 같다.

예제 2-26 maze.py (계속)

```python
def euclidean_distance(goal: MazeLocation) -> Callable[[MazeLocation], float]:
    def distance(ml: MazeLocation) -> float:
        xdist: int = ml.column - goal.column
        ydist: int = ml.row - goal.row
        return sqrt((xdist * xdist) + (ydist * ydist))
    return distance
```

위 euclidean_distance( ) 함수는 또 다른 함수를 반환한다. 파이썬은 일급 함수^{first-}^{class function}를 지원하므로 이와 같은 패턴을 사용할 수 있다. 반환된 distance( ) 함수는 euclidean_distance( ) 함수에서 전달받은 MazeLocation 네임드튜플의 goal 변수를 캡처링한다. 캡처링^{capturing}은 distance( ) 함수가 호출될 때마다 (영구적으로) goal 변수를 참조할 수 있다는 것을 의미한다. 반환된 distance( ) 함수는 목표 지점을 계산한다. 이 패턴을 사용하면 더 적은 수의 매개변수를 필요로 하는 함수를 만들 수 있다. 반환된 distance( ) 함수는 출발 지점을 인자로 취하고, 목표 지점을 영구적으로 '알고 있다'. [그림 2-6]은 격자로 표현한 맨해튼 거리에서 유클리드 거리를 보여준다.

그림 2-6 유클리드 거리는 출발 지점에서 목표 지점까지의 직선 길이다.

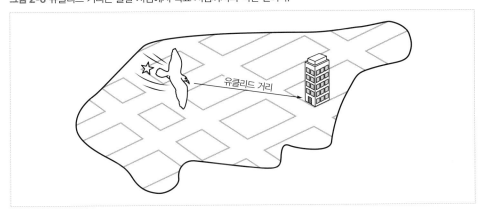

유클리드 거리

맨해튼 거리

유클리드 거리는 아주 유용하다. 그러나 미로 찾기의 제한(네 방향 중 한 방향으로만 움직일 수 있음)을 고려했을 때 더 좋은 방법을 쓸 수 있다. 맨해튼 거리는 뉴욕의 맨해튼 거리를 탐색하는 것에서 유래되었으며, 격자 패턴을 사용한다. 맨해튼의 어느 한 곳에서 다른 곳으로 가려면 일정 수의 수평 블록과 수직 블록을 걸어야 한다. 맨해튼 거리는 두 개의 미로 위치 사이의 행 차이를 찾아서 열 차이와 합산한다. [그림 2-7]은 맨해튼 거리를 보여준다.

예제 2-27 maze.py (계속)

```python
def manhattan_distance(goal: MazeLocation) -> Callable[[MazeLocation], float]:
    def distance(ml: MazeLocation) -> float:
        xdist: int = abs(ml.column - goal.column)
        ydist: int = abs(ml.row - goal.row)
        return (xdist + ydist)
    return distance
```

그림 2-7 맨해튼 거리에는 대각선이 없다. 경로는 수평선 또는 수직선이다.

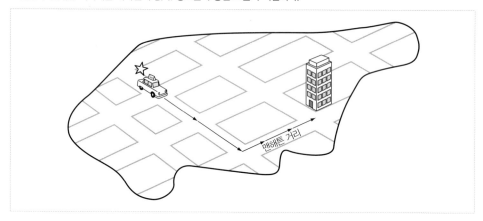

맨해튼 거리는 수평선과 수직선의 거리를 계산하므로 미로 찾기 문제에 더 가깝다(대각선을 계산하는 유클리드 거리보다). 따라서 A* 알고리즘에서 유클리드 거리를 사용하는 것보다 맨해튼 거리를 사용할 때 더 적은 지점을 탐색한다. 4개의 방향만 허용되는 미로에 대해 맨해튼 거리가 허용되기 때문에(거리를 과대평가하지 않기 때문에) 미로 찾기 경로는 최적일 수 있다.

A* 알고리즘

너비 우선 탐색에서 A* 알고리즘으로 변경하기 위해서는 몇 가지 작은 수정이 필요하다. 첫 번째는 frontier 변수 타입을 큐에서 우선순위 큐로 변경한다. 그러면 frontier 변수는 가장 낮은 $f(n)$을 갖는 노드를 제거/반환^{POP}한다. 두 번째로 explored 변수의 타입을 셋에서 딕셔너리로 변경한다. 그러면 방문할 수 있는 각 노드의 최저 비용 $g(n)$을 추적할 수 있다. 휴리스틱 함수를 사용했을 때 노드의 휴리스틱 값이 일치하지 않으면 일부 노드는 두 번 방문될 수 있다. A* 알고리즘은 새 방향에서 발견된 노드가 이전에 방문한 노드보다 비용이 적은 경우 새 방향의 경로를 더 선호한다.

문제를 단순하게 하기 위해 astar() 함수는 매개변수로 비용 (계산) 함수를 사용하지 않는다. 그 대신 모든 미로의 거리의 비용을 1로 간주한다. 각각의 새 노드는 이러한 간단한 수식과 heuristic() 함수(인자가 전달된 새 heuristic() 함수)를 사용하여 비용이 할당된다. 이 부분을 제외하면 astar() 함수는 bfs() 함수와 매우 유사하다. 두 함수를 비교해보자.

예제 2-28 generic_search.py (계속)

```python
def astar(initial: T, goal_test: Callable[[T], bool], successors: Callable[[T],
List[T]], heuristic: Callable[[T], float]) -> Optional[Node[T]]:
    # frontier는 아직 방문하지 않은 곳이다.
    frontier: PriorityQueue[Node[T]] = PriorityQueue()
    frontier.push(Node(initial, None, 0.0, heuristic(initial)))
    # explored는 이미 방문한 곳이다.
    explored: Dict[T, float] = {initial: 0.0}

    # 방문할 곳이 더 있는지 탐색한다.
    while not frontier.empty:
        current_node: Node[T] = frontier.pop()
        current_state: T = current_node.state
        # 목표 지점을 찾았다면 종료한다.
        if goal_test(current_state):
            return current_node
        # 방문하지 않은 다음 장소가 있는지 확인한다.
        for child in successors(current_state):
            # 현재 장소에서 갈 수 있는 다음 장소의 비용은 1이라고 가정한다.
            new_cost: float = current_node.cost + 1

            if child not in explored or explored[child] > new_cost:
                explored[child] = new_cost
```

```
        frontier.push(Node(child, current_node,new_cost,
            heuristic(child)))
    return None # 모든 곳을 방문했지만 결국 목표 지점을 찾지 못했다.
```

위에서 작성한 generic_search.py는 미로 찾기 문제를 해결할 뿐만 아니라 다양한 검색 애플리케이션에서 사용할 수 있다. 깊이 우선 탐색과 너비 우선 탐색은 성능이 중요하지 않은 소규모데이터셋과 공간에 적합하다. 경우에 따라 깊이 우선 탐색은 너비 우선 탐색보다 성능이 더 좋을 수 있지만, 너비 우선 탐색은 항상 최적의 경로를 제공한다는 장점이 있다. 흥미롭게도 너비 우선 탐색과 깊이 우선 탐색의 구현은 frontier 변수의 타입을 제외하고 거의 동일하다(깊이 우선 탐색은 스택을, 너비 우선 탐색은 큐를 사용한다). 조금 더 복잡한 A* 알고리즘은 일관적이고 허용 가능한 휴리스틱과 결합되어 최적의 경로를 제공할 뿐만 아니라 너비 우선 탐색보다성능이 훨씬 좋다. 이제 깊이 우선 탐색, 너비 우선 탐색, A* 알고리즘 모두 import generic_search를 통해 사용할 수 있다.

maze.py에서 위에서 사용한 미로로 astar( ) 함수를 실행해보자.

예제 2-29 maze.py (계속)

```
# Test A*
distance: Callable[[MazeLocation], float] = manhattan_distance(m.goal)
solution3: Optional[Node[MazeLocation]] = astar(
    m.start, m.goal_test, m.successors, distance)
if solution3 is None:
    print("A* 알고리즘으로 길을 찾을 수 없습니다!")
else:
    path3: List[MazeLocation] = node_to_path(solution3)
    m.mark(path3)
    print(m)
```

bfs( )와 astar( ) 함수가 모두 최적의 경로(경로 길이가 같다)를 찾고 있음에도 불구하고 출력 결과는 서로 다를 수 있다. astar( ) 함수는 휴리스틱 때문에 즉시 대각선으로 목표 지점을향한다. 궁극적으로 astar( ) 함수는 bfs( ) 함수보다 더 적은 수의 노드를 검색하므로 성능이더 좋다. 이 부분에 대해 조금 더 확인하고 싶다면 미로의 크기를 조금 더 크게 한다.

```
S** X X
 X**
    *   X
 XX*      X
  X*
  X**X
 X    ****
        *
     X * X
      **G
```

2.3 선교사와 식인종 문제

세 명의 선교사와 세 명의 식인종이 강 서쪽에 있다. 이들은 두 명이 탈 수 있는 배를 갖고 있으며, 배를 타고 동쪽으로 이동해야 한다. 강 양쪽에 선교사보다 더 많은 식인종이 있다면 식인종은 선교사를 잡아먹는다. 강을 건널 때 배에는 적어도 한 명이 탑승해야 한다. 선교사와 식인종 모두 강을 건너는 과정을 나열해보자(그림 2-8).

그림 2-8 선교사와 식인종이 서쪽에서 동쪽으로 모두 강을 건너기 위해 하나의 배를 사용해야 한다. 식인종이 선교사보다 많다면 식인종은 선교사를 잡아먹는다.

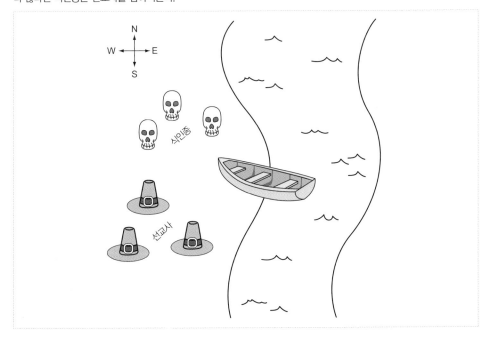

2.3.1 문제 나타내기

서쪽 강둑을 추적하여 문제를 나타내보자. 서쪽 강둑에는 선교사와 식인종이 각각 몇 명이 있는가? 배가 서쪽에 있는가? 이러한 문제만 파악되면 동쪽 강둑에 무엇이 있는지 알 수 있다. 서쪽 강둑에 없는 것은 동쪽 강둑에 있기 때문이다.

먼저 선교사와 식인종의 최대 인원을 지정하는 (전역) 변수를 생성한 후 메인 클래스를 구현한다.

예제 2-30 missionaries.py

```python
from __future__ import annotations
from typing import List, Optional
from generic_search import bfs, Node, node_to_path

MAX_NUM: int = 3

class MCState:
    def __init__(self, missionaries: int, cannibals: int, boat: bool) -> None:
        self.wm: int = missionaries # 서쪽 강둑에 있는 선교사 수
        self.wc: int = cannibals    # 서쪽 강둑에 있는 식인종 수
        self.em: int = MAX_NUM - self.wm # 동쪽 강둑에 있는 선교사 수
        self.ec: int = MAX_NUM - self.wc # 동쪽 강둑에 있는 식인종 수
        self.boat: bool = boat

    def __str__(self) -> str:
        return ("서쪽 강둑에는 {}명의 선교사와 {}명의 식인종이 있다.\n"
                "동쪽 강둑에는 {}명의 선교사와 {}명의 식인종이 있다.\n"
                "배는 {}쪽에 있다.")\
            .format(self.wm, self.wc, self.em, self.ec, ("서" if self.boat
                else "동"))
```

MCState 클래스에서는 서쪽 강둑에 있는 선교사 수와 식인종 수, 배 위치를 초기화한다. 그리고 현재 상태를 파악하고 결과 출력하기 위한 메서드가 있다.

기존에 작성한 탐색 함수를 사용하기 위해서는 현재 상태가 목표 상태인지 여부를 테스트하기 위한 함수와 한 상태에서 다음 상태를 추적하는 successors() 메서드를 정의해야 한다. 미로 찾기 문제처럼 목표 상태 확인을 위한 메서드는 매우 간단하다. 목표 상태는 동쪽 강둑에 선교사와 식인종이 모두 있는 것이다. 다음 메서드를 MCState 클래스에 추가한다.

```python
def goal_test(self) -> bool:
    return self.is_legal and self.em == MAX_NUM and self.ec == MAX_NUM
```

successors() 메서드를 작성하기 위해서는 한 강둑에서 다른 강둑으로 이동 가능한 모든 상태를 확인한 다음 합법적인 상태인지 점검해야 한다. 합법적인 상태는 식인종 수가 선교사 수보다 많지 않은 상태다. 합법적인 상태가 유효한지 판단하기 위해서 MCState 클래스에 다음 메서드를 추가한다.

예제 2-32 missionaries.py (계속)

```python
@property
def is_legal(self) -> bool:
    if self.wm < self.wc and self.wm > 0:
        return False
    if self.em < self.ec and self.em > 0:
        return False
    return True
```

successors() 메서드는 명료함을 위해 조금 장황하다. 배가 있는 강둑에서 한 명 또는 두 명이 강 건너편으로 이동 가능한 모든 조합을 추가한다. 이동 가능한 모든 조합이 추가되면 리스트 컴프리헨션을 통해 실제로 합법적인 동작을 필터링한다.

예제 2-33 missionaries.py (계속)

```python
def successors(self) -> List[MCState]:
    sucs: List[MCState] = []
    if self.boat: # 서쪽 강둑에 있는 배
        if self.wm > 1:
            sucs.append(MCState(self.wm - 2, self.wc, not self.boat))
        if self.wm > 0:
            sucs.append(MCState(self.wm - 1, self.wc, not self.boat))
        if self.wc > 1:
            sucs.append(MCState(self.wm, self.wc - 2, not self.boat))
        if self.wc > 0:
            sucs.append(MCState(self.wm, self.wc - 1, not self.boat))
        if (self.wc > 0) and (self.wm > 0):
            sucs.append(MCState(self.wm - 1, self.wc - 1, not self.boat))
```

```
    else: # 동쪽 강둑에 있는 배
        if self.em > 1:
            sucs.append(MCState(self.wm + 2, self.wc, not self.boat))
        if self.em > 0:
            sucs.append(MCState(self.wm + 1, self.wc, not self.boat))
        if self.ec > 1:
            sucs.append(MCState(self.wm, self.wc + 2, not self.boat))
        if self.ec > 0:
            sucs.append(MCState(self.wm, self.wc + 1, not self.boat))
        if (self.ec > 0) and (self.em > 0):
            sucs.append(MCState(self.wm + 1, self.wc + 1, not self.boat))
    return [x for x in sucs if x.is_legal]
```

2.3.2 문제 풀이

선교사와 식인종 문제를 해결하기 위한 모든 준비를 마쳤다. bfs(), dfs(), astar() 함수로 선교사와 식인종 문제를 풀 때 node_to_path() 함수는 궁극적인 솔루션으로 이어지는 상태 리스트로 변환되는 노드를 반환한다. 이러한 상태 리스트를 사람이 쉽게 이해할 수 있도록 출력하는 함수가 필요하다.

display_solution() 함수는 사람이 읽을 수 있는 솔루션 경로의 결과를 출력한다. 마지막 최근 상태를 추적하면서 솔루션 경로의 모든 상태를 순회한다. 마지막 상태에서 선교사와 식인종 몇 명이 강을 건넜는지, 배를 타고 어느 방향으로 이동했는지 알아보기 위한 상태를 확인한다.

예제 2-34 missionaries.py (계속)

```
def display_solution(path: List[MCState]):
    if len(path) == 0: # 세니티 체크
        return
    old_state: MCState = path[0]
    print(old_state)
    for current_state in path[1:]:
        if current_state.boat:
            print("{}명의 선교사와 {}명의 식인종이 동쪽 강둑에서 서쪽 강둑으로 갔다.\n"
                    .format(old_state.em - current_state.em, old_state.ec -
                    current_state.ec))
        else:
            print("{}명의 선교사와 {}명의 식인종이 서쪽 강둑에서 동쪽 강둑으로 갔다.\n"
                    .format(old_state.wm - current_state.wm, old_state.wc -
                    current_state.wc))
```

```
        print(current_state)
        old_state = current_state
```

display_solution( ) 함수는 MCState 클래스의 __str__( ) 특수 메서드를 사용하여 출력한다.

마지막으로 해야 할 일은 선교사와 식인종 문제를 해결하는 것이다. 앞에서 탐색 기능을 제네릭하게(범용적으로) 구현했기 때문에 편리하게 재사용할 수 있다. 여기에서는 bfs( ) 함수를 사용한다. dfs( ) 함수를 사용하면 참조적으로 다른 상태를 동일한 값으로 표시해야 하고, astar( ) 함수는 휴리스틱을 요구하기 때문이다.

예제 2-35 missionaries.py (계속)

```
if __name__ == "__main__":
    start: MCState = MCState(MAX_NUM, MAX_NUM, True)
    solution: Optional[Node[MCState]] = bfs(start, MCState.goal_test,
     MCState.successors)
    if solution is None:
        print("답을 찾을 수 없습니다.")
    else:
        path: List[MCState] = node_to_path(solution)
        display_solution(path)
```

generic_search.py를 유연하게 사용하여 다양한 문제를 쉽게 풀 수 있다. 선교사와 식인종 문제의 출력 결과는 다음과 같다.

```
서쪽 강독에는 3명의 선교사와 3명의 식인종이 있다.
동쪽 강독에는 0명의 선교사와 0명의 식인종이 있다.
배는 서쪽에 있다.
0명의 선교사와 2명의 식인종이 서쪽 강독에서 동쪽 강독으로 갔다.

서쪽 강독에는 3명의 선교사와 1명의 식인종이 있다.
동쪽 강독에는 0명의 선교사와 2명의 식인종이 있다.
배는 동쪽에 있다.
0명의 선교사와 1명의 식인종이 동쪽 강독에서 서쪽 강독으로 갔다.

...

서쪽 강독에는 0명의 선교사와 0명의 식인종이 있다.
동쪽 강독에는 3명의 선교사와 3명의 식인종이 있다.
배는 동쪽에 있다.
```

2.4 적용사례

탐색(검색)은 대부분의 소프트웨어에서 유용하게 사용된다. 구글 검색, 스포트라이트, 아파치 루씬 같은 경우는 검색 기능이 핵심이다. 그 외 다른 곳에서는 데이터 저장을 위한 기초로 사용된다. 성능을 위해 자료구조에 적용할 올바른 검색 알고리즘을 숙지해야 한다. 예를 들어 정렬된 자료구조에서 이진 검색 대신 선형 검색을 사용하면 검색 비용이 많이 든다.

A* 알고리즘은 가장 잘 알려진 길 찾기 알고리즘이다. 이는 탐색 공간에서 계산을 미리 수행하는 알고리즘으로 구현한다. A* 알고리즘은 단순 맹목적인 검색의 모든 시나리오에서 안정적이어서 경로 탐색, 프로그래밍 언어의 구문 분석을 위한 최단 경로 찾기 등 모든 탐색 부분에 필수 요소가 되었다. 대부분의 지도 검색 애플리케이션(구글 맵 등)은 다익스트라 알고리즘(A* 알고리즘의 변형)을 사용하여 탐색한다(4장에서 다익스트라 알고리즘을 살펴본다). 게임에서 AI 캐릭터가 사람 개입 없이 지도의 한 지점에서 다른 지점까지 최단 경로를 찾는다면 그 게임은 아마 A* 알고리즘을 사용하고 있을 것이다.

너비 우선 탐색과 깊이 우선 탐색은 균일 비용 탐색$^{uniform\text{-}cost\ search}$이나 역추적 탐색$^{backtracking\ search}$ 같은 복잡한 탐색 알고리즘의 기초가 된다(다음 장에서 살펴본다). 너비 우선 탐색은 작은 그래프에서 최단 경로를 찾는 데 충분한 알고리즘이다. 그러나 큰 그래프의 경우 훌륭한 휴리스틱이 존재한다면 너비 우선 탐색에서 A* 알고리즘으로 쉽게 변경할 수 있다.

2.5 연습문제

1. dna_search.py에서 숫자가 100만 개인 정렬된 리스트를 생성하라. 그리고 선형 검색의 linear_contains()와 이진 검색의 binary_contains() 함수를 사용하여 몇몇 숫자를 찾는 데 걸리는 시간을 측정하라.

2. dfs(), bfs(), astar() 함수에 카운터를 추가하여 동일한 미로를 검색하는 지점의 수를 확인하라. 통계적으로 의미 있는 결과를 얻기 위해 100개의 미로 샘플에 대해 조사한다.

3. 선교사와 식인종 수를 변형하여 문제를 풀어보라(힌트: MCState 클래스에 __eq__() 및 __hash__() 특수 메서드를 구현한다).

## CHAPTER 3

제약 충족 문제

컴퓨터를 사용하여 해결할 수 있는 많은 문제는 제약 충족 문제^{Constraint-Satisfaction Problem}(CSP)로 크게 분류할 수 있다. 제약 충족 문제는 **도메인**^{domain}이라는 범위에 속하는 값을 갖는 **변수**로 구성된다. 제약 충족 문제가 해결되려면 변수 사이의 **제약 조건**이 충족되어야 한다. 제약 충족 문제의 세 가지 핵심 개념인 변수, 도메인, 제약 조건은 이해하기 쉽다. 이러한 일반적인 개념은 광범위한 제약 충족 문제 해결의 기초다.

수, 메리, 조의 금요일 회의 일정을 잡는다고 가정해보자. 수는 최소 한 사람과 회의를 해야 한다. 이 일정 문제에 대해서 수, 메리, 조는 변수가 된다. 각 변수의 도메인은 세 사람이 회의가 가능한 시간이다. 예를 들어 변수 메리의 도메인은 오후 2~4시다. 이 문제는 두 가지 제약 조건이 있다. 첫째, 수는 최소 한 사람과 회의를 해야 한다. 둘째, 회의 인원은 적어도 2명 이상이어야 한다. 예제의 제약 충족 문제에는 3개의 변수, 3개의 도메인, 2개의 제약 조건이 있다(그림 3-1).

프롤로그^{Prolog}나 피캣^{Picat} 같은 프로그래밍 언어는 제약 충족 문제를 해결할 수 있는 함수를 제공한다. 다른 언어의 일반적인 기술은 백트래킹 검색과 이를 향상시키는 몇 가지 휴리스틱을 통합하여 프레임워크를 구축한다. 이 장에서는 간단한 재귀 백트래킹 검색을 사용하여 제약 충족 문제를 해결하는 프레임워크를 구현한다. 그런 다음 프레임워크를 사용하여 여러 문제를 해결한다.

그림 3-1 회의 일정 문제는 제약 충족 문제의 고전적인 예제다.

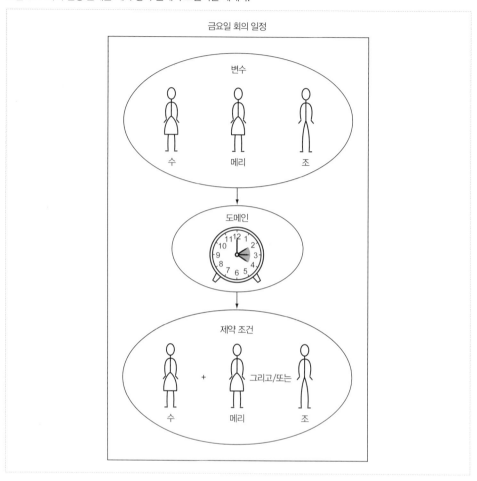

3.1 제약 충족 문제 프레임워크 구현하기

제약 조건은 Constraint 클래스로 정의한다. 이 클래스는 제약 조건 변수(variables)와 이를 충족하는지 검사하는 메서드(satisfied())로 구성된다. 제약 조건이 충족되었는지 판단하는 작업은 제약 충족 문제의 핵심 로직이다. Constraint 클래스를 추상 (베이스) 클래스^{abstract base class}로 정의하여 기본 구현을 오버라이드^{override}한다. 추상 클래스는 메서드에 @abstracmethod 데커레이터를 사용하며 인스턴스화되지 않는다. 이 메서드는 실제 구현하는 서브클래스의 메서드에 의해 오버라이드된다.

예제 3-1 csp.py

```python
from typing import Generic, TypeVar, Dict, List, Optional
from abc import ABC, abstractmethod

V = TypeVar('V') # 변수(Variable) 타입
D = TypeVar('D') # 도메인(Domain) 타입

# 모든 제약 조건에 대한 베이스 클래스
class Constraint(Generic[V, D], ABC):
    # 제약 조건 변수
    def __init__(self, variables: List[V]) -> None:
        self.variables = variables

    # 서브클래스 메서드에 의해 오버라이드된다.
    @abstractmethod
    def satisfied(self, assignment: Dict[V, D]) -> bool:
        ...
```

TIP 추상 클래스는 클래스 계층 구조에서 템플릿 역할을 한다. C++와 같은 다른 언어에서는 파이썬보다 더 일반적인 개념이다. 사실 파이썬 개발 중간쯤에 추상 클래스가 소개되었다. 위에서 말한 것처럼 파이썬 표준 라이브러리에 있는 많은 컬렉션 클래스는 추상 클래스를 통해 구현된다. 추상 클래스는 다른 곳에서 빌드되지 않거나 내부 사용을 위한 용도라면 사용하지 않는 것이 좋다. 더 자세한 정보는 『전문가를 위한 파이썬』(한빛미디어, 2016)의 11장을 참고한다.

제약 충족 문제 프레임워크의 핵심은 다음의 CSP 클래스다. 이 클래스는 변수, 도메인, 제약 조건을 저장한다. 타입 힌트에서 제네릭을 사용하여 모든 종류의 변수(V) 및 도메인(D) 값을 유연하게 처리한다. CSP 클래스의 변수, 도메인, 제약 조건 컬렉션 타입을 살펴보자. 변수 컬렉션은 변수의 리스트고, 도메인 컬렉션은 변수에 가능한 값 리스트를 매핑하는 딕셔너리다(각 변수의 도메인). 제약 조건 컬렉션은 각 변수에 제약 조건(Constraint 클래스) 리스트로 매핑된 딕셔너리다.

예제 3-2 csp.py (계속)

```python
# 제약 충족 문제는 타입 V의 '변수'와 범위를 나타내는 타입 D의 '도메인',
# 특정 변수의 도메인이 유효한지 확인하는 '제약 조건'으로 구성된다.
class CSP(Generic[V, D]):
    def __init__(self, variables: List[V], domains: Dict[V, List[D]]) -> None:
        self.variables: List[V] = variables # 제약 조건을 확인할 변수
```

```
        self.domains: Dict[V, List[D]] = domains # 각 변수의 도메인
        self.constraints: Dict[V, List[Constraint[V, D]]] = {}
        for variable in self.variables:
            self.constraints[variable] = []
            if variable not in self.domains:
                raise LookupError("모든 변수에 도메인이 할당되어야 합니다.")

    def add_constraint(self, constraint: Constraint[V, D]) -> None:
        for variable in constraint.variables:
            if variable not in self.variables:
                raise LookupError("제약 조건 변수가 아닙니다.")
            else:
                self.constraints[variable].append(constraint)
```

__init__( ) 특수 메서드에서 딕셔너리 타입의 제약 조건을 생성한다. add_constraint( ) 메서드는 모든 변수에 대해 제약 조건을 확인하고, 각 제약 조건 매핑에 자신을 추가한다. 두 메서드 모두 기본적인 에러를 확인하며, 변수에 도메인이 없거나 존재하지 않은 변수에 제약 조건이 있는 경우 예외가 발생한다.

주어진 변수 구성과 선택된 도메인값이 제약 조건을 충족시키는지 어떻게 알 수 있을까? 여기서 주어진 변수 구성을 '할당assignment'이라 부른다. 주어진 변수에 대한 모든 제약 조건을 할당하고 비교하여 할당 변숫값이 제약 조건을 만족하는지 확인하는 consistent( ) 메서드가 필요하다.

예제 3-3 csp.py (계속)

```
    # 주어진 변수의 모든 제약 조건을 검사하여 assignment 값이 일관적인지 확인한다.
    def consistent(self, variable: V, assignment: Dict[V, D]) -> bool:
        for constraint in self.constraints[variable]:
            if not constraint.satisfied(assignment):
                return False
        return True
```

consistent( ) 함수는 주어진 변수(할당에 추가된 변수)에 대한 모든 제약 조건을 확인한다. 그리고 주어진 새 할당에 대해 제약 조건을 충족하는지 확인한다. 할당이 모든 제약 조건을 충족하면 True가 반환된다. 변수에 할당된 제약 조건이 충족되지 않으면 False가 반환된다.

이러한 제약 충족 프레임워크는 간단한 **백트래킹**backtracking에 사용된다. 백트래킹은 검색에서 벽에 부딪혔을 때 이 지점에 대한 결정을 내린 마지막 지점으로 돌아가 다른 경로를 선택하는

방안이다. 2장에서 본 깊이 우선 탐색과 유사하다. 다음 backtracking_search() 메서드에 구현된 백트래킹 검색은 재귀 깊이 우선 탐색의 일종으로 1장과 2장의 아이디어를 결합한 것이다. 이 메서드를 CSP 클래스에 추가한다.

예제 3-4 csp.py (계속)

```python
def backtracking_search(self, assignment: Dict[V, D] = {}) -> Optional[Dict[V, D]]:
    # assignment는 모든 변수가 할당될 때 완료된다(기저 조건).
    if len(assignment) == len(self.variables):
        return assignment

    # 할당되지 않은 모든 변수를 가져온다.
    unassigned: List[V] = [v for v in self.variables if v not in assignment]

    # 할당되지 않은 첫 번째 변수의 가능한 모든 도메인 값을 가져온다.
    first: V = unassigned[0]
    for value in self.domains[first]:
        local_assignment = assignment.copy()
        local_assignment[first] = value
        # local_assignment 값이 일관적이면 재귀 호출한다.
        if self.consistent(first, local_assignment):
            result: Optional[Dict[V, D]] = self.backtracking_search(
                local_assignment)
            # 결과를 찾지 못하면 백트래킹을 종료한다.
            if result is not None:
                return result
    return None # 솔루션 없음
```

backtracking_search() 메서드를 한 줄씩 살펴보자.

```python
    if len(assignment) == len(self.variables):
        return assignment
```

재귀적 검색에 대한 기저 조건은 모든 변수에 대한 유효 할당을 찾는 것이다. 유효 할당을 찾았다면 솔루션의 첫 번째 인스턴스를 반환한다(계속 솔루션을 탐색하지 않는다).

```python
    unassigned: List[V] = [v for v in self.variables if v not in assignment]
    first: V = unassigned[0]
```

도메인을 탐색할 새 변수를 선택하기 위해 모든 변수를 살펴보고, 할당이 없는 첫 번째 변수를 찾는다. 이 작업을 위해 self.variables에서 리스트 컴프리헨션을 통해 할당되지 않은 변수의 리스트(unassigned)를 생성한다. 그리고 unassigned 리스트에서 첫 번째 항목을 꺼내 first 변수에 할당한다.

```
for value in self.domains[first]:
    local_assignment = assignment.copy()
    local_assignment[first] = value
```

한 번에 하나씩 해당 변수에 가능한 모든 도메인값을 할당한다. 각각의 새 할당은 local_assignment 딕셔너리에 저장한다.

```
if self.consistent(first, local_assignment):
    result: Optional[Dict[V, D]] = self.backtracking_search(
      local_assignment)
    if result is not None:
        return result
```

local_assignment 변수의 새 할당이 모든 제약 조건(consistent() 메서드에서 확인)과 일치하면 새 할당을 제자리$^{in place}$에서 재귀적으로 계속 검색한다. 새 할당이 완료되면(기저 조건) 재귀 체인에 새 할당을 반환한다.

```
return None # 솔루션 없음
```

마지막으로 특정 변수에서 가능한 모든 도메인값을 검사했을 때 기존 할당 셋을 활용하는 솔루션이 없다면 None을 반환한다(솔루션이 없다는 것을 의미한다). 이것은 재귀 체인을 다른 이전 할당이 이뤄진 지점으로 되돌아가게 한다(백트래킹).

3.2 호주 지도 색칠 문제

다음 호주 지도에서 분할된 지역을 색칠한다고 가정해보자. 총 3가지 색을 칠할 수 있으며, 인접한 두 지역은 같은 색을 사용할 수 없다. 이 조건에 맞춰 호주 지도를 색칠할 수 있을까?

대답은 'Yes'다. 호주 지도에 직접 색칠해보자(가장 쉬운 방법은 호주 지도를 흰색으로 출력하여 색칠해보는 것이다. 3개 색상을 단순하게 1, 2, 3으로 정해서 지정해도 된다). 보통 사람은 약간의 검증과 시행착오로 지도를 빠르게 색칠할 수 있다. 호주 지도 색칠하기는 사소하면서 쉽게 접근할 수 있기 때문에 백트래킹과 제약 충족 문제를 위한 첫 번째 문제로 적당하다(그림 3-2).

그림 3-2 호주 지도 색칠 문제는 인접한 두 부분을 같은 색으로 칠할 수 없다.

호주 지도 색칠 문제를 제약 충족 문제로 모델링하기 위해서는 변수, 도메인, 제약 조건을 정의해야 한다. 변수는 호주의 7개 지역(뉴사우스웨일스, 빅토리아, 퀸즐랜드, 사우스 오스트레일리아, 웨스턴 오스트레일리아, 태즈메이니아, 노던 준주)이다. 변수는 문자열로 모델링된다. 각 변수의 도메인에 할당할 수 있는 색상은 세 가지다(빨강, 파랑, 녹색). 여기서 제약 조건은 까다롭다. 인접한 두 지역은 같은 색으로 칠할 수 없으므로 제약 조건은 인접한 지역에 따라 달라진다. 여기서 이진^{binary} 제약 조건(두 변수 사이의 제약 조건)을 사용할 수 있다. 경계에 인접한(경계를 공유하는) 두 지역은 같은 색상을 할당할 수 없다는 이진 제약 조건을 공유한다.

코드에서는 이러한 이진 제약 조건을 구현하기 위해 Constraint 베이스 클래스를 이용한다. MapColoringConstraint 서브클래스 생성자에는 경계를 공유하는 두 지역에 대한 변수가 있다. 오버라이드된 satisfied( ) 메서드는 먼저 두 지역에 할당된 도메인값(색상)이 있는지 확인한다. 둘 중 하나라도 색상이 없다면 색상이 지정되기 전까지 제약 조건은 만족한다(색상이 지정되어 있지 않은 경우 충돌이 발생하지 않는다). 그리고 두 지역이 동일한 색상인지 확인한다. 이 과정에서 분명히 충돌이 발생할 것이다. 즉, 두 지역의 색상이 같으면 제약 조건이 충족되지 않는다는 것을 의미한다.

MapColoringConstraint 클래스는 다음과 같다. 이 클래스는 타입 힌트에서 제네릭하지 않다. 문자열 타입의 변수와 도메인이 매개변수화된 Constraint 클래스를 상속받는다.

예제 3-5 map_coloring.py

```python
from csp import Constraint, CSP
from typing import Dict, List, Optional


class MapColoringConstraint(Constraint[str, str]):
    def __init__(self, place1: str, place2: str) -> None:
        super().__init__([place1, place2])
        self.place1: str = place1
        self.place2: str = place2

    def satisfied(self, assignment: Dict[str, str]) -> bool:
        # 두 지역 중 하나가 색상이 할당되지 않았다면 색상 충돌은 발생하지 않는다.
        if self.place1 not in assignment or self.place2 not in assignment:
            return True
        # place1과 place2에 할당된 색상이 다른지 확인한다.
        return assignment[self.place1] != assignment[self.place2]
```

TIP 위 코드에서 super( ).__init__([place1, place2]) 부분에 Constraint.__init__([place1, place2])와 같이 클래스 자체 이름을 사용할 수도 있다. 이는 다중 상속을 처리할 때 유용하다. 어떤 슈퍼클래스를 호출하는지 명시적으로 알 수 있기 때문이다.

위에서 지역 간 제약 조건을 확인하는 방법을 구현했으므로 이제 호주 지도 색칠 문제는 CSP 클래스를 사용하여 단순히 변수와 도메인, 제약 조건을 추가하는 일만 남았다.

```python
if __name__ == "__main__":
    variables: List[str] = ["웨스턴 오스트레일리아", "노던 준주", "사우스 오스트레일리아",
     "퀸즐랜드", "뉴사우스웨일스", "빅토리아", "태즈메이니아"]
    domains: Dict[str, List[str]] = {}
    for variable in variables:
        domains[variable] = ["빨강", "초록", "파랑"]
    csp: CSP[str, str] = CSP(variables, domains)
    csp.add_constraint(MapColoringConstraint("웨스턴 오스트레일리아", "노던 준주"))
    csp.add_constraint(MapColoringConstraint("웨스턴 오스트레일리아",
     "사우스 오스트레일리아"))
    csp.add_constraint(MapColoringConstraint("사우스 오스트레일리아", "노던 준주"))
    csp.add_constraint(MapColoringConstraint("퀸즐랜드", "노던 준주"))
    csp.add_constraint(MapColoringConstraint("퀸즐랜드", "사우스 오스트레일리아"))
    csp.add_constraint(MapColoringConstraint("퀸즐랜드", "뉴사우스웨일스"))
    csp.add_constraint(MapColoringConstraint("뉴사우스웨일스", "사우스 오스트레일리아"))
    csp.add_constraint(MapColoringConstraint("빅토리아", "사우스 오스트레일리아"))
    csp.add_constraint(MapColoringConstraint("빅토리아", "뉴사우스웨일스"))
    csp.add_constraint(MapColoringConstraint("빅토리아", "태즈메이니아"))
```

마지막으로 backtracking_search( ) 메서드를 호출하여 호주 지도를 색칠한다.

예제 3-7 map_coloring.py (계속)

```python
    solution: Optional[Dict[str, str]] = csp.backtracking_search()
    if solution is None:
        print("답이 없습니다!")
    else:
        print(solution)
```

각 지역에 할당된 색은 다음과 같다.

```
{'웨스턴 오스트레일리아': '빨강', '노던 준주': '초록', '사우스 오스트레일리아': '파랑',
 '퀸즐랜드': '빨강', '뉴사우스웨일스': '초록', '빅토리아': '빨강', '태즈메이니아': '초록'}
```

3.3 여덟 퀸 문제

체스보드는 8×8 격자로 되어 있다. 퀸은 체스보드의 모든 행과 열, 대각선으로 이동할 수 있는 말이다. 퀸의 이동 경로(다른 말을 뛰어넘지 않는다)에 적군 말이 있다면 그 말의 위치로 이동하여 획득할 수 있다. 여덟 퀸 문제는 한 퀸이 다른 퀸을 공격하지 않도록 여덟 개의 퀸을 체스보드에 배치하는 것이다(그림 3-3).

그림 3-3 여덟 퀸은 서로 공격할 수 없다. 솔루션은 여러 개 있다.

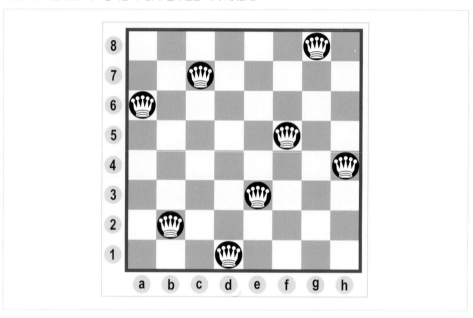

먼저 체스보드를 나타내기 위해 정수의 행과 열을 할당한다. 각 여덟 개의 퀸이 같은 열에 배치되지 않도록 순차적으로 1열에서 8열까지 배치한다. 제약 충족 문제의 변수는 퀸의 열이다. 도메인은 1에서 8까지의 행이다. 다음 코드는 여덟 퀸 문제의 변수와 도메인을 정의한 것이다.

예제 3-8 queens.py

```python
if __name__ == "__main__":
    columns: List[int] = [1, 2, 3, 4, 5, 6, 7, 8]
    rows: Dict[int, List[int]] = {}
    for column in columns:
        rows[column] = [1, 2, 3, 4, 5, 6, 7, 8]
    csp: CSP[int, int] = CSP(columns, rows)
```

이 문제를 해결하려면 두 퀸이 같은 줄에 있거나 대각선에 있는지 확인하는 제약 조건이 필요하다. 같은 행을 검사하는 것은 간단하지만(각 여덟 퀸은 이미 다른 열에 배치됨), 같은 대각선을 검사할 때는 약간의 수학이 필요하다. 여덟 퀸 중 어느 두 퀸이라도 같은 대각선에 있다면 두 퀸의 행 차이와 열 차이는 같다. QueensConstraint 클래스를 구현해보자. 다음 코드는 queens.py의 맨 윗부분이다.

예제 3-9 queens.py (계속)

```python
from csp import Constraint, CSP
from typing import Dict, List, Optional


class QueensConstraint(Constraint[int, int]):
    def __init__(self, columns: List[int]) -> None:
        super().__init__(columns)
        self.columns: List[int] = columns

    def satisfied(self, assignment: Dict[int, int]) -> bool:
        # q1c = 퀸1 열, q1r = 퀸1 행
        for q1c, q1r in assignment.items():
            # q2c = 퀸2 열
            for q2c in range(q1c + 1, len(self.columns) + 1):
                if q2c in assignment:
                    q2r: int = assignment[q2c] # q2r = 퀸2 행
                    if q1r == q2r: # 같은 열?
                        return False
                    if abs(q1r - q2r) == abs(q1c - q2c): # 같은 대각선?
                        return False
        return True # 충돌 없음
```

이제 제약 조건을 추가하고 검색하는 작업만 남았다.

예제 3-10 queens.py (계속)

```python
csp.add_constraint(QueensConstraint(columns))
solution: Optional[Dict[int, int]] = csp.backtracking_search()
if solution is None:
    print("답을 찾을 수 없습니다!")
else:
    print(solution)
```

호주 지도 색칠 문제를 해결한 제약 충족 문제 해결 프레임워크를 재사용하여 다른 유형의 문제인 여덟 퀸 문제를 해결했다. 이것이 제네릭의 힘이다! 특정 애플리케이션에서 필요로 하는 성능 최적화 작업을 제외하고, 알고리즘은 가능한 한 광범위하게 적용될 수 있어야 한다.

다음 결과는 여덟 퀸의 행을 알려준다.

```
{1: 1, 2: 5, 3: 8, 4: 6, 5: 3, 6: 7, 7: 2, 8: 4}
```

3.4 단어 검색

단어 검색은 격자에서 행과 열, 대각선을 따라 배치된 특정 단어를 찾는 문제다. 단어 찾기 퍼즐 게임은 격자를 신중하게 살펴보고 숨겨진 단어를 찾는 것이다. 찾으려는 단어를 격자에 배치하는 것은 일종의 제약 충족 문제다. 변수는 단어고, 도메인은 단어의 위치다(그림 3-4).

그림 3-4 어린이 퍼즐 게임에서 찾을 수 있는 고전적인 단어 검색

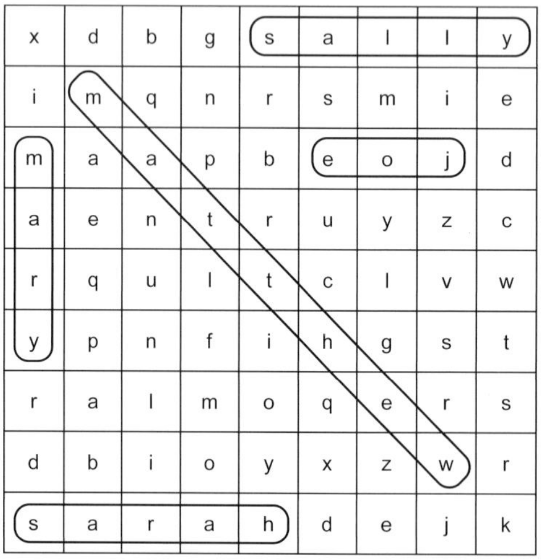

문제를 간단히 하기 위해 격자에 중복 단어는 포함시키지 않는다(중복을 고려해서 구현하는 부분은 연습문제로 남겨둔다).

단어 검색 문제의 데이터 타입은 2장에서 본 미로 찾기 문제와 조금 비슷하다. 다음 코드를 살펴보자.

예제 **3-11** word_search.py

```python
from typing import NamedTuple, List, Dict, Optional
from random import choice
from string import ascii_uppercase
from csp import CSP, Constraint


Grid = List[List[str]] # 격자를 위한 타입 앨리어스


class GridLocation(NamedTuple):
    row: int
    column: int
```

처음에는 영문자로 격자(ascii_uppercase 모듈)를 채운다. 격자를 표시하는 함수도 필요하다.

예제 **3-12** word_search.py (계속)

```python
def generate_grid(rows: int, columns: int) -> Grid:
    # 임의 문자로 격자를 초기화한다.
    return [[choice(ascii_uppercase) for c in range(columns)] for r in range(rows)]

def display_grid(grid: Grid) -> None:
    for row in grid:
        print("".join(row))
```

특정 단어가 격자에 들어갈 수 있는 위치를 파악하기 위해 도메인을 생성한다. 단어의 도메인은 모든 문자의 가능한 위치 리스트의 리스트다(List(List[GridLocation])). 단어는 격자의 경계 내에 있는 행, 열 또는 대각선 안에 있다. 즉, 단어는 격자의 경계 밖을 벗어날 수 없다. generate_domain( ) 메서드를 구현해보자.

```python
def generate_domain(word: str, grid: Grid) -> List[List[GridLocation]]:
    domain: List[List[GridLocation]] = []
    height: int = len(grid)
    width: int = len(grid[0])
    length: int = len(word)
    for row in range(height):
        for col in range(width):
            columns: range = range(col, col + length + 1)
            rows: range = range(row, row + length + 1)
            if col + length <= width:
                # 왼쪽에서 오른쪽으로
                domain.append([GridLocation(row, c) for c in columns])
                # 대각선 오른쪽 아래로
                if row + length <= height:
                    domain.append([GridLocation(r, col + (r - row)) for r in
                        rows])
            if row + length <= height:
                # 위에서 아래로
                domain.append([GridLocation(r, col) for r in rows])
                # 대각선 왼쪽 아래로
                if col - length >= 0:
                    domain.append([GridLocation(r, col - (r - row)) for r in
                        rows])
    return domain
```

단어의 잠재적 위치 범위(행, 열, 대각선)에서 리스트 컴프리헨션은 클래스 생성자를 이용하여 범위를 GridLocation 리스트로 변환한다. generate_domain() 메서드는 모든 단어에 대해 왼쪽 위부터 오른쪽 아래까지 모든 격자 위치를 순회하기 때문에 많은 연산이 필요하다. 효율적으로 격자를 순회할 수 있는 방법은 없을까? 한 번에 같은 길이의 모든 단어를 반복문 내에서 보는 방법은 어떨까?

단어의 위치 범위가 맞는지 확인하기 위해 단어 검색 제약 조건을 구현해야 한다. 다음 코드에서 WordSearchConstraint 클래스의 satisfied() 메서드는 단순히 입력된 한 단어의 위치가 격자에 있는 다른 단어의 위치와 동일한지 여부를 확인한다. 여기서 셋을 사용한다. 리스트를 셋으로 변환하면 모든 중복 항목이 제거된다. 원본 리스트의 항목 수보다 리스트에서 변환된 셋의 항목 수가 작으면 리스트에 일부 중복된 항목이 있다는 것을 의미한다. 리스트 컴프리헨션을 사용하여 할당된 각 단어의 위치에 대한 여러 하위 리스트를 하나의 큰 위치 리스트로 결합한다.

예제 **3-14** word_search.py (계속)

```python
class WordSearchConstraint(Constraint[str, List[GridLocation]]):
    def __init__(self, words: List[str]) -> None:
        super().__init__(words)
        self.words: List[str] = words

    def satisfied(self, assignment: Dict[str, List[GridLocation]]) -> bool:
        # 중복된 격자 위치가 있다면 그 위치는 겹치는 부분이다.
        all_locations = [locs for values in assignment.values() for locs in
          values]
        return len(set(all_locations)) == len(all_locations)
```

이제 코드를 실행해보자. 이 예제의 경우 9×9 격자에 5개의 단어가 있다. 코드 실행 결과는 격자의 행과 열, 대각선에 5개 단어가 포함된 격자를 반환한다.

예제 **3-15** word_search.py (계속)

```python
if __name__ == "__main__":
    grid: Grid = generate_grid(9, 9)
    words: List[str] = ["MATTHEW", "JOE", "MARY", "SARAH", "SALLY"]
    locations: Dict[str, List[List[GridLocation]]] = {}
    for word in words:
        locations[word] = generate_domain(word, grid)
    csp: CSP[str, List[GridLocation]] = CSP(words, locations)
    csp.add_constraint(WordSearchConstraint(words))
    solution: Optional[Dict[str, List[GridLocation]]
                      ] = csp.backtracking_search()
    if solution is None:
        print("답을 찾을 수 없습니다.")
    else:
        for word, grid_locations in solution.items():
            # 50% 확률로 grid_locations를 반전(reverse)한다.
            if choice([True, False]):
                grid_locations.reverse()
            for index, letter in enumerate(word):
                (row, col) = (grid_locations[index].row, grid_locations[index].
                  column)
                grid[row][col] = letter
        display_grid(grid)
```

여러 가지 방법으로 격자에 단어를 채울 수 있다. 예를 들어 단어를 무작위로 선택한 후 단어를 반전할 수 있다. 위에서 작성한 예제는 중복 단어를 허용하지 않기 때문에 유효하다. 코드 실행 결과는 다음과 같다. 아래 결과에서 MATTHEW, JOE, MARY, SARAH, SALLY를 찾아보자.

```
LWEHTTAMJ
MARYLISGO
DKOJYHAYE
IAJYHALAG
GYZJWRLGM
LLOTCAYIX
PEUTUSLKO
AJZYGIKDU
HSLZOFNNR
```

3.5 SEND+MORE=MONEY

SEND+MORE=MONEY는 복면산 퍼즐cryptarithmetic puzzle이다. 즉, 문자로 표현된 수식에서 각 문자가 나타내는 숫자를 알아내는 문제다. 각 문자는 한 자리 숫자(0~9)를 나타낸다. 서로 다른 문자는 같은 숫자를 나타낼 수 없다. 문자 반복은 숫자 반복을 의미한다.

이 문제를 직접 손으로 풀어보려면 단어를 다음과 같이 배치하는 것이 좋다.

```
 SEND
+MORE
=MONEY
```

이 문제는 약간의 수학 지식과 직감을 이용하면 손으로 쉽게 풀 수 있다. 그러나 매우 간단한 컴퓨터 프로그램도 가능한 답을 하나하나 빠르게 무차별로 대입해보기 때문에 더 빠르게 해결한다. SEND+MORE=MONEY 문제는 제약 충족 문제다.

```python
from csp import Constraint, CSP
from typing import Dict, List, Optional

class SendMoreMoneyConstraint(Constraint[str, int]):
    def __init__(self, letters: List[str]) -> None:
        super().__init__(letters)
        self.letters: List[str] = letters

    def satisfied(self, assignment: Dict[str, int]) -> bool:
        # 중복 값이 있다면 이 할당은 답이 아니다.
        if len(set(assignment.values())) < len(assignment):
            return False

        # 모든 변수에 숫자를 할당해서 계산이 맞는지 확인한다.
        if len(assignment) == len(self.letters):
            s: int = assignment["S"]
            e: int = assignment["E"]
            n: int = assignment["N"]
            d: int = assignment["D"]
            m: int = assignment["M"]
            o: int = assignment["O"]
            r: int = assignment["R"]
            y: int = assignment["Y"]
            send: int = s * 1000 + e * 100 + n * 10 + d
            more: int = m * 1000 + o * 100 + r * 10 + e
            money: int = m * 10000 + o * 1000 + n * 100 + e * 10 + y
            return send + more == money
        return True # 충돌 없음
```

SendMoreMoneyConstraint 클래스의 satisfied() 메서드는 몇 가지 작업을 수행한다. 첫 번째로 여러 글자에서 중복된 숫자가 있는지 확인한다. 중복된 값이 있다면 답이 아니므로 False를 반환한다. 두 번째로 모든 문자가 할당되었는지 확인한다. SEND+MORE=MONEY 수식에 지정된 할당이 올바른지 확인한다. 계산이 성립되면 답을 찾았으므로 True를 반환하고, 그렇지 않으면 False를 반환한다. 마지막으로 모든 문자가 아직 할당되지 않은 경우 True를 반환한다. 이는 부분적인 답이 계속해서 계산되도록 보장하기 위한 것이다.

다음 코드를 실행해보자.

```python
if __name__ == "__main__":
    letters: List[str] = ["S", "E", "N", "D", "M", "O", "R", "Y"]
    possible_digits: Dict[str, List[int]] = {}
    for letter in letters:
        possible_digits[letter] = [0, 1, 2, 3, 4, 5, 6, 7, 8, 9]
    possible_digits["M"] = [1]  # 답은 0으로 시작하지 않는다.
    csp: CSP[str, int] = CSP(letters, possible_digits)
    csp.add_constraint(SendMoreMoneyConstraint(letters))
    solution: Optional[Dict[str, int]] = csp.backtracking_search()
    if solution is None:
        print("답을 찾을 수 없습니다!")
    else:
        print(solution)
```

코드에서 M에 1을 미리 할당했다. 이것은 M에 0을 할당하지 않기 위해 취한 조치다. 직감으로 M은 0으로 시작하지 않는다는 것을 알 수 있다. 조금이라도 더 빠르게 처리하기 위해 숫자를 미리 할당했다. M에 1을 미리 할당하지 않고도 실행 가능하다(실행 시간 차이를 확인해보자).

실행 결과는 다음과 같다.

```
{'S': 9, 'E': 5, 'N': 6, 'D': 7, 'M': 1, 'O': 0, 'R': 8, 'Y': 2}
```

3.6 회로판 레이아웃

어떤 제조업체에서는 사각형 회로판에 특정 칩을 장착한다. 이 문제는 회로판에 여러 다양한 사각형 모양의 칩을 장착하는 제약 충족 문제다(그림 3-5).

회로판 레이아웃 문제는 이 장에서 살펴본 단어 검색 문제와 비슷하다. 단어 검색 문제가 $1 \times N$ 사각형의 단어를 사용한다면 회로판 레이아웃 문제는 $M \times N$ 사각형의 칩을 사용한다. 단어 검색 문제와 마찬가지로 사각형은 서로 겹칠 수 없다. 사각형이 대각선으로 배치될 수 없기 때문에 문제가 단어 검색보다 더 간단하다.

그림 3-5 회로판 레이아웃 문제는 단어 검색 문제와 매우 비슷하다. 다른 점이 있다면 회로판 칩의 직사각형 너비가 다양하다는 것이다.

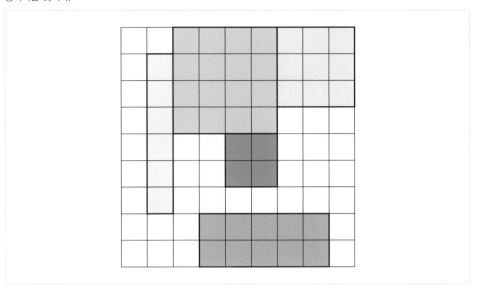

회로판 레이아웃 문제는 단어 검색 코드를 재사용하여 직접 풀어보기 바란다. 격자에 대한 코드를 포함하여 많은 코드를 재사용할 수 있다.

3.7 적용사례

이 장 맨 처음에 언급했듯이 제약 조건 문제는 일반적으로 스케줄링에 사용된다. 회의 스케줄링에서 변수는 회의에 참석하는 사람들이며, 도메인은 그 사람들이 회의가 가능한 시간이다. 제약 조건은 회의 필수 참석 인원 및 최소 인원 등과 같은 사항이다.

제약 충족 문제는 모션 플래닝^{motion planning}에도 사용된다. 로봇팔 내부를 상상해보자. 제약 조건은 로봇팔의 관벽^{tube wall}이고, 변수는 관절이며, 도메인은 관절의 가능한 움직임이다.

또한 전산 생물학에서 화학 반응에 필요한 분자의 제약 조건에서 제약 충족 문제를 사용할 수 있다. 그리고 인공지능과 마찬가지로 게임에서 제약 충족 문제를 응용할 수 있다. 스도쿠 문제를 해결하는 코드를 작성해보자. 대부분의 퍼즐 게임은 제약 충족 문제를 사용하여 해결할 수 있다.

이 장에서는 단순한 백트래킹, 깊이 우선 탐색, 문제 해결 프레임워크를 구축했다. 검색을 효율적으로 만드는 직관인 휴리스틱(A* 알고리즘)을 사용하면 제약 충족 문제를 크게 향상시킬 수 있다. 백트래킹보다 더 새로운 기술인 **제약식 확산법**^{constraint propagation}은 애플리케이션을 위한 효율적인 방안이다. 이에 대한 자세한 내용은 스튜어트 러셀과 피터 노빅의『Artificial Intelligence: A Modern Approach, third edition』(피어슨 에듀케이션, 2010)의 6장을 참고하라.[1]

3.8 연습문제

1. WordSearchConstraint 클래스를 수정하여 중복 단어를 허용하는 단어 검색을 구현하라.

2. 아직 작성하지 않았다면 3.6절에서 제시했던 회로판 레이아웃 문제를 해결하는 코드를 작성하라.

3. 제약 충족 문제 해결 프레임워크를 이용하여 스도쿠 문제를 해결할 수 있는 프로그램을 작성하라.

---

1 옮긴이_ 『인공지능 1: 현대적 접근방식 제3판』(제이펍, 2016)에서 제약 충족 문제 절을 참고한다.

## CHAPTER 4

그래프 문제

그래프는 어떤 한 문제를 연결된 노드 집합으로 구성하여 모델링하는 데 사용하는 추상적인 수학 구조물이다. 각 노드는 **정점**^{vertex}이라고 부르며, 노드 간의 연결을 **에지**^{edge}라고 한다. 예를 들어 지하철 노선도는 그래프로 볼 수 있다. 노선도의 각 지점은 역을 나타내고, 연결된 선은 두 역 간의 경로를 나타낸다. 그래프 용어에서 역은 정점이고, 경로는 에지다.

그래프는 왜 유용할까? 그래프는 문제를 추상적으로 만들어준다. 또한 잘 이해할 수 있고 실행 가능한 검색 및 최적화 기술을 적용할 수 있게 해준다. 예를 들어 지하철 노선도의 한 역에서 다른 역으로의 최단 경로를 구한다고 하자. 또는 모든 역을 연결하는 데 필요한 최소한의 환승역을 알고 싶다고 가정해보자. 그래프 알고리즘을 사용하면 이러한 문제를 모두 해결할 수 있다. 또한 그래프 알고리즘은 지하철 노선도(노선망, 노선 네트워크)뿐만 아니라 모든 종류의 네트워크 문제에 적용할 수 있다. 컴퓨터 네트워크, 유통 네트워크, 유틸리티 네트워크를 생각해보자. 이 모든 네트워크 공간에서 검색 및 최적화 문제는 그래프 알고리즘을 사용하여 해결할 수 있다.

4.1 지도와 그래프

이 장에서는 지하철 노선도 대신 미국의 도시와 그 사이의 잠재적인 경로를 사용하여 그래프 문제를 해결한다. [그림 4-1]은 미국 인구 조사국에서 추정한 미국 대륙과 15개 대도시 통계 구역$^{metropolitan\ statistical\ areas}$(MSA)의 지도다.[1]

---

1 출처: 미국 인구 조사국의 팩트 파인더(Fact Finder, 정보 제공용 소책자) 데이터. https://factfinder.census.gov/

그림 4-1 미국 15개 대도시 통계 구역 지도

유명한 기업가 엘론 머스크^{Elon Musk}는 진공 튜브 안에서 캡슐 형태의 고속열차가 움직이는 네트워크 시스템을 제안했다. 머스크에 따르면 캡슐은 시속 700마일이고, 900마일 이하로 떨어진 도시 간에 비용 효율적으로 운송할 수 있다고 한다.[2] 이 새로운 운송 시스템을 하이퍼루프 ^{Hyperloop}라고 한다. 이 장에서는 이러한 운송 네트워크를 구축할 때 고전 그래프 알고리즘을 사용하여 문제를 해결한다.

머스크는 처음에 로스앤젤레스와 샌프란시스코를 연결하는 하이퍼루프를 제안했다. 만일 누군가 하이퍼루프 네트워크를 구축한다면 미국 대도시 통계 구역 간에 구축하는 게 합리적일 것이다. [그림 4-2]는 [그림 4-1]에서 지도 그림을 제거한 것이다. 그리고 일부 도시가 연결되어 있다. 흥미로운 점은 이웃 도시가 항상 거리상으로 가깝지 않다는 것이다.

[그림 4-2]는 15개 대도시 통계 구역의 정점과 도시 간 하이퍼루프 경로를 나타내는 에지가 있는 그래프다. 잠재적인 경로는 새로운 하이퍼루프 네트워크의 일부가 될 수 있다.

그래프는 실제 문제를 그림과 같이 추상적으로 나타낼 수 있다는 강점이 있다. 이러한 추상화는 미국 지형을 무시하고 도시를 연결하는 맥락에서 하이퍼루프 네트워크에 집중할 수 있다.

....

2 엘론 머스크의 「하이퍼루프 알파」. http://mng.bz/chmu

그림 4-2 미국에서 가장 큰 15개 대도시 통계 구역 및 이들 사이의 잠재적 하이퍼루프 경로를 나타내는 정점이 있는 그래프

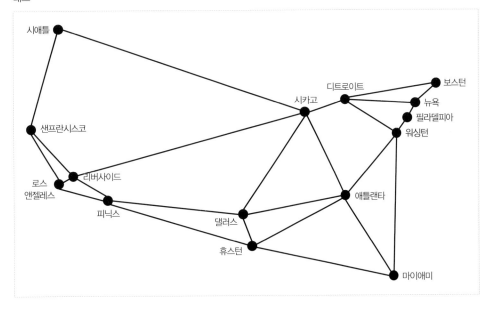

사실 에지가 똑같이 유지된다면 그래프를 다른 모양으로 바꿔서 생각할 수도 있다. 예를 들어 [그림 4-3]의 그래프에서는 마이애미의 위치를 이동했다.

그림 4-3 [그림 4-2]에서 마이애미 위치가 이동된 그래프

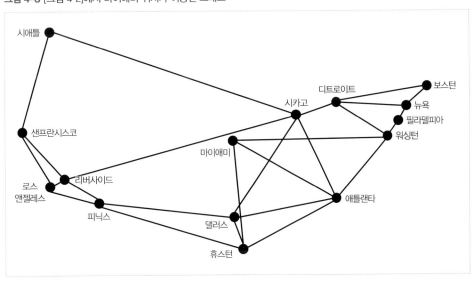

[그림 4-3]의 그래프는 추상적인 표현이기 때문에 마이애미가 동일한 지형의 위치가 아니더라도 [그림 4-2]의 그래프와 동일한 기본 계산 문제를 해결할 수 있다. 하지만 쉬운 이해를 위해 동일한 지형으로 표시된 [그림 4-2]를 사용하겠다.

4.2 그래프 프레임워크 구축

파이썬은 다양한 스타일로 코딩할 수 있지만, 내면은 객체 지향 프로그래밍 언어다. 이 절에서는 두 가지 유형의 그래프인 가중치가 없는 그래프 unweighted graph 와 가중치가 있는 그래프 weighted graph (가중치 그래프)를 정의한다. 이 장 뒷부분에서 설명하는 가중치 그래프는 각 에지에 가중치(숫자 길이)를 부여한 것이다.

객체 지향 프로그래밍에서 클래스 계층의 기본인 상속을 사용하여 같은 로직을 중복해서 구현하지 않는다(재사용성을 높인다). 가중치 클래스는 가중치 없는 클래스의 하위클래스로 모델링한다. 이를 통해 가중치 클래스는 많은 기능을 상속받을 수 있다. 가중 그래프와 비가중 그래프를 구별할 수 있도록 약간 조정한다.

가능한 한 많은 다른 문제를 풀 수 있도록 그래프 프레임워크를 최대한 유연하게 구현한다. 이 목표를 달성하기 위해 제네릭을 사용하여 정점 타입을 추상화한다. 모든 정점에는 정수 인덱스가 지정되지만 사용자 정의 제네릭 타입으로 저장된다.

가장 간단한 Edge 클래스를 정의하여 그래프 프레임워크 구축을 시작해보자.

예제 4-1 edge.py

```python
from __future__ import annotations
from dataclasses import dataclass

@dataclass
class Edge:
    u: int # 정점 u에서(from)
    v: int # 정점 v로(to)

    def reversed(self) -> Edge:
        return Edge(self.v, self.u)

    def __str__(self) -> str:
        return f"{self.u} -> {self.v}"
```

Edge 클래스는 두 정점 사이의 연결로 정의되며, 각 정점은 정수 인덱스로 나타낸다. 관례상 u 는 첫 번째 정점이고, v는 두 번째 정점을 나타낸다. u는 from (~에서)이고, v는 to (~로)다. 이 장에서는 방향이 없는 그래프^{undirected graph}(무향 그래프), 즉 에지가 양방향으로 이동 가능한 그래프를 사용한다. **방향이 있는 그래프**^{directed graph}(유향 그래프, **digraph**라고도 한다) 는 에지가 단방향일 수도 있다. reversed ( ) 메서드는 적용된 에지의 반대 방향으로 이동하는 Edge를 반환한다.

> **NOTE_** Edge 클래스는 파이썬 3.7의 새로운 기능인 dataclass 모듈을 사용한다. @dataclass 데커레이터로 표시된 클래스는 자동으로 __init__ ( ) 특수 메서드를 생성한다. 즉, 타입 어노테이션으로 선언된 변수를 자동으로 인스턴스화한다. 또한 dataclass 모듈은 클래스에서 다른 특수 메서드를 자동으로 생성할 수 있다. 자동으로 생성되는 특수 메서드는 데커레이터를 통해 구성할 수 있다. 자세한 내용은 파이썬 문서에서 dataclass를 참조한다.[3] 간단히 말해 dataclass 모듈은 타이핑을 줄여준다. 즉, 다음 코드를
>
> ```python
> class InventoryItem:
>     def __init__(self, name: str, unit_price: float, quantity_on_hand: int=0):
>         self.name = name
>         self.unit_price = unit_price
>         self.quantity_on_hand = quantity_on_hand
> ```
>
> 다음과 같이 간단히 작성할 수 있다.
>
> ```python
> @dataclass
> class InventoryItem:
>     name: str
>     unit_price: float
>     quantity_on_hand: int = 0
> ```

Graph 클래스는 정점(노드)과 에지를 연결하는 그래프의 핵심 역할에 중점을 둔다. 다시 말해 그래프 프레임워크 사용자가 원하는 대로 실제 정점 타입을 지정할 수 있어야 한다. 이는 모든 타입을 허용하는 중간 자료구조를 만들 필요 없이 프레임워크를 다양한 문제에 사용할 수 있게 해준다. 예를 들어 하이퍼루프 경로 예제에서는 '뉴욕', '로스앤젤레스'와 같은 문자열을 정점으로 사용하기 때문에 정점의 타입을 str로 정의할 수 있다. Graph 클래스를 구현해보자.

---

[3] 옮긴이_ 한글: https://docs.python.org/ko/3/library/dataclasses.html. 영문: https://docs.python.org/3/library/dataclasses.html

예제 4-2 graph.py

```python
from typing import TypeVar, Generic, List, Optional
from edge import Edge

V = TypeVar('V') # 그래프 정점(vertex) 타입


class Graph(Generic[V]):
    def __init__(self, vertices: List[V] = []) -> None:
        self._vertices: List[V] = vertices
        self._edges: List[List[Edge]] = [[] for _ in vertices]
```

리스트 변수 _vertices는 Graph 클래스의 핵심이다. 각 정점은 리스트에 저장되고, 리스트의 정수 인덱스로 참조한다. 정점은 복잡한 데이터 타입일 수도 있지만, 인덱스는 항상 정수다. 또한 인덱스를 그래프 알고리즘과 리스트 변수 _vertices 사이에 두면 같은 그래프에서 동일한 두 정점을 가질 수 있다(한 나라의 도시가 정점인 그래프가 있고, 여기에 '스프링필드'라는 도시 이름이 두 개 이상 있다고 생각해보자). 두 정점은 같더라도 서로 다른 정수 인덱스를 갖는다.

그래프 자료구조를 구현하는 방법은 여러 가지가 있지만, 가장 일반적인 두 방법은 **정점 행렬**vertex matrix과 **인접 리스트**adjacency list를 사용하는 것이다. 정점 행렬에서 행렬의 각 셀cell은 그래프에서 두 정점의 교차점을 나타내며, 셀 값은 두 정점 사이의 연결(또는 연결 안 됨)을 나타낸다. 여기서는 그래프 자료구조로 인접 리스트를 사용한다. 인접 리스트에서 모든 정점에는 그것이 연결된 모든 정점 리스트가 있다. 구체적으로 에지(정점의 연결)에 대한 리스트의 리스트를 사용한다. 즉, 모든 정점에 대해 한 정점이 다른 정점에 연결되는 에지 리스트가 있다. 이것은 리스트의 리스트 변수인 _edges다.

Graph 클래스의 나머지 부분을 살펴보자. 이 클래스의 메서드는 장황하지만 명료한 이름을 가지고 있으며, 내용은 거의 한 줄로 짧다. 클래스의 메서드에 대한 내용은 주석을 참조한다.

예제 4-3 graph.py (계속)

```python
    @property
    def vertex_count(self) -> int:
        return len(self._vertices) # 정점 수

    @property
    def edge_count(self) -> int:
```

```python
        return sum(map(len, self._edges)) # 에지 수

    # 그래프에 정점을 추가하고 인덱스를 반환한다.
    def add_vertex(self, vertex: V) -> int:
        self._vertices.append(vertex)
        self._edges.append([]) # 에지에 빈 리스트를 추가한다.
        return self.vertex_count - 1 # 추가된 정점의 인덱스를 반환한다.

    # 무향(undirected) 그래프이므로 항상 양방향으로 에지를 추가한다.
    def add_edge(self, edge: Edge) -> None:
        self._edges[edge.u].append(edge)
        self._edges[edge.v].append(edge.reversed())

    # 정점 인덱스를 사용하여 에지를 추가한다(헬퍼 메서드).
    def add_edge_by_indices(self, u: int, v: int) -> None:
        edge: Edge = Edge(u, v)
        self.add_edge(edge)

    # 정점 인덱스를 참조하여 에지를 추가한다(헬퍼 메서드).
    def add_edge_by_vertices(self, first: V, second: V) -> None:
        u: int = self._vertices.index(first)
        v: int = self._vertices.index(second)
        self.add_edge_by_indices(u, v)

    # 특정 인덱스에서 정점을 찾는다.
    def vertex_at(self, index: int) -> V:
        return self._vertices[index]

    # 정점 인덱스를 찾는다.
    def index_of(self, vertex: V) -> int:
        return self._vertices.index(vertex)

    # 정점 인덱스에 연결된 이웃 정점을 찾는다.
    def neighbors_for_index(self, index: int) -> List[V]:
        return list(map(self.vertex_at, [e.v for e in self._edges[index]]))

    # 정점의 이웃 정점을 찾는다(헬퍼 메서드).
    def neighbors_for_vertex(self, vertex: V) -> List[V]:
        return self.neighbors_for_index(self.index_of(vertex))

    # 정점 인덱스에 연결된 모든 에지를 반환한다.
    def edges_for_index(self, index: int) -> List[Edge]:
        return self._edges[index]
```

```python
    # 정점의 해당 에지를 반환한다(헬퍼 메서드).
    def edges_for_vertex(self, vertex: V) -> List[Edge]:
        return self.edges_for_index(self.index_of(vertex))

    # 그래프를 예쁘게 출력한다.
    def __str__(self) -> str:
        desc: str = ""
        for i in range(self.vertex_count):
            desc += f"{self.vertex_at(i)} -> {self.neighbors_for_index(i)}\n"
        return desc
```

위 클래스에서 대부분의 메서드는 인덱스와 정점에 대해 각각의 메서드가 따로 존재한다. 클래스 정의에서 리스트 _vertices는 모든 타입을 허용하는 V 타입 요소의 리스트다. 그리고 리스트 _vertices에 저장되는 V 타입의 정점이 있다. 나중에 정점을 검색하거나 조작하는 경우 해당 리스트에 저장된 위치를 알아야 한다. 따라서 모든 정점에는 리스트와 연관된 인덱스(정수)가 있다. 정점의 인덱스를 모르는 경우 리스트 _vertices를 검색해서 찾아야 한다. 이것이 정수 인덱스와 V 타입에 대한 각각의 메서드가 존재하는 이유다. V 타입에 대한 메서드는 관련 인덱스를 조회하고, 인덱스 기반 함수를 호출한다. 그러므로 헬퍼$^{\text{helper, convenience}}$ 메서드로 간주할 수 있다.

위 코드에서 중간쯤에 있는 neighbors_for_index() 메서드는 분석할 필요가 있다. 이 메서드는 정점의 **이웃**을 반환한다. 정점의 이웃은 에지에 직접 연결된 다른 모든 정점이다. 예를 들어 [그림 4-2]에서 필라델피아의 이웃은 뉴욕과 워싱턴이다. 정점의 이웃은 한 정점에서 나가는 모든 에지에 연결된 다른 정점이다.

```python
    def neighbors_for_index(self, index: int) -> List[V]:
        return list(map(self.vertex_at, [e.v for e in self._edges[index]]))
```

_edges[index]는 인접 리스트다. 즉, 해당 인덱스의 한 정점이 다른 정점에 연결된 에지 리스트다. 리스트 컴프리헨션의 map() 호출에서 e는 특정 에지를 나타내고, e.v는 에지가 연결된 이웃 인덱스를 나타낸다. map()은 모든 e.v에 vertex_at() 메서드를 적용하기 때문에 모든 (인덱스가 아닌) 정점을 반환한다.

add_edge() 메서드가 작동하는 방식을 이해하는 것도 중요하다. add_edge() 메서드는 정점 u(from)의 인접 리스트에 에지를 추가한 뒤 정점 v(to)의 인접 리스트에 에지의 역방향을 추가한다. 두 번째 작업은 여기서 사용하는 그래프가 방향이 없기 때문에 필요하다. 즉, 연결된 모든 에지를 양방향으로 추가하기 위해서다. 정점 u가 v의 이웃이면 정점 v도 u의 이웃이다. 두 정점과 한 에지 사이에서 어떤 방향으로든 갈 수 있다면 방향이 없는 그래프를 양방향^{bidirectional} 그래프라고 생각할 수 있다.

```python
def add_edge(self, edge: Edge) -> None:
    self._edges[edge.u].append(edge)
    self._edges[edge.v].append(edge.reversed())
```

이전에 언급한 것처럼 이 장에서는 무향^{undirected} 그래프만 사용한다. 그래프에는 방향을 지정(undirected 또는 directed)하거나 **가중치**를 적용(unweighted 또는 weighted)할 수 있다. 가중치 그래프는 각 에지가 서로 비교 가능한 값(보통 숫자)을 갖는 그래프다. 하이퍼루프 네트워크의 가중치를 역 간의 거리로 생각할 수 있다. 우리 예제는 그래프에 가중치가 없다. 가중치가 없는 그래프(가중치가 적용되지 않은 에지)는 단순한 정점 간의 연결이지만, 가중치 그래프(가중치가 있는 에지)는 정점 간 연결에 대한 의미가 있다. 예제의 Edge 클래스와 Graph 클래스는 가중치가 없다.

4.2.1 Edge와 Graph 클래스 사용하기

이제 구현된 Edge와 Graph 클래스를 사용하여 하이퍼루프 네트워크를 만들 수 있다. city_graph 변수의 정점과 에지는 [그림 4-2]에 표시된 정점과 에지에 해당한다. 제네릭으로 정점의 타입을 문자열(Graph[str])로 지정한다. 즉, 문자열 타입은 타입 변수 V에 적용된다.

예제 4-4 graph.py (계속)

```python
if __name__ == "__main__":
    # 기본 그래프 구축 테스트
    city_graph: Graph[str] = Graph(["시애틀", "샌프란시스코", "로스앤젤레스",
        "리버사이드", "피닉스", "시카고", "보스턴", "뉴욕", "애틀랜타", "마이애미", "댈러스",
        "휴스턴", "디트로이트", "필라델피아", "워싱턴"])
    city_graph.add_edge_by_vertices("시애틀", "시카고")
    city_graph.add_edge_by_vertices("시애틀", "샌프란시스코")
    city_graph.add_edge_by_vertices("샌프란시스코", "리버사이드")
    city_graph.add_edge_by_vertices("샌프란시스코", "로스앤젤레스")
    city_graph.add_edge_by_vertices("로스앤젤레스", "리버사이드")
    city_graph.add_edge_by_vertices("로스앤젤레스", "피닉스")
    city_graph.add_edge_by_vertices("리버사이드", "피닉스")
```

```
        city_graph.add_edge_by_vertices("리버사이드", "시카고")
        city_graph.add_edge_by_vertices("피닉스", "댈러스")
        city_graph.add_edge_by_vertices("피닉스", "휴스턴")
        city_graph.add_edge_by_vertices("댈러스", "시카고")
        city_graph.add_edge_by_vertices("댈러스", "애틀랜타")
        city_graph.add_edge_by_vertices("댈러스", "휴스턴")
        city_graph.add_edge_by_vertices("휴스턴", "애틀랜타")
        city_graph.add_edge_by_vertices("휴스턴", "마이애미")
        city_graph.add_edge_by_vertices("애틀랜타", "시카고")
        city_graph.add_edge_by_vertices("애틀랜타", "워싱턴")
        city_graph.add_edge_by_vertices("애틀랜타", "마이애미")
        city_graph.add_edge_by_vertices("마이애미", "워싱턴")
        city_graph.add_edge_by_vertices("시카고", "디트로이트")
        city_graph.add_edge_by_vertices("디트로이트", "보스턴")
        city_graph.add_edge_by_vertices("디트로이트", "워싱턴")
        city_graph.add_edge_by_vertices("디트로이트", "뉴욕")
        city_graph.add_edge_by_vertices("보스턴", "뉴욕")
        city_graph.add_edge_by_vertices("뉴욕", "필라델피아")
        city_graph.add_edge_by_vertices("필라델피아", "워싱턴")
        print(city_graph)
```

city_graph 변수는 문자열 타입의 정점으로 대도시 통계 구역을 나타낸다. 이 변수에서 에지 추가 순서는 상관없다. 우리는 __str__( ) 특수 메서드를 사용하여 그래프를 예쁘게 출력하도록 만들었다. 이제 프리티프린트로 그래프를 출력해보자(사람이 보기 좋게 출력하는 것을 프리티프린트pretty-print라고 한다).

```
시애틀 -> ['시카고', '샌프란시스코']
샌프란시스코 -> ['시애틀', '리버사이드', '로스앤젤레스']
로스앤젤레스 -> ['샌프란시스코', '리버사이드', '피닉스']
리버사이드 -> ['샌프란시스코', '로스앤젤레스', '피닉스', '시카고']
피닉스 -> ['로스앤젤레스', '리버사이드', '댈러스', '휴스턴']
시카고 -> ['시애틀', '리버사이드', '댈러스', '애틀랜타', '디트로이트']
보스턴 -> ['디트로이트', '뉴욕']
뉴욕 -> ['디트로이트', '보스턴', '필라델피아']
애틀랜타 -> ['댈러스', '휴스턴', '시카고', '워싱턴', '마이애미']
마이애미 -> ['휴스턴', '애틀랜타', '워싱턴']
댈러스 -> ['피닉스', '시카고', '애틀랜타', '휴스턴']
휴스턴 -> ['피닉스', '댈러스', '애틀랜타', '마이애미']
디트로이트 -> ['시카고', '보스턴', '워싱턴', '뉴욕']
필라델피아 -> ['뉴욕', '워싱턴']
워싱턴 -> ['애틀랜타', '마이애미', '디트로이트', '필라델피아']
```

4.3 최단 경로 찾기

하이퍼루프는 매우 빠르다. 한 역에서 다른 역으로의 이동 시간을 최적화하기 위해서는 역 간의 거리가 얼마나 먼지보다는 한 역에서 다른 역으로 이동하는 데 거치는 홉^{hop} 수(역 수)가 더 중요하다. 각 역에는 하차시간이 있으므로 역을 적게 거치는 게 더 좋을 수 있다.

그래프 이론에서 두 정점을 연결하는 에지의 집합을 **경로**^{path}라고 한다. 경로는 하나의 정점에서 다른 정점으로 이동하는 길이다. 하이퍼루프 네트워크에서 어느 한 튜브(에지)의 집합은 한 도시(정점)에서 다른 도시(정점)까지의 경로를 나타낸다. 정점 간의 최단 경로 찾기는 그래프가 사용되는 일반적인 문제 중 하나다.

에지가 순차적으로 연결된 정점 리스트를 경로로 생각할 수 있다. 이것은 경로에 대한 또 다른 설명이다. 경로는 에지 리스트를 취해서 연결된 정점을 파악한다. 그리고 정점 목록을 유지하고 에지 리스트를 하나씩 제거하며 경로를 찾는다. 하이퍼루프의 두 도시를 연결하는 정점 리스트를 찾아보자.

4.3.1 너비 우선 탐색

가중치가 없는 그래프에서 최단 경로를 찾는 것은 시작 지점과 목표 지점 사이의 에지가 가장 적은 경로를 찾는 것이다. 하이퍼루프 네트워크를 구축하려면 먼저 인구 밀도가 높은 해안가의 가장 먼 도시를 연결하는 게 좋다. 그것은 '보스턴과 마이애미 사이의 가장 짧은 길은 무엇인가?'라는 문제를 제기한다.

TIP 이 장에서는 2장을 읽었다고 가정한다. 너비 우선 탐색에 익숙하지 않다면 2장을 먼저 학습한다.

다행히도 그래프의 최단 경로를 찾는 알고리즘이 있다. 2장에서 구현한 것을 여기서 재사용할 수 있다. 2장에서 구현한 너비 우선 탐색은 미로 찾기와 마찬가지로 그래프에서도 사용할 수 있다. 사실 2장에서 본 미로는 실제로 그래프다. 정점은 미로의 위치이며, 에지는 한 위치에서 다른 위치로 갈 수 있는 길이다. 가중치가 없는 그래프에서 너비 우선 탐색은 두 정점 사이의 최단 경로를 찾는다.

2장에서 구현한 탐색을 재사용하여 그래프 알고리즘을 작성한다. 2장에서 구현한 탐색 코드를 변경없이 재사용할 수 있다. 이것이 제네릭하게 코드를 작성하는 이유며 강점이다.

2장에서 소개한 generic_search.py의 bfs( ) 함수는 3개의 매개변수를 취한다. 시작 지점, 목표 지점(Callable 타입: 함수 같은[function-like] 객체), 현재 지점에서 다음 지점을 찾기 위한 변수(Callable 타입)가 있다. 시작 지점은 '보스턴'이다. 목표 지점은 '마이애미'이며, 정점이 '마이애미'와 같은지 확인하는 람다[lambda] 함수를 사용한다. 현재 지점에서 다음 지점을 찾기 위한 매개변수는 Graph 클래스의 neighbors_for_vertex( ) 메서드다.

이를 염두에 두고 graph.py 파일 마지막 부분에 코드를 추가하여 city_graph 변수에서 보스턴과 마이애미의 최단 경로를 찾아보자.

> **NOTE_** 아래 [예제 4-5]에서 임포트한 bfs, Node, node_to_path는 ch2 패키지의 generic_search 모듈에서 가져온 것이다. 모듈을 임포트하려면 graph.py의 상위(부모) 디렉터리를 파이썬 검색 경로('..')에 추가한다. 이 책의 저장소에는 각 장에 대한 디렉터리가 있다. 여기서 사용되는 디렉터리는 책 저장소 → ch2 → generic_search.py와 책 저장소 → ch4 → graph.py다. 디렉터리 구조가 다른 경우 해당 경로에 generic_search.py를 추가하고 import 문을 변경해야 한다. 최악의 경우에는 generic_search.py를 graph.py가 있는 디렉터리에 복사하고 import 문을 다음과 같이 변경해야 한다.
>
>   from generic_search import bfs, Node, node_to_path

예제 4-5 graph.py (계속)

```python
# city_graph 변수에 2장의 너비 우선 탐색을 재사용한다.
import sys
# 상위 디렉터리에 있는 2장 패키지에 접근한다.
sys.path.insert(0, '..')
from ch2.generic_search imprt bfs, Node, node_to_path

bfs_result: Optional[Node[V]] = bfs("보스턴", lambda x: x == "마이애미",
 city_graph.neighbors_for_vertex)
if bfs_result is None:
    print("너비 우선 탐색으로 답을 찾을 수 없습니다!")
else:
    path: List[V] = node_to_path(bfs_result)
    print("보스턴에서 마이애미까지 최단 경로:")
    print(path)
```

결과는 다음과 같다.

```
보스턴에서 마이애미까지 최단 경로:
['보스턴', '디트로이트', '워싱턴', '마이애미']
```

보스턴에서 디트로이트, 워싱턴을 거쳐 마이애미까지 최단 경로에 대한 에지 수는 3이다. [그림 4-4]에 이 경로를 표시했다.

그림 4-4 보스턴과 마이애미 사이의 최단 경로(에지 수를 기준으로)를 강조 표시했다.

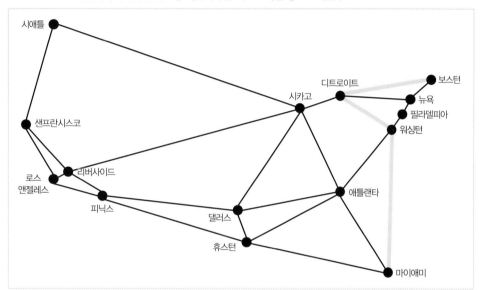

4.4 네트워크 구축 비용 최소화

미국의 15개 대도시 통계 구역을 모두 하이퍼루프 네트워크에 연결한다고 생각해보자. 목표는 네트워크를 구축하는 비용을 최소화하는 것이다. 즉, 최소한의 노선(트랙)을 설치하는 것이다. 최소한의 노선을 사용해서 모든 15개 대도시를 어떻게 연결할 수 있을까?

4.4.1 가중치

특정한 에지가 요구하는 노선의 양을 이해하려면 에지가 나타내는 거리를 알아야 한다. 여기서 가중치^{weight}를 사용한다. 하이퍼루프 네트워크에서 에지의 가중치는 연결된 두 대도시 사이의 거리다. [그림 4-5]는 각 에지에 가중치가 있는 것을 제외하면 [그림 4-2]와 같다. 에지가 연결되는 두 정점 사이의 거리(가중치)를 마일^{mile}로 나타냈다.

그림 4-5 미국 15개 대도시의 가중치 그래프. 두 도시 간의 거리(가중치)를 마일로 나타냈다.

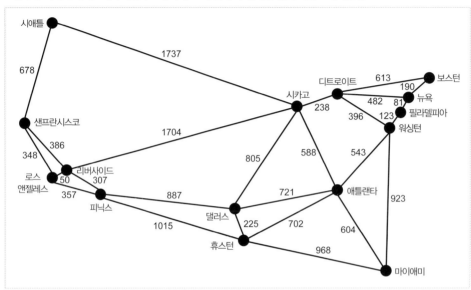

가중치를 처리하려면 Edge의 서브클래스인 WeightedEdge와 Graph의 서브클래스인 WeightedGraph가 필요하다. 모든 WeightedEdge 클래스에는 가중치를 나타내는 부동소수점 값이 있다. 프림^{Prim} 알고리즘(야르니크^{Jarník} 알고리즘이라고도 하며, 나중에 간단하게 살펴본다)에서 한 에지를 다른 에지와 비교하여 가장 작은 가중치를 가진 에지를 찾는 함수가 필요하다. 이 함수는 가중치 계산을 쉽게 해준다.

예제 4-6 weighted_edge.py

```
from __future__ import annotations
from dataclasses import dataclass
from edge import Edge

@dataclass
class WeightedEdge(Edge):
    weight: float
```

```
    def reversed(self) -> WeightedEdge:
        return WeightedEdge(self.v, self.u, self.weight)

    # 가장 작은 가중치를 가진 에지를 찾기 위해 에지를 가중치 순으로 정렬할 수 있다.
    def __lt__(self, other: WeightedEdge) -> bool:
        return self.weight < other.weight

    def __str__(self) -> str:
        return f"{self.u} {self.weight} -> {self.v}"
```

WeightedEdge 클래스는 Edge 클래스와 크게 다르지 않다. Edge 클래스에 weight 속성을 추가하고, __lt__( ) 메서드를 통해 < 연산자를 구현한 것만 다르다. 여기서 < 연산자는 가중치에만 집중한다(상속된 속성인 u와 v는 안 본다). 나중에 볼 프림 알고리즘에서 가장 작은 가중치를 가진 에지를 찾기만 하면 되기 때문이다.

WeightedGraph 클래스는 Graph 클래스에서 많은 메서드를 상속받는다. 그리고 __init__( ) 메서드, WeightedEdge 객체를 추가하는 헬퍼 메서드, __str__( ) 메서드가 있다. neighbors_for_index_with_weights( ) 메서드는 한 정점의 각 이웃과 에지의 가중치를 반환한다. 이 메서드는 __str__( ) 메서드에서 유용하게 사용된다.

예제 4-7 weighted_graph.py

```
from typing import TypeVar, Generic, List, Tuple
from graph import Graph
from weighted_edge import WeightedEdge

V = TypeVar('V') # 그래프 정점(vertex) 타입


class WeightedGraph(Generic[V], Graph[V]):
    def __init__(self, vertices: List[V] = []) -> None:
        self._vertices: List[V] = vertices
        self._edges: List[List[WeightedEdge]] = [[] for _ in vertices]

    def add_edge_by_indices(self, u: int, v: int, weight: float) -> None:
        edge: WeightedEdge = WeightedEdge(u, v, weight)
        self.add_edge(edge) # 슈퍼클래스 메서드 호출

    def add_edge_by_vertices(self, first: V, second: V, weight: float) -> None:
        u: int = self._vertices.index(first)
```

```
        v: int = self._vertices.index(second)
        self.add_edge_by_indices(u, v, weight)

    def neighbors_for_index_with_weights(self, index: int) -> List[Tuple[V,
        float]]:
        distance_tuples: List[Tuple[V, float]] = []
        for edge in self.edges_for_index(index):
            distance_tuples.append((self.vertex_at(edge.v), edge.weight))
        return distance_tuples

    def __str__(self) -> str:
        desc: str = ""
        for i in range(self.vertex_count):
            desc += f"{self.vertex_at(i)} -> {self.neighbors_for_index_with_
                weights(i)}\n"
        return desc
```

이제 가중치 그래프를 실제로 정의할 수 있다. 다음 코드의 city_graph2 변수는 [그림 4-5]를
표현한 것이다.

예제 **4-8** weighted_graph.py (계속)

```
if __name__ == "__main__":
    city_graph2: WeightedGraph[str] = WeightedGraph(["시애틀", "샌프란시스코",
        "로스앤젤레스", "리버사이드", "피닉스", "시카고", "보스턴", "뉴욕", "애틀랜타",
        "마이애미", "댈러스", "휴스턴", "디트로이트", "필라델피아", "워싱턴"])

    city_graph2.add_edge_by_vertices("시애틀", "시카고", 1737)
    city_graph2.add_edge_by_vertices("시애틀", "샌프란시스코", 678)
    city_graph2.add_edge_by_vertices("샌프란시스코", "리버사이드", 386)
    city_graph2.add_edge_by_vertices("샌프란시스코", "로스앤젤레스", 348)
    city_graph2.add_edge_by_vertices("로스앤젤레스", "리버사이드", 50)
    city_graph2.add_edge_by_vertices("로스앤젤레스", "피닉스", 357)
    city_graph2.add_edge_by_vertices("리버사이드", "피닉스", 307)
    city_graph2.add_edge_by_vertices("리버사이드", "시카고", 1704)
    city_graph2.add_edge_by_vertices("피닉스", "댈러스", 887)
    city_graph2.add_edge_by_vertices("피닉스", "휴스턴", 1015)
    city_graph2.add_edge_by_vertices("댈러스", "시카고", 805)
    city_graph2.add_edge_by_vertices("댈러스", "애틀랜타", 721)
    city_graph2.add_edge_by_vertices("댈러스", "휴스턴", 225)
    city_graph2.add_edge_by_vertices("휴스턴", "애틀랜타", 702)
    city_graph2.add_edge_by_vertices("휴스턴", "마이애미", 968)
    city_graph2.add_edge_by_vertices("애틀랜타", "시카고", 588)
```

```
city_graph2.add_edge_by_vertices("애틀랜타", "워싱턴", 543)
city_graph2.add_edge_by_vertices("애틀랜타", "마이애미", 604)
city_graph2.add_edge_by_vertices("마이애미", "워싱턴", 923)
city_graph2.add_edge_by_vertices("시카고", "디트로이트", 238)
city_graph2.add_edge_by_vertices("디트로이트", "보스턴", 613)
city_graph2.add_edge_by_vertices("디트로이트", "워싱턴", 396)
city_graph2.add_edge_by_vertices("디트로이트", "뉴욕", 482)
city_graph2.add_edge_by_vertices("보스턴", "뉴욕", 190)
city_graph2.add_edge_by_vertices("뉴욕", "필라델피아", 81)
city_graph2.add_edge_by_vertices("필라델피아", "워싱턴", 123)

print(city_graph2)
```

WeightedGraph 클래스의 __str__() 메서드는 city_graph2 변수를 예쁘게 출력할 수 있게 해준다. 아래 결과에서 각 정점에 연결된 다른 정점과 해당 가중치를 볼 수 있다.

```
시애틀 -> [('시카고', 1737), ('샌프란시스코', 678)]
샌프란시스코 -> [('시애틀', 678), ('리버사이드', 386), ('로스앤젤레스', 348)]
로스앤젤레스 -> [('샌프란시스코', 348), ('리버사이드', 50), ('피닉스', 357)]
리버사이드 -> [('샌프란시스코', 386), ('로스앤젤레스', 50), ('피닉스', 307),
        ('시카고', 1704)]
피닉스 -> [('로스앤젤레스', 357), ('리버사이드', 307), ('댈러스', 887), ('휴스턴', 1015)]
시카고 -> [('시애틀', 1737), ('리버사이드', 1704), ('댈러스', 805), ('애틀랜타', 588),
        ('디트로이트', 238)]
보스턴 -> [('디트로이트', 613), ('뉴욕', 190)]
뉴욕 -> [('디트로이트', 482), ('보스턴', 190), ('필라델피아', 81)]
애틀랜타 -> [('댈러스', 721), ('휴스턴', 702), ('시카고', 588), ('워싱턴', 543),
        ('마이애미', 604)]
마이애미 -> [('휴스턴', 968), ('애틀랜타', 604), ('워싱턴', 923)]
댈러스 -> [('피닉스', 887), ('시카고', 805), ('애틀랜타', 721), ('휴스턴', 225)]
휴스턴 -> [('피닉스', 1015), ('댈러스', 225), ('애틀랜타', 702), ('마이애미', 968)]
디트로이트 -> [('시카고', 238), ('보스턴', 613), ('워싱턴', 396), ('뉴욕', 482)]
필라델피아 -> [('뉴욕', 81), ('워싱턴', 123)]
워싱턴 -> [('애틀랜타', 543), ('마이애미', 923), ('디트로이트', 396), ('필라델피아', 123)]
```

4.4.2 최소 신장 트리 찾기

트리는 두 정점 사이에 한 방향의 경로만 존재하는 그래프의 일종이다. 이것은 트리에는 **사이클**cycle이 없다는 것을 의미한다(**비순환적**acyclic이라고도 한다). 사이클은 루프loop로 생각할 수 있다. 그래프의 한 시작점에서 같은 에지를 반복하지 않고 다시 같은 시작점으로 돌아갈 수 있다면 사이클이 있다는 것을 의미한다. 그래프는 에지 가지치기를 통해 트리가 될 수 있다. [그림 4-6]은 가지치기를 통해 그래프가 트리로 바뀐 것을 보여준다.

그림 4-6 왼쪽 그래프는 정점 B, C, D 사이에 사이클이 있으므로 트리가 아니다. 오른쪽 그래프는 정점 C와 D를 연결하는 에지를 제거하여 트리가 되었다.

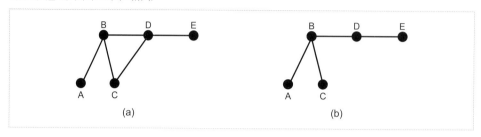

연결된 그래프는 한 정점에서 다른 정점으로 가는 몇 가지 방법이 있다(이 장에서 살펴본 모든 그래프는 연결되어 있다). **신장 트리**^{spanning tree}는 그래프의 모든 정점을 연결하는 트리다. **최소 신장 트리**^{minimum spanning tree}는 가중치 그래프의 모든 정점을 다른 신장 트리와 비교했을 때 최소 비용으로 연결한 트리다. 모든 가중치 그래프에 대해 최소 신장 트리를 효율적으로 찾을 수 있다.

최소 신장 트리를 찾는다는 것은 가중치 그래프의 모든 정점에서 최소 가중치와 연결하는 방법을 찾는 것을 의미한다. 이것은 네트워크(운송 네트워크, 컴퓨터 네트워크 등)를 설계하는 모든 사람에게 중요하고 실용적인 문제다. 네트워크의 모든 노드를 최소 비용으로 어떻게 연결할 수 있을까? 그 비용은 전선, 선로, 도로 등 현실적인 문제가 될 수 있다. 예를 들어 전화 네트워크의 경우 '모든 전화를 연결하는 데 필요한 최소 케이블 길이는 얼마일까?'의 문제다.

우선순위 큐 수정하기

2장에서 우선순위 큐를 살펴봤다. 프림 알고리즘에서는 우선순위 큐가 필요하다. 2장의 PriorityQueue 클래스를 가져올 수 있다(예제 4-5 참조). 또는 해당 폴더에 클래스 파일을 복사할 수 있다. 이 장에서는 별도의 PriorityQueue 클래스를 작성하고, 이를 임포트한다.

```python
from typing import TypeVar, Generic, List
from heapq import heappush, heappop

T = TypeVar('T')

class PriorityQueue(Generic[T]):
    def __init__(self) -> None:
        self._container: List[T] = []

    @property
    def empty(self) -> bool:
        return not self._container # 컨테이너가 비었다면 false가 아니다(=true).

    def push(self, item: T) -> None:
        heappush(self._container, item) # 우선순위 push

    def pop(self) -> T:
        return heappop(self._container) # 우선순위 pop

    def __repr__(self) -> str:
        return repr(self._container)
```

총 가중치 계산하기

최소 신장 트리를 구현하기 전에 총 가중치를 계산하는 함수를 구현하자. 최소 신장 트리 문제에 대한 결과는 트리를 구성하는 (가중치가 있는) 에지 리스트다. 먼저 WeightedPath 타입 앨리어스를 WeightedEdge 클래스 리스트로 정의한다. 그리고 WeightedPath 타입 앨리어스를 매개변수로 갖고, 모든 에지의 가중치를 합한 총 무게를 찾는 total_weight() 함수를 정의한다.

예제 **4-10** mst.py

```python
from typing import TypeVar, List, Optional
from weighted_graph import WeightedGraph
from weighted_edge import WeightedEdge
from priority_queue import PriorityQueue

V = TypeVar('V') # 그래프의 정점(vertex) 타입
WeightedPath = List[WeightedEdge] # 경로 타입 앨리어스
```

```
def total_weight(wp: WeightedPath) -> float:
    return sum([e.weight for e in wp])
```

프림 알고리즘

최소 신장 트리를 찾기 위한 프림 알고리즘은 그래프를 두 부분으로 나눈다. 즉, 최소 신장 트리를 찾는 과정에서 최소 신장 트리에 포함된 정점과 아직 포함되지 않은 정점으로 나눈다. 프림 알고리즘은 다음 네 단계를 수행한다.

1 최소 신장 트리에 포함할 한 정점을 정한다.

2 아직 최소 신장 트리에 포함되지 않은 정점 중에서 정점에 연결된 가장 낮은 가중치 에지를 찾는다.

3 가장 낮은 가중치 에지의 정점을 최소 신장 트리에 추가한다.

4 그래프의 모든 정점이 최소 신장 트리에 추가될 때까지 2와 3을 반복한다.

> **NOTE_** 프림 알고리즘은 야르니크 알고리즘이라고도 한다. 두 명의 체코 수학자 오타카르 보루프카와 보이테흐 야르니크는 1920년 후반에 전선을 까는 데 드는 비용을 최소화하기 위해 최소 신장 트리를 찾는 문제를 해결하는 알고리즘을 제안했다. 이들의 알고리즘은 수십 년 후에 사람들에 의해 '재발견'되었다.[4]

프림 알고리즘은 우선순위 큐를 사용한다. 새 정점이 최소 신장 트리에 추가될 때마다 트리 외부 정점에 연결되는 모든 출력 에지가 우선순위 큐에 추가된다. 최소 가중치 에지는 항상 우선순위 큐에서 팝^{POP}되며, 알고리즘은 우선순위 큐가 빌 때까지 계속 실행된다. 그러므로 최소 가중치 에지가 항상 트리에 먼저 추가된다. 이미 트리의 정점에 연결된 에지는 팝할 때 무시된다.

다음 mst() 함수 코드는 WeightedPath 타입 앨리어스 값을 출력하는 유틸리티 함수인 print_weighted_path()와 함께 프림 알고리즘[5]을 완전히 구현한 것이다. mst는 minimum spanning tree(최소 신장 트리)의 약자다.

> **CAUTION_** 프림 알고리즘은 방향이 있는 그래프에서 제대로 작동하지 않는다. 또한 연결되지 않은 그래프에서는 아예 작동하지 않는다.

---

4 Helena Durnová의 「Otakar Borůvka(1899-1995) and the Minimum Spanning Tree」(Institute of Mathematics of the Czech Academy of Sciences, 2006). http://mng.bz/O2vj.

5 로버트 세지윅과 게빈 웨인의 『알고리즘, 4판』(에디슨 웨슬리 프로페셔널, 2011) 619쪽에서 영감을 얻었다. 옮긴이_ 『알고리즘 개정4판』(길벗, 2019)의 4장 '그래프, 최소 신장 트리'

```python
def mst(wg: WeightedGraph[V], start: int = 0) -> Optional[WeightedPath]:
    if start > (wg.vertex_count - 1) or start < 0:
        return None
    result: WeightedPath = [] # 최소 신장 트리 결과
    pq: PriorityQueue[WeightedEdge] = PriorityQueue()
    visited: [bool] = [False] * wg.vertex_count # 방문한 곳

    def visit(index: int):
        visited[index] = True # 방문한 곳으로 표시한다.
        for edge in wg.edges_for_index(index):
            # 해당 정점의 모든 에지를 우선순위 큐(pq)에 추가한다.
            if not visited[edge.v]:
                pq.push(edge)

    visit(start) # 첫 번째 정점에서 모든 게 시작된다.

    while not pq.empty: # 우선순위 큐에 에지가 남아 있을 때까지 계속 반복한다.
        edge = pq.pop()
        if visited[edge.v]:
            continue # 방문한 곳이면 넘어간다.
        result.append(edge) # 최소 가중치 에지를 결과에 추가한다.
        visit(edge.v) # 연결된 에지를 방문한다.

    return result

def print_weighted_path(wg: WeightedGraph, wp: WeightedPath) -> None:
    for edge in wp:
        print(f"{wg.vertex_at(edge.u)} {edge.weight}> {wg.vertex_at(edge.v)}")
    print(f"가중치 총합: {total_weight(wp)}")
```

mst( ) 함수를 한 줄씩 살펴보자.

```python
def mst(wg: WeightedGraph[V], start: int = 0) -> Optional[WeightedPath]:
    if start > (wg.vertex_count - 1) or start < 0:
        return None
```

mst( ) 함수는 최소 신장 트리를 표현하는 WeightedPath 타입 앨리어스에서 선택된 경로를 반환한다. 알고리즘이 시작되는 곳은 중요하지 않으므로(연결된 무향 그래프라고 가정한다) 시작 정점의 기본값을 0으로 설정한다. 시작 정점이 유효하지 않은 경우 None을 반환한다.

```
result: WeightedPath = [] # 최소 신장 트리 결과
pq: PriorityQueue[WeightedEdge] = PriorityQueue()
visited: [bool] = [False] * wg.vertex_count # 방문한 곳
```

result 변수는 최소 신장 트리의 가중치 경로를 저장한다. 최소 가중치의 에지(WeightedEdge)를 팝[pop]하여 이를 추가하고, 그래프의 다른 정점으로 이동한다. 프림 알고리즘은 항상 최소 가중치의 에지를 선택하기 때문에 탐욕 알고리즘[greedy algorithm]이다. pq 변수는 발견된 새로운 에지를 저장하고, 그다음 낮은 가중치 에지를 팝한다. visited 변수는 이미 방문한 정점 인덱스를 추적한다. 이 변수는 bfs() 함수에서 비슷한 셋 타입의 explored 변수에서도 수행될 수 있다.

```
def visit(index: int):
    visited[index] = True # 방문한 곳으로 표시한다.
    for edge in wg.edges_for_index(index):
        # 해당 정점의 모든 에지를 우선순위 큐(pq)에 추가한다.
        if not visited[edge.v]:
            pq.push(edge)
```

visit()는 내부 헬퍼 함수다. 정점을 방문한 곳으로 표시하고, 아직 우선순위 큐(pq)에 방문하지 않은 정점에 연결되는 모든 에지를 추가한다. 인접 리스트 모델은 특정 정점의 에지를 얼마나 쉽게 찾을 수 있는지 염두에 두고 코드를 살펴본다.

```
visit(start) # 첫 번째 정점에서 모든 게 시작된다.
```

그래프가 연결되어 있지 않다면 어떤 정점이 먼저 방문되었는지는 중요하지 않다. 만약 그래프가 연결되어 있진 않지만 독립적으로 연결된 그래프 **컴포넌트**로 구성되어 있다면 mst() 함수는 시작 정점에 속하는 특정 컴포넌트의 트리를 반환한다.

```
while not pq.empty: # 우선순위 큐에 에지가 남아 있을 때까지 계속 반복한다.
    edge = pq.pop()
    if visited[edge.v]:
        continue # 방문한 곳이면 넘어간다.
    result.append(edge) # 최소 가중치 에지를 결과에 추가한다.
    visit(edge.v) # 연결된 에지를 방문한다.

return result
```

우선순위 큐에 에지가 남아 있다면 에지를 팝하고, 아직 신장 트리에 없는 정점으로 연결되는지 확인한다. 우선순위 큐는 오름차순이기 때문에 가장 낮은 가중치 에지가 먼저 팝된다. 이는 결과가 최소 가중치임을 보장한다. 방문하지 않은 정점으로 연결되어 있지 않은 에지는 모두 무시된다. 그렇지 않다면 현재까지 에지의 가중치가 가장 낮기 때문에 result 리스트 변수에 추

가되고 새 정점을 탐색한다. 탐색할 에지가 더 이상 없다면 result 변수를 반환한다.

이제 최소 노선을 사용하여 미국 15개의 대도시를 연결하는 하이퍼루프 네트워크를 구축해보자.
아래의 city_graph2 변수에서 최소 신장 트리를 찾는다. 이 변수로 mst( ) 함수를 실행해보자.

예제 4-12 mst.py (계속)

```python
if __name__ == "__main__":
    city_graph2: WeightedGraph[str] = WeightedGraph(["시애틀", "샌프란시스코",
    "로스앤젤레스", "리버사이드", "피닉스", "시카고", "보스턴", "뉴욕", "애틀랜타",
    "마이애미", "댈러스", "휴스턴", "디트로이트", "필라델피아", "워싱턴"])

    city_graph2.add_edge_by_vertices("시애틀", "시카고", 1737)
    city_graph2.add_edge_by_vertices("시애틀", "샌프란시스코", 678)
    city_graph2.add_edge_by_vertices("샌프란시스코", "리버사이드", 386)
    city_graph2.add_edge_by_vertices("샌프란시스코", "로스앤젤레스", 348)
    city_graph2.add_edge_by_vertices("로스앤젤레스", "리버사이드", 50)
    city_graph2.add_edge_by_vertices("로스앤젤레스", "피닉스", 357)
    city_graph2.add_edge_by_vertices("리버사이드", "피닉스", 307)
    city_graph2.add_edge_by_vertices("리버사이드", "시카고", 1704)
    city_graph2.add_edge_by_vertices("피닉스", "댈러스", 887)
    city_graph2.add_edge_by_vertices("피닉스", "휴스턴", 1015)
    city_graph2.add_edge_by_vertices("댈러스", "시카고", 805)
    city_graph2.add_edge_by_vertices("댈러스", "애틀랜타", 721)
    city_graph2.add_edge_by_vertices("댈러스", "휴스턴", 225)
    city_graph2.add_edge_by_vertices("휴스턴", "애틀랜타", 702)
    city_graph2.add_edge_by_vertices("휴스턴", "마이애미", 968)
    city_graph2.add_edge_by_vertices("애틀랜타", "시카고", 588)
    city_graph2.add_edge_by_vertices("애틀랜타", "워싱턴", 543)
    city_graph2.add_edge_by_vertices("애틀랜타", "마이애미", 604)
    city_graph2.add_edge_by_vertices("마이애미", "워싱턴", 923)
    city_graph2.add_edge_by_vertices("시카고", "디트로이트", 238)
    city_graph2.add_edge_by_vertices("디트로이트", "보스턴", 613)
    city_graph2.add_edge_by_vertices("디트로이트", "워싱턴", 396)
    city_graph2.add_edge_by_vertices("디트로이트", "뉴욕", 482)
    city_graph2.add_edge_by_vertices("보스턴", "뉴욕", 190)
    city_graph2.add_edge_by_vertices("뉴욕", "필라델피아", 81)
    city_graph2.add_edge_by_vertices("필라델피아", "워싱턴", 123)

    result: Optional[WeightedPath] = mst(city_graph2)
    if result is None:
        print("최소 신장 트리로 답을 찾을 수 없습니다!")
    else:
        print_weighted_path(city_graph2, result)
```

결과를 예쁘게 출력해주는 printWeightedPath( ) 메서드 덕분에 최소 신장 트리를 쉽게 읽을 수 있다.

```
시애틀 678> 샌프란시스코
샌프란시스코 348> 로스앤젤레스
로스앤젤레스 50> 리버사이드
리버사이드 307> 피닉스
피닉스 887> 댈러스
댈러스 225> 휴스턴
휴스턴 702> 애틀랜타
애틀랜타 543> 워싱턴
워싱턴 123> 필라델피아
필라델피아 81> 뉴욕
뉴욕 190> 보스턴
워싱턴 396> 디트로이트
디트로이트 238> 시카고
애틀랜타 604> 마이애미
가중치 총합: 5372
```

위 결과는 가중치 그래프의 15개 도시를 최소 비용으로 연결하는 에지의 집합이다. 모든 노선을 연결하는 데 필요한 최소 길이는 5,372마일이다. [그림 4-7]은 최소 신장 트리를 보여준다.

그림 4-7 강조 표시된 에지는 미국 15개 대도시를 모두 연결하는 최소 신장 트리를 나타낸다.

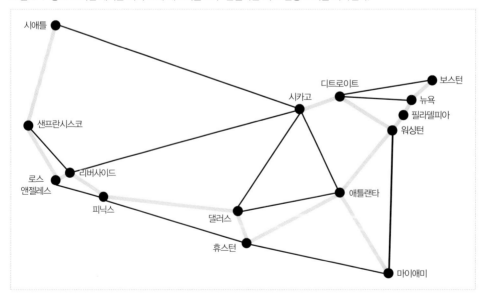

4.5 가중치 그래프에서 최단 경로 찾기

하이퍼루프 네트워크는 미국 전역의 도시를 한꺼번에 연결할 수 없다. 대신 주요 도시 간을 방문하는 데 드는 비용을 최소화할 수 있다. 만약 특정 도시로 네트워크를 확장한다면 비용은 출발 도시에 따라 분명히 달라진다.

어느 한 도시에서 다른 도시로 가는 비용을 찾는 것은 단일 소스의 최단 경로 찾기 문제를 푸는 것이다. 가중치 그래프의 어느 한 정점에서 모든 다른 정점까지의 최단 경로(총 에지 가중치의 합을 기준으로)는 얼마일까?

4.5.1 다익스트라 알고리즘

다익스트라 알고리즘은 최단 경로 찾기 문제를 해결한다. 가중치 그래프에서 시작점과 다른 모든 정점에 대한 최소 가중치 경로를 반환한다. 또한 시작점에서 다른 모든 정점으로의 최소 총 가중치를 반환한다. 다익스트라 알고리즘은 단일 소스 정점에서 시작하여(시작 정점) 가장 가까운 정점을 계속 탐색한다. 이러한 특성 때문에 다익스트라 알고리즘은 프림 알고리즘과 같이 탐욕적이다. 다익스트라 알고리즘에서 새로운 정점을 탐색했을 때 시작 정점으로부터 얼마나 멀리 떨어져 있는지 추적한다. 만약 이 정점에 대한 더 짧은 경로를 찾았다면 값을 갱신한다. 또한 너비 우선 탐색과 같이 각 정점의 에지를 추적한다.

다익스트라 알고리즘의 과정을 살펴보자.

1 시작 정점을 우선순위 큐에 추가한다.
2 우선순위 큐에서 가장 가까운 정점(현재 정점)을 팝한다.
3 현재 정점에 연결된 모든 이웃 정점을 확인한다. 이웃 정점이 기록되지(방문되지) 않았거나 에지가 새로운 최단 경로일 경우 시작점에서 각 이웃 정점의 거리와 에지를 기록한다. 그리고 해당 정점을 우선순위 큐에 추가한다.
4 우선순위 큐가 빌 때까지 2, 3단계를 반복한다.
5 시작점에서 다른 모든 정점까지의 최단 거리를 반환한다.

다익스트라 알고리즘 코드에는 다익스트라 노드(DijkstraNode)가 있다. DijkstraNode는 현재까지 탐색된 각 정점과 해당 비용을 추적하고 이를 비교하기 위한 간단한 자료구조다. 이는 2장의 Node 클래스와 비슷하다. 또한 반환된 거리 배열을 쉽게 정점으로 검색할 수 있는 헬퍼

함수와 dijkstra() 함수에 의해 반환된 경로 딕셔너리에서 특정 정점에 대한 최단 경로를 계
산해주는 헬퍼 함수를 제공한다. 다익스트라 알고리즘에 대한 코드를 살펴보자. 뒤에서 코드를
한 줄씩 차례로 살펴본다.

예제 4-13 dijkstra.py

```python
from __future__ import annotations
from typing import TypeVar, List, Optional, Tuple, Dict
from dataclasses import dataclass
from mst import WeightedPath, print_weighted_path
from weighted_graph import WeightedGraph
from weighted_edge import WeightedEdge
from priority_queue import PriorityQueue

V = TypeVar('V') # 그래프의 정점(vertex) 타입


@dataclass
class DijkstraNode:
    vertex: int
    distance: float

    def __lt__(self, other: DijkstraNode) -> bool:
        return self.distance < other.distance

    def __eq__(self, other: DijkstraNode) -> bool:
        return self.distance == other.distance


def dijkstra(wg: WeightedGraph[V], root: V) -> Tuple[List[Optional[float]],
Dict[int, WeightedEdge]]:
    first: int = wg.index_of(root) # 시작 인덱스를 찾는다.
    # 처음에는 거리(distances)를 알 수 없다.
    distances: List[Optional[float]] = [None] * wg.vertex_count
    distances[first] = 0 # 루트(root)에서 루트 자신의 거리는 0이다.
    path_dict: Dict[int, WeightedEdge] = {} # 정점에 대한 경로
    pq: PriorityQueue[DijkstraNode] = PriorityQueue()
    pq.push(DijkstraNode(first, 0))

    while not pq.empty:
        u: int = pq.pop().vertex # 다음 가까운 정점을 탐색한다.
        dist_u: float = distances[u] # 이 정점에 대한 거리를 이미 알고 있다.
```

```
            # 이 정점에서 모든 에지 및 정점을 살펴본다.
        for we in wg.edges_for_index(u):
                # 이 정점에 대한 이전 거리
            dist_v: float = distances[we.v]
                # 이전 거리가 없거나 혹은 최단 경로가 존재한다면,
            if dist_v is None or dist_v > we.weight + dist_u:
                    # 정점의 거리를 갱신한다.
                distances[we.v] = we.weight + dist_u
                    # 정점의 최단 경로 에지를 갱신한다.
                path_dict[we.v] = we
                    # 해당 정점을 나중에 곧 탐색한다.
                pq.push(DijkstraNode(we.v, we.weight + dist_u))

    return distances, path_dict


# 다익스트라 알고리즘 결과를 더 쉽게 접근하게 하는 헬퍼 함수
def distance_array_to_vertex_dict(wg: WeightedGraph[V], distances:
 List[Optional[float]]) -> Dict[V, Optional[float]]:
    distance_dict: Dict[V, Optional[float]] = {}
    for i in range(len(distances)):
        distance_dict[wg.vertex_at(i)] = distances[i]
    return distance_dict


# 에지의 딕셔너리 인자를 취해 각 노드에 접근하고,
# 정점 start에서 end까지 가는 에지 리스트를 반환한다.
def path_dict_to_path(start: int, end: int, path_dict: Dict[int,
 WeightedEdge]) -> WeightedPath:
    if len(path_dict) == 0:
        return []
    edge_path: WeightedPath = []
    e: WeightedEdge = path_dict[end]
    edge_path.append(e)
    while e.u != start:
        e = path_dict[e.u]
        edge_path.append(e)
    return list(reversed(edge_path))
```

dijkstra() 함수의 처음 몇 줄은 distances 변수를 제외하고 친숙해진 자료구조를 사용한다. distances 변수는 시작점에서 모든 정점까지의 거리를 나타낸다. 처음에는 이 거리가 모두 None으로 초기화되어 있다. 아직은 정점들이 얼마나 멀리 떨어져 있는지 모르기 때문이다. 이것을 알아내기 위해서 다익스트라 알고리즘을 사용한다.

```python
def dijkstra(wg: WeightedGraph[V], root: V) -> Tuple[List[Optional[float]],
  Dict[int, WeightedEdge]]:
    first: int = wg.index_of(root) # 시작 인덱스를 찾는다.
    # 처음에는 거리(distances)를 알 수 없다.
    distances: List[Optional[float]] = [None] * wg.vertex_count
    distances[first] = 0 # 루트(root)에서 루트 자신의 거리는 0이다.
    path_dict: Dict[int, WeightedEdge] = {} # 정점에 대한 경로
    pq: PriorityQueue[DijkstraNode] = PriorityQueue()
    pq.push(DijkstraNode(first, 0))
```

우선순위 큐에 푸시된 첫 번째 노드는 루트 정점(시작점)이다.

```python
while not pq.empty:
    u: int = pq.pop().vertex # 다음 가까운 정점을 탐색한다.
    dist_u: float = distances[u] # 이 정점에 대한 거리를 이미 알고 있다.
```

우선순위 큐가 빌 때까지 다익스트라 알고리즘을 계속 실행한다. 변수 u는 현재 정점이고, 변수 dist_u는 변수 u에 대한 거리다. 이 단계에서 탐색한 모든 정점은 이미 탐색되었으므로 거리를 알고 있어야 한다.

```python
    # 이 정점에서 모든 에지 및 정점을 살펴본다.
    for we in wg.edges_for_index(u):
        # 이 정점에 대한 이전 거리
        dist_v: float = distances[we.v]
```

다음에는 u 변수에 연결된 모든 에지를 탐색한다. dist_v 변수는 u 변수의 에지에서부터 임의의 정점까지 알려진 거리다.

```python
        # 이전 거리가 없거나 혹은 새 최단 경로가 존재한다면,
        if dist_v is None or dist_v > we.weight + dist_u:
            # 정점의 거리를 갱신한다.
            distances[we.v] = we.weight + dist_u
            # 정점의 최단 경로 에지를 갱신한다.
            path_dict[we.v] = we
            # 해당 정점을 나중에 곧 탐색한다.
            pq.push(DijkstraNode(we.v, we.weight + dist_u))
```

아직 탐색되지 않은 정점을 찾거나 새 최단 경로가 존재한다면 v 변수에 새 최단 거리와 에지를 기록한다. 그리고 새 경로가 있는 모든 정점을 우선순위 큐로 푸시한다.

```python
    return distances, path_dict
```

함수 dijkstra( )는 가중치 그래프 루트 정점에서 모든 정점까지의 거리^{distance}와 최단 경로를 풀 수 있는 path_dict 딕셔너리를 반환한다.

이제 다익스트라 알고리즘을 실행할 수 있다. 로스앤젤레스에서 다른 모든 대도시의 거리를 찾아보자. 그러면 로스앤젤레스와 보스턴(또는 다른 도시) 사이의 최단 경로를 알 수 있다. 마지막에는 print_weighted_path( ) 함수를 사용하여 결과를 예쁘게 출력한다.

예제 4-14 dijkstra.py (계속)

```python
if __name__ == "__main__":
    city_graph2: WeightedGraph[str] = WeightedGraph(["시애틀", "샌프란시스코",
        "로스앤젤레스", "리버사이드", "피닉스", "시카고", "보스턴", "뉴욕", "애틀랜타",
        "마이애미", "댈러스", "휴스턴", "디트로이트", "필라델피아", "워싱턴"])

    city_graph2.add_edge_by_vertices("시애틀", "시카고", 1737)
    city_graph2.add_edge_by_vertices("시애틀", "샌프란시스코", 678)
    city_graph2.add_edge_by_vertices("샌프란시스코", "리버사이드", 386)
    city_graph2.add_edge_by_vertices("샌프란시스코", "로스앤젤레스", 348)
    city_graph2.add_edge_by_vertices("로스앤젤레스", "리버사이드", 50)
    city_graph2.add_edge_by_vertices("로스앤젤레스", "피닉스", 357)
    city_graph2.add_edge_by_vertices("리버사이드", "피닉스", 307)
    city_graph2.add_edge_by_vertices("리버사이드", "시카고", 1704)
    city_graph2.add_edge_by_vertices("피닉스", "댈러스", 887)
    city_graph2.add_edge_by_vertices("피닉스", "휴스턴", 1015)
    city_graph2.add_edge_by_vertices("댈러스", "시카고", 805)
    city_graph2.add_edge_by_vertices("댈러스", "애틀랜타", 721)
    city_graph2.add_edge_by_vertices("댈러스", "휴스턴", 225)
    city_graph2.add_edge_by_vertices("휴스턴", "애틀랜타", 702)
    city_graph2.add_edge_by_vertices("휴스턴", "마이애미", 968)
    city_graph2.add_edge_by_vertices("애틀랜타", "시카고", 588)
    city_graph2.add_edge_by_vertices("애틀랜타", "워싱턴", 543)
    city_graph2.add_edge_by_vertices("애틀랜타", "마이애미", 604)
    city_graph2.add_edge_by_vertices("마이애미", "워싱턴", 923)
    city_graph2.add_edge_by_vertices("시카고", "디트로이트", 238)
    city_graph2.add_edge_by_vertices("디트로이트", "보스턴", 613)
    city_graph2.add_edge_by_vertices("디트로이트", "워싱턴", 396)
    city_graph2.add_edge_by_vertices("디트로이트", "뉴욕", 482)
    city_graph2.add_edge_by_vertices("보스턴", "뉴욕", 190)
    city_graph2.add_edge_by_vertices("뉴욕", "필라델피아", 81)
    city_graph2.add_edge_by_vertices("필라델피아", "워싱턴", 123)

    distances, path_dict = dijkstra(city_graph2, "로스앤젤레스")
```

```
name_distance: Dict[str, Optional[int]] = distance_array_to_vertex_dict(
    city_graph2, distances)
print("로스앤젤레스에서의 거리:")
for key, value in name_distance.items():
    print(f"{key} : {value}")
print("") # 공백 라인

print("로스앤젤레스에서 보스턴까지 최단 경로:")
path: WeightedPath = path_dict_to_path(city_graph2.index_of("로스앤젤레스"),
 city_graph2.index_of("보스턴"), path_dict)
print_weighted_path(city_graph2, path)
```

출력 결과는 다음과 같다.

```
로스앤젤레스에서의 거리:
시애틀 : 1026
샌프란시스코 : 348
로스앤젤레스 : 0
리버사이드 : 50
피닉스 : 357
시카고 : 1754
보스턴 : 2605
뉴욕 : 2474
애틀랜타 : 1965
마이애미 : 2340
댈러스 : 1244
휴스턴 : 1372
디트로이트 : 1992
필라델피아 : 2511
워싱턴 : 2388

로스앤젤레스에서 보스턴까지 최단 경로:
로스앤젤레스 50> 리버사이드
리버사이드 1704> 시카고
시카고 238> 디트로이트
디트로이트 613> 보스턴
가중치 총합: 2605
```

다익스트라 알고리즘이 프림 알고리즘과 닮았다는 것을 눈치 챘을 것이다. 둘 다 탐욕 알고리즘이고 비슷한 코드를 사용하여 구현할 수 있다. 또한 다익스트라 알고리즘은 2장의 A* 알고리즘 알고리즘과 닮았다. A* 알고리즘은 다익스트라 알고리즘의 수정본이라고 할 수 있다. 다

익스트라 알고리즘에서 단일 대상을 찾는다고 제한하고 휴리스틱을 추가하면 두 알고리즘은
동일하다.

> **NOTE**_ 다익스트라 알고리즘은 가중치가 양수인 그래프를 위한 알고리즘으로 설계되었다. 음수 가중치 에지
> 를 가진 그래프에서는 다익스트라 알고리즘을 수정하거나 대체 알고리즘을 사용해야 한다.

4.6 적용사례

그래프를 사용하여 세계 곳곳을 표현할 수 있다. 이 장에서는 운송 네트워크를 예로 들었지만
다양한 네트워크에서 그래프를 사용할 수 있다. 전화, 컴퓨터, 유틸리티(전기, 가스, 수도) 등
의 네트워크 최적화 문제를 해결할 수 있다. 그래프 알고리즘은 통신, 해상 운송, 수송 및 유틸
리티 산업의 효율성을 위한 필수적인 알고리즘이다.

소매업은 복잡한 유통 문제를 처리해야 한다. 상점과 창고를 정점으로 생각할 수 있으며, 그 사
이의 거리를 에지로 생각할 수 있다. 그래프 알고리즘의 사용은 동일하다. 인터넷은 각 연결된
장치가 정점이고, 각 유선 혹은 무선 연결이 에지인 거대한 그래프다. 어떤 사업 분야에서든 연
료나 배선을 절약하기 위해 최소 신장 트리와 최단 경로를 유용하게 사용할 수 있다. 세계에서
유명한 기업 중 일부는 그래프 문제를 최적화하여 성공했다. 월마트^{Walmart}는 효율적인 유통망
을 구축하고, 구글^{Google}은 웹(거대한 그래프)을 인덱싱하고, 페덱스^{FedEx}는 세계의 주소를 연
결하는 적절한 허브 집합을 찾았다.

그래프 알고리즘의 일부 명백한 적용사례는 소셜 네트워크 및 지도 애플리케이션이다. 소셜 네
트워크에서 사람은 정점이며, 연결(예: 페이스북에서의 친구 관계)은 에지다. 실제로 페이스북
에서 가장 눈에 띄는 개발자 도구 중 하나는 그래프 API다.[6] 애플 지도 및 구글 지도와 같은 지
도 애플리케이션에서는 그래프 알고리즘을 사용하여 길 찾기를 제공하고 이동 시간을 계산한다.

몇몇 인기 있는 비디오 게임은 그래프 알고리즘을 명시적으로 사용한다. 미니메트로^{MiniMetro}와
티켓투라이드^{Ticket to Ride}는 이 장에서 다룬 문제를 모방한 게임의 예다.

---

6 https://developers.facebook.com/docs/graph-api

4.7 연습문제

1. 그래프 프레임워크에 에지 및 정점 제거를 위한 메서드를 추가하라.

2. 그래프 프레임워크에 유향 그래프^{digraph}를 사용할 수 있도록 코드를 추가하라.

3. 그래프 프레임워크를 사용하여 위키피디아 설명되어 있는 것과 같은 쾨니히스베르크 다리 건너기 문제^{Bridges of Königsberg problem}(https://namu.wiki/w/쾨니히스베르크 다리 건너기 문제)를 증명 또는 반증하라.

## CHAPTER 5

유전 알고리즘

유전 알고리즘은 일상적인 프로그래밍 문제에서는 사용되지 않는다. 전통적인 알고리즘 접근법으로는 합리적인 시간 내에 문제 해결이 잘되지 않을 때 사용한다. 즉, 유전 알고리즘은 일반적으로 쉬운 해결책이 없으며 복잡한 문제를 위한 알고리즘이다. 이런 복잡한 문제가 무엇인지 먼저 알고 싶다면 5.7절 '적용사례'를 먼저 읽어보자. 하나의 흥미로운 예는 단백질-리간드 결합protein-ligand docking과 약물 설계다. 전산 생물학자들은 약물을 전달하기 위해 수용체에 결합할 분자molecule를 설계한다. 특정 분자를 설계하기 위한 명백한 알고리즘이 존재하지 않지만 유전 알고리즘은 때때로 많은 지침 없이 문제 정의를 넘어선 답을 제공한다.

5.1 생물학적 배경

생물학에서 진화론은 환경의 제약과 함께 유전적 돌연변이가 시간이 지남에 따라 생물체의 변화를 어떻게 이끌어내는지에 대한 설명이다(새로운 종species을 창조하는 종형성speciation을 포함하여). 잘 적응된 유기체는 성공하고 덜 적응된 유기체는 실패하는 메커니즘을 **자연 선택**natural selection이라고 한다. 종의 각 세대에는 유전적 돌연변이를 통해 나타나는 다양한(때로는 새로운) 특성을 가진 개체가 포함된다. 모든 개체는 생존을 위해 제한된 자원에 대해 경쟁하며, 자원보다 많은 개체가 있으면 일부 개체는 죽어야 한다.

그러한 환경에서 생존에 더 잘 적응하는 돌연변이가 있는 개체는 살아남고, 번식할 가능성이 더 높다. 시간이 지남에 따라 더 잘 적응된 개체는 더 많은 자식을 낳고, 상속을 통해 돌연변이를 자식에게 물려준다. 따라서 생존에 도움이 되는 돌연변이가 집단에서 확산된다.

예를 들어 박테리아가 특정 항생제에 의해 죽는다고 하자. 만약 집단에서 한 개별 박테리아가 유전자 안에 항생제에 내성을 갖는 돌연변이가 있다면 이 유전자는 생존하고 번식할 가능성이 높다. 유전자에 항생제가 지속적으로 적용된다면 항생제에 내성이 있는 유전자를 상속받은 자식이 번식하고, 또다시 자식의 자식을 가질 가능성이 높아진다. 결국 항생제의 지속적인 공격이 돌연변이가 없는 개체들을 죽인다. 살아남은 특정 유전 집단에는 항생제에 내성이 있는 돌연변이가 있을 것이다. 항생제가 돌연변이를 일으키지 않지만, 내성이 있는 돌연변이 개체가 확산된다.

자연 선택은 생물학적 영역을 넘어 모든 곳에 적용되었다. 사회진화론$^{Social\ Darwinism}$은 사회 이론 영역에 적용되는 자연 선택이다. 컴퓨터 과학에서 유전 알고리즘은 계산 문제를 해결하기 위한 자연 선택의 시뮬레이션이다.

유전 알고리즘은 **염색체**^{chromosome}로 알려진 개체의 **(모)집단**$^{population,\ group}$을 포함한다. 각자의 특성을 나타내는 유전자로 구성된 염색체는 어떤 문제를 해결하기 위해 경쟁하고 있다. 염색체가 문제를 얼마나 잘 해결하는지는 **적합도 함수**$^{fitness\ function}$[1]에 의해 정의된다.

유전 알고리즘은 **세대**를 거치며 진행된다. 세대마다 적합한 염색체는 재생산될 때 **선택**될 가능성이 더 크다. 또한 세대마다 두 개의 염색체가 유전자를 합칠 가능성이 있다. 이것을 **크로스오버**^{crossover}라고 한다. 그리고 세대마다 염색체의 유전자가 (무작위로) **변이**될 가능성이 있다.

모집단의 일부 개체의 적합도 함수에서 지정된 임계값을 초과하거나 알고리즘이 지정된 최대 세대 수를 통과한다면 가장 적합한 개체(적합도 함수에서 가장 높은 점수를 얻은 개체)가 반환된다.

유전 알고리즘은 모든 문제에 대한 좋은 해결책이 아니다. 부분적으로 또는 완전히 **확률론적**(무작위로) 결정된 세 가지 조작(선택, 크로스오버, 돌연변이)에 의존한다. 따라서 합리적인 시간 내에 최적의 솔루션을 찾지 못할 수도 있다. 대부분의 문제는 확실한 알고리즘이 존

---

1 옮긴이_ 유전 알고리즘을 어떤 문제에 적용하기 위해서는 해를 유전자의 형식으로 표현할 수 있어야 하며, 이 해가 얼마나 적합한지 적합도 함수로 계산할 수 있어야 한다. 일반 생명체의 특성이 유전체의 집합인 유전자로 나타나는 것과 같이 유전 알고리즘에서는 해의 특성을 숫자의 배열이나 문자열과 같은 자료 구조로 표시하게 된다. 적합도 함수는 이렇게 나타낸 해가 얼마나 문제의 답으로 적합한지 평가하기 위한 함수다. https://ko.wikipedia.org/wiki/유전_알고리즘

재한다. 그러나 빠른 결정론적 알고리즘이 존재하지 않는 문제가 있다. 이러한 경우 유전 알고리즘은 좋은 선택될 수 있다.

5.2 제네릭 유전 알고리즘

유전 알고리즘은 종종 특정 애플리케이션에 대해 매우 특수화되고 조율된다. 이 장에서는 여러 가지 문제에 사용할 수 있는 제네릭(일반) 유전 알고리즘을 정의한다. 반면 특수한 상황에서는 잘 맞지 않을 수 있다. 이를 위한 몇 가지 설정 가능한 옵션이 포함되지만, 이 장의 목표는 이러한 옵션 대신 알고리즘 기본사항을 잘 나타내는 것이다.

먼저 제네릭 알고리즘이 작동할 수 있는 개체에 대한 인터페이스를 정의한다. Chromosome 추상 클래스는 네 가지 필수 기능을 정의한다. 즉, 염색체 클래스는 아래 기능을 수행한다.

- 자체 적합도를 결정한다.
- (첫 세대를 채워서 사용하기 위해) 무작위로 선택된 유전자로 인스턴스를 생성한다.
- 크로스오버를 구현한다(자식을 생성하기 위해 같은 타입의 유형을 다른 타입과 결합한다). 즉, 다른 염색체와 혼합한다.
- 돌연변이를 구현한다. 즉, 자체로 작고 무작위적인 변화를 만든다.

다음은 위 네 가지 사항을 구현하는 Chromosome 클래스다.

예제 5-1 chromosome.py

```python
from __future__ import annotations
from typing import TypeVar, Tuple, Type
from abc import ABC, abstractmethod

T = TypeVar('T', bound='Chromosome') # 자신을 반환하기 위해서 사용한다.


# 모든 염색체의 베이스 클래스. 모든 메서드는 오버라이드된다.
class Chromosome(ABC):
    @abstractmethod
    def fitness(self) -> float:
        ...
```

```
@classmethod
@abstractmethod
def random_instance(cls: Type[T]) -> T:
    ...

@abstractmethod
def crossover(self: T, other: T) -> Tuple[T, T]:
    ...

@abstractmethod
def mutate(self) -> None:
    ...
```

TIP TypeVar 클래스의 T가 Chromosome 클래스와 바인딩되어 있다. 즉, 타입이 T인 변수는 Chromosome 클래스의 인스턴스 혹은 서브클래스여야 한다.

미래의 특정 애플리케이션을 위해 상속 가능한 제네릭 클래스로 염색체를 조작하는 알고리즘을 구현한다. 그전에 유전자 알고리즘에 대한 내용을 다시 한번 살펴보고, 유전자 알고리즘이 취하는 단계를 정의해보자.

1 유전 알고리즘 1세대에 대한 무작위 염색체 초기 모집단을 생성한다.

2 1세대 집단에서 각 염색체의 적합도를 측정한다. 임곗값을 초과하는 염색체가 있다면 이를 반환하고 알고리즘을 종료한다.

3 개체의 재생산을 위해 가장 높은 적합도를 가진 확률이 높은 개체를 선택한다.

4 다음 세대 집단을 나타내는 자식을 생성하기 위해 일정 확률로 선택한 염색체를 크로스오버(결합)한다.

5 낮은 확률로 일부 염색체를 돌연변이시킨다. 새로운 세대 집단이 완성되었으며, 이것은 마지막 세대의 집단을 대체한다.

6 알고리즘이 지정한 세대의 최댓값에 도달하지 않은 경우 과정 2로 돌아간다. 최댓값에 도달했다면 적합도가 가장 높은 염색체를 반환한다.

유전 알고리즘 개요(그림 5-1)에는 많은 중요한 세부사항이 빠져 있다. 예를 들어 얼마나 많은 염색체가 모집단에 있어야 하는가? 알고리즘을 멈추게 하는 임곗값은 무엇인가? 재생산을 위해 어떻게 염색체를 선택해야 하는가? 염색체를 어떻게 결합(크로스오버)해야 하나? 돌연변이가 발생할 확률은 어느 정도인가? 얼마나 많은 세대를 테스트해야 하나?

그림 5-1 유전 알고리즘 개요

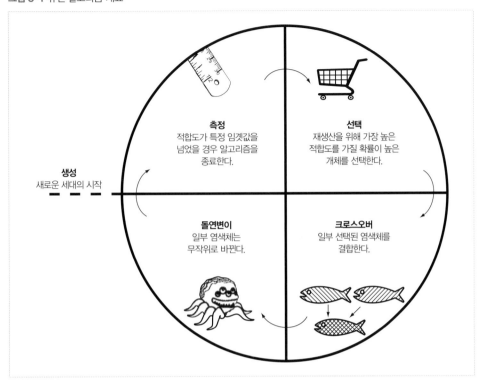

유전 알고리즘 개요에 대한 내용을 GeneticAlgorithm 클래스로 구현하자. 코드를 한 부분씩 나누어 구현할 것이다.

예제 5-2 genetic_algorithm.py

```python
from __future__ import annotations
from typing import TypeVar, Generic, List, Tuple, Callable
from enum import Enum
from random import choices, random
from heapq import nlargest
from statistics import mean
from chromosome import Chromosome

C = TypeVar('C', bound=Chromosome) # 염색체 타입


class GeneticAlgorithm(Generic[C]):
    SelectionType = Enum("SelectionType", "ROULETTE TOURNAMENT")
```

GeneticAlgorithm 클래스는 Chromosome 클래스의 제네릭 타입을 취하며, 타입의 이름은 C 다. SelectionType 열거형^{enum}은 알고리즘에서 사용되는 방법을 지정하는 데 사용되는 내부 타입이다. 가장 일반적인 유전 알고리즘 선택 방법은 **룰렛휠 선택**(**적합도 비례 선택**)과 **토너먼트 선택**이다. 룰렛휠 선택은 모든 염색체를 적합도에 비례하여 선택한다. 토너먼트 선택은 특정수의 무작위 염색체를 서로 비교하여 가장 적합도가 높은 개체를 선택한다.

예제 5-3 genetic_algorithm.py (계속)

```
def __init__(self, initial_population: List[C], threshold: float, max_generations:
int = 100, mutation_chance: float = 0.01, crossover_chance: float = 0.7,
selection_type: SelectionType = SelectionType.TOURNAMENT) -> None:
    self._population: List[C] = initial_population
    self._threshold: float = threshold
    self._max_generations: int = max_generations
    self._mutation_chance: float = mutation_chance
    self._crossover_chance: float = crossover_chance
    self._selection_type: GeneticAlgorithm.SelectionType = selection_type
    self._fitness_key: Callable = type(self._population[0]).fitness
```

위 코드는 __init__() 메서드로 유전 알고리즘의 모든 속성을 설정한다. initial_population 매개변수는 1세대 알고리즘의 염색체다. threshold 매개변수는 유전 알고리즘이 해결하려고 하는 문제에 대한 솔루션이 발견되었음을 나타내는 적합도 수준이다. max_generations 매개변수는 실행할 최대 세대 수다. 많은 세대를 실행하여 임곗값(threshold)을 초과하는 적합도 수준의 솔루션이 발견되지 않으면 발견된 최고의 솔루션을 반환한다. mutation_chance 매개변수는 각 세대의 각 염색체가 돌연변이될 확률이다. crossover_chance 매개변수는 두 부모 염색체가 재생산할 때 자식 염색체에 그들의 유전자가 섞일 확률이다. 만약 이 값이 없다면 자식은 그냥 부모에 복제된다. 마지막으로 selection_type 매개변수는 SelectionType 열거형에 기술된 대로 유전 알고리즘 처리 방법을 선택한다.

__init__() 메서드는 많은 매개변수를 취하는데, 대부분은 기본값을 가지고 있다. 매개변수 설정을 통해 여러 테스트가 가능하다. 코드에서 _population 변수는 Chromosome 클래스의 random_instance() 클래스 메서드를 사용하여 임의의 염색체 셋을 초기화한다. 즉, 1세대 염색체는 무작위로 구성된다. 이것은 정교한 유전 알고리즘을 구현하는 잠재적인 최적화를 의미

한다. 1세대 염색체를 무작위로 구성하는 대신 문제에 대한 사전 지식을 바탕으로 솔루션에 더 가까운 개체를 포함할 수 있다. 이것을 **시딩**seeding이라고 한다.

_fitness_key 변수는 GeneticAlgorithm 클래스를 통해 염색체의 적합도를 계산하는 메서드의 참조다. GeneticAlgorithm 클래스는 Chromosome 클래스의 서브클래스와 실행된다는 것을 상기한다. 따라서 _fitness_key 변수는 서브클래스에 따라 다를 수 있다. 이 값을 얻기 위해 type( )을 사용하여 적합도를 찾는 염색체의 특정 서브클래스를 참조한다.

이 클래스에서 지원하는 유전 알고리즘의 두 가지 처리 방식을 살펴보자.

예제 **5-4** genetic_algorithm.py (계속)

```python
# 두 부모를 선택하기 위해 룰렛휠(확률 분포)을 사용한다.
# 메모: 음수 적합도와 작동하지 않는다.
def _pick_roulette(self, wheel: List[float]) -> Tuple[C, C]:
    return tuple(choices(self._population, weights=wheel, k=2))
```

룰렛휠 선택은 한 세대의 모든 적합도 합계에 대한 각 염색체의 적합도 비율을 기반으로 한다. 가장 높은 적합도를 가진 염색체가 선택될 가능성이 더 크다. 각 염색체의 적합도를 나타내는 값은 매개변수 wheel에 제공된다. 실제 선택은 파이썬 표준 라이브러리 random 모듈의 choices( ) 함수로 편리하게 수행한다. 이 함수는 선택하고자 하는 리스트, 첫 번째 리스트의 각 항목에 해당하는 가중치 리스트(첫 번째 리스트와 길이가 같음), 선택해야 할 항목 수를 취한다.

이제 0과 1 사이의 부동소수점 값으로 표현되는 각 항목의 총 적합도 백분율(비례 적합도)을 계산할 수 있다. 0과 1 사이의 난수를 선택(pick)하여 염색체를 파악할 수 있다. 알고리즘은 각 염색체의 비례 적합도 값을 순차적으로 줄이면서 작동한다. 선택값이 0을 넘으면 해당 염색체를 선택한다.

각 염색체가 이러한 비율로 선택되는 것이 합당한가? 그렇게 생각하지 않는다면 종이와 연필로 [그림 5-2]와 같은 비례 룰렛휠을 그려보자.

그림 5-2 룰렛휠 선택 예제

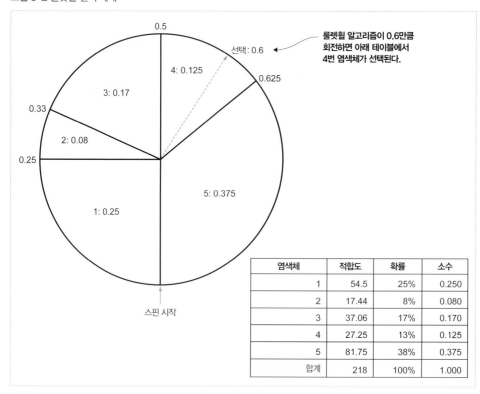

염색체	적합도	확률	소수
1	54.5	25%	0.250
2	17.44	8%	0.080
3	37.06	17%	0.170
4	27.25	13%	0.125
5	81.75	38%	0.375
합계	218	100%	1.000

가장 기본적인 형태의 토너먼트 선택은 룰렛휠 선택보다 간단하다. 비율을 계산하는 대신 우리는 전체 집단에서 k개의 염색체를 무작위로 추출한다. 무작위로 추출된 염색체 중에서 적합도가 가장 높은 두 염색체를 선택한다.

예제 5-5 genetic_algorithm.py (계속)

```python
# 무작위로 num_participants만큼 추출한 후 적합도가 가장 높은 두 염색체를 선택한다.
def _pick_tournament(self, num_participants: int) -> Tuple[C, C]:
    participants: List[C] = choices(self._population, k=num_participants)
    return tuple(nlargest(2, participants, key=self._fitness_key))
```

_pick_tournament() 메서드는 choices() 함수를 사용하여 _population 변수에서 num_participants 변수만큼 무작위로 염색체를 선택한다. 그리고 heapq 모듈의 nlargest() 함수에서 _fitness_key가 가장 큰 두 염색체를 찾는다. num_participants 변수에 알맞은 값은

얼마일까? 유전 알고리즘의 많은 매개변수와 마찬가지로 많은 시행착오를 통해 결정할 수 있다. 기억해야 할 점은 염색체 수가 많을수록 집단의 다양성이 낮아진다는 것이다. 적합도가 낮은 염색체는 토너먼트 선택에서 제외될 가능성이 높기 때문이다.[2] 어떤 감소 확률 모델에 기반한 더 정교한 형태의 토너먼트 선택은 가장 좋진 않지만 2순위 또는 3순위의 염색체를 선택할 수 있다.

두 메서드 _pick_roulette( )과 _pick_tournament( )를 선택하여 실행할 수 있다. 재생산은 _reproduce_and_replace( ) 메서드로 구현되며, 염색체 수가 같은 새로운 모집단이 마지막 세대의 염색체를 대체한다.

예제 5-6 genetic_algorithm.py (계속)

```python
# 집단을 새로운 세대로 교체한다.
def _reproduce_and_replace(self) -> None:
    new_population: List[C] = []
    # 새로운 세대가 채워질 때까지 반복한다.
    while len(new_population) < len(self._population):
        # parents 중 두 부모를 선택한다.
        if self._selection_type == GeneticAlgorithm.SelectionType.ROULETTE:
            parents: Tuple[C, C] = self._pick_roulette(
                [x.fitness() for x in self._population])
        else:
            parents = self._pick_tournament(len(self._population) // 2)
        # 두 부모를 크로스오버한다.
        if random() < self._crossover_chance:
            new_population.extend(parents[0].crossover(parents[1]))
        else:
            new_population.extend(parents)
    # 새 집단의 수가 홀수라면 이전 집단보다 하나 더 많으므로 제거한다.
    if len(new_population) > len(self._population):
        new_population.pop()
    self._population = new_population # 새 집단으로 참조를 변경한다.
```

_reproduce_and_replace( ) 메서드는 다음 세 단계로 구성되어 있다.

----

[2] 아르툠 소콜로브와 대럴 휘틀리의 「편향되지 않은 토너먼트 선택(Unbiased Tournament Selection)」, GECCO 2005(June 25-29, 2005, Washington, D.C., U.S.A.). http://mng.bz/S7l6

1 parents(부모)라고 불리는 두 개의 염색체는 두 개의 선택 방법 중 하나를 사용하여 재생산을 위해 선택된다. 토너먼트 선택에서는 항상 전체 집단의 절반에 해당하는 토너먼트를 실행하지만, 이것 또한 구성 옵션이 될 수 있다.

2 두 부모를 결합하여 두 개의 새로운 염색체를 생성하는 _crossover_chance 변수가 있다. 두 자식은 new_population 리스트에 추가된다. 자식이 없다면 new_population 리스트에 두 부모를 추가한다.

3 new_population 리스트(새 집단)에 _population 리스트(이전 집단)만큼의 염색체가 있다면 이전 집단을 새 집단으로 대체한다. 그렇지 않으면 1단계로 돌아간다.

_mutate( ) 메서드는 돌연변이를 구현한다. 개별 염색체에 돌연변이를 수행하는 간단한 메서드다.

예제 5-7 genetic_algorithm.py (계속)

```python
# _mutation_chance 확률로 각 개별 염색체를 돌연변이한다.
def _mutate(self) -> None:
    for individual in self._population:
        if random() < self._mutation_chance:
            individual.mutate()
```

유전 알고리즘을 실행하는 데 필요한 모든 코드 블록을 구현했다. run( ) 메서드는 측정, 재생산(선택 포함) 및 돌연변이 단계를 조정한다. 또한 어느 지점에서 발견된 최적의 적합도를 가진 염색체를 추적한다.

예제 5-8 genetic_algorithm.py (계속)

```python
# max_generations만큼 유전 알고리즘을 실행하고,
# 최상의 적합도를 가진 개체를 반환한다.
def run(self) -> C:
    best: C = max(self._population, key=self._fitness_key)
    for generation in range(self._max_generations):
        # 임곗값을 초과하면 개체를 바로 반환한다.
        if best.fitness() >= self._threshold:
            return best
        print(f"세대 {generation} 최상 {best.fitness()} 평균 {mean(map(self._fitness_key, self._population))}")
        self._reproduce_and_replace()
        self._mutate()
        highest: C = max(self._population, key=self._fitness_key)
        if highest.fitness() > best.fitness():
```

```
            best = highest # 새로운 최상의 개체를 발견함

        return best # _max_generations에서 발견한 최상의 개체를 반환한다.
```

best 변수는 지금까지 발견된 최상의 염색체를 추적한다. 반복문에서는 _max_generations만큼 유전 알고리즘을 실행한다. 어떤 염색체의 적합도가 임곗값을 초과하면 그 값을 반환하고 메서드는 종료된다. 그렇지 않으면 _reproduce_and_replace( )와 _mutate( ) 메서드를 호출하여 다음 세대를 만들고, 반복문을 다시 실행한다. _max_generations에 도달하면 지금까지 발견된 최상의 염색체가 반환된다.

5.3 간단한 방정식

유전 알고리즘의 GeneticAlgorithm 제네릭 클래스는 Chromosome 클래스를 구현하는 모든 타입에서 작동한다. 전통적인 방법을 사용하여 쉽게 해결할 수 있는 간단한 문제를 구현하여 유전 알고리즘 테스트를 시작해보자. 방정식 $6x - x^2 + 4y - y^2$이 최댓값이 되는 x와 y는 무엇일까?

미적분^{calculus}을 사용하여 편미분$^{partial\ derivative}$을 취하고 각각을 0으로 설정하면 값 을 최대로하는 x와 y를 구할 수 있다. 결과는 $x = 3(6 - 2x = 0)$이고, $y = 2(4 - 2y = 0)$다. 이제 미적분을 사용하지 않고 유전 알고리즘이 같은 결과에 도달할 수 있을까?

예제 5-9 simple_equation.py (계속)

```python
from __future__ import annotations
from typing import Tuple, List
from chromosome import Chromosome
from genetic_algorithm import GeneticAlgorithm
from random import randrange, random
from copy import deepcopy


class SimpleEquation(Chromosome):
    def __init__(self, x: int, y: int) -> None:
        self.x: int = x
        self.y: int = y
```

```python
    def fitness(self) -> float: # 6x - x^2 + 4y - y^2
        return 6 * self.x - self.x * self.x + 4 * self.y - self.y * self.y

    @classmethod
    def random_instance(cls) -> SimpleEquation:
        return SimpleEquation(randrange(100), randrange(100))

    def crossover(self, other: SimpleEquation) -> Tuple[SimpleEquation,
     SimpleEquation]:
        child1: SimpleEquation = deepcopy(self)
        child2: SimpleEquation = deepcopy(other)
        child1.y = other.y
        child2.y = self.y
        return child1, child2

    def mutate(self) -> None:
        if random() > 0.5: # x를 돌연변이한다.
            if random() > 0.5:
                self.x += 1
            else:
                self.x -= 1
        else: # 그렇지 않으면 y를 돌연변이한다.
            if random() > 0.5:
                self.y += 1
            else:
                self.y -= 1

    def __str__(self) -> str:
        return f"X: {self.x} Y: {self.y} 적합도: {self.fitness()}"
```

SimpleEquation 클래스는 Chromosome 클래스를 상속받으며, 말 그대로 간단한 방정식을 푼다. SimpleEquation 클래스에서 염색체 유전자는 x와 y로 생각할 수 있다. fitness() 메서드는 방정식 $6x - x^2 + 4y - y^2$에서 x와 y를 계산한다. x와 y 값이 클수록 GeneticAlgorithm 클래스에 따라 염색체 개체의 적합도가 더 높아진다. 예제에서는 x와 y 값이 0에서 100 사이의 임의 정수로 설정된다. random_instance() 메서드는 새 SimpleEquation 클래스를 이러한 값으로 인스턴스화한다. crossover() 메서드에서 한 SimpleEquation 인스턴스를 다른 인스턴스와 결합하기 위해 단순히 두 인스턴스의 y 값을 바꿔[swap] 두 자식을 만든다. mutate() 메서드는 x 또는 y를 무작위로 증가 또는 감소시킨다.

SimpleEquation 클래스는 Chromosome 클래스를 상속받기 때문에 유전 알고리즘인 GeneticAlgorithm 클래스의 메서드를 사용할 수 있다.

예제 5-10 simple_equation.py (계속)

```python
if __name__ == "__main__":
    initial_population: List[SimpleEquation] = [SimpleEquation.random_instance()
     for _ in range(20)]
    ga: GeneticAlgorithm[SimpleEquation] = GeneticAlgorithm(initial_
      population=initial_population, threshold=13.0, max_generations=100,
      mutation_chance=0.1, crossover_chance=0.7)
    result: SimpleEquation = ga.run()
    print(result)
```

여기서 사용된 매개변수는 추측과 확인을 통해 얻은 것이다. 다른 매개변숫값을 사용할 수도 있다. 임곗값(threshold)은 13으로 설정한다. $x = 3$이고, $y = 2$일 때 방정식의 값이 13이라는 것을 이미 알고 있기 때문이다.

만일 사전에 답을 알지 못했다면 몇 세대에 걸쳐 최상의 결과를 찾아야 한다. 이 경우 임의로 많은 수의 임곗값을 설정하게 된다. 유전 알고리즘은 확률적이므로 모든 실행 결과는 다르다는 것을 명심해야 한다.

다음은 유전 알고리즘이 아홉 세대에 걸쳐 방정식을 풀어낸 실행 결과의 일부다.

```
세대 0 최상 -349 평균 -6112.3
세대 1 최상 4 평균 -1306.7
세대 2 최상 9 평균 -288.25
세대 3 최상 9 평균 -7.35
세대 4 최상 12 평균 7.25
세대 5 최상 12 평균 8.5
세대 6 최상 12 평균 9.65
세대 7 최상 12 평균 11.7
세대 8 최상 12 평균 11.6
X: 3 Y: 2 적합도: 13
```

앞에서 편미분을 취해 도출한 결과 $x = 3$, $y = 2$와 같다. 대부분의 세대에서 답에 가까운 결과를 볼 수 있다.

유전 알고리즘은 다른 해결 방법보다 더 많은 계산이 필요하다는 것을 고려해야 한다. 현실에서는 이러한 단순 최대화 문제에 유전 알고리즘을 잘 적용할 수 없다. 여기에서는 유전 알고리즘이 효과가 있음을 살펴보기 위해 간단한 예를 살펴봤다.

5.4 SEND+MORE=MONEY 다시 보기

3장에서 제약 만족 프레임워크를 사용하여 고전 암호 해독 문제인 SEND+MORE=MONEY를 해결했다. 무슨 문제인지 다시 살펴보려면 3장의 설명을 참조하라. 여기에서는 유전 알고리즘을 통해 합리적인 시간 내에 해결할 수 있다는 것을 보여줄 것이다.

유전 알고리즘 솔루션에 대한 문제를 공식화하는 데 있어서 가장 큰 어려움 중 하나는 공식을 어떻게 표현할지 결정하는 것이다. 암호 연산 문제를 나타내는 데 편리한 표현은 리스트 인덱스를 숫자로 사용하는 것이다.[3] 따라서 가능한 10자리(0, 1, 2, 3, 4, 5, 6, 7, 8, 9)를 나타내기 위해 10개의 항목 리스트가 필요하다. 문제 내에서 검색할 문자를 다른 곳으로 이동시킬 수 있다. 예를 들어 문제에 대한 답이 숫자 4를 나타내는 문자 E를 포함한다면 list[4] = "E"다. SEND+MORE=MONEY에는 8개의 고유 문자(S, E, N, D, M, O, R, Y)가 있으며, 배열의 마지막 두 항목은 공백으로 남겨둔다. 공백은 문자가 없음을 의미한다.

SEND+MORE=MONEY 문제를 나타내는 염색체는 SendMoreMoney2 클래스로 나타냈다. fitness() 메서드가 3장에서 살펴본 SendMoreMoneyConstraint 클래스의 satisfied() 메서드와 얼마나 비슷한지 살펴보자.

예제 5-11 send_more_money2.py

```
from __future__ import annotations
from typing import Tuple, List
from chromosome import Chromosome
from genetic_algorithm import GeneticAlgorithm
from random import shuffle, sample
from copy import deepcopy
```

....

3 레자 아바시안과 마수드 마즐룸의 「병렬 유전 알고리즘을 이용한 암호 해독 문제 해결(Solving Cryptarithmetic Problems Using Parallel Genetic Algorithm)」, 2009 Second International Conference on Computer and Electrical Engineering(제 2회 컴퓨터 및 전기 공학 국제 학술 컨퍼런스, 2009). http://mng.bz/RQ7V

```python
class SendMoreMoney2(Chromosome):
    def __init__(self, letters: List[str]) -> None:
        self.letters: List[str] = letters

    def fitness(self) -> float:
        s: int = self.letters.index("S")
        e: int = self.letters.index("E")
        n: int = self.letters.index("N")
        d: int = self.letters.index("D")
        m: int = self.letters.index("M")
        o: int = self.letters.index("O")
        r: int = self.letters.index("R")
        y: int = self.letters.index("Y")
        send: int = s * 1000 + e * 100 + n * 10 + d
        more: int = m * 1000 + o * 100 + r * 10 + e
        money: int = m * 10000 + o * 1000 + n * 100 + e * 10 + y
        difference: int = abs(money - (send + more))
        return 1 / (difference + 1)

    @classmethod
    def random_instance(cls) -> SendMoreMoney2:
        letters = ["S", "E", "N", "D", "M", "O", "R", "Y", " ", " "]
        shuffle(letters)
        return SendMoreMoney2(letters)

    def crossover(self, other: SendMoreMoney2) -> Tuple[SendMoreMoney2,
      SendMoreMoney2]:
        child1: SendMoreMoney2 = deepcopy(self)
        child2: SendMoreMoney2 = deepcopy(other)
        idx1, idx2 = sample(range(len(self.letters)), k=2)
        l1, l2 = child1.letters[idx1], child2.letters[idx2]
        child1.letters[child1.letters.index(l2)], child1.letters[idx2] = child1.
          letters[idx2], l2
        child2.letters[child2.letters.index(l1)], child2.letters[idx1] = child2.
          letters[idx1], l1
        return child1, child2

    def mutate(self) -> None:  # 두 문자의 위치를 스왑한다(바꾼다).
        idx1, idx2 = sample(range(len(self.letters)), k=2)
        self.letters[idx1], self.letters[idx2] = self.letters[idx2], self.
          letters[idx1]

    def __str__(self) -> str:
        s: int = self.letters.index("S")
        e: int = self.letters.index("E")
```

```
n: int = self.letters.index("N")
d: int = self.letters.index("D")
m: int = self.letters.index("M")
o: int = self.letters.index("O")
r: int = self.letters.index("R")
y: int = self.letters.index("Y")
send: int = s * 1000 + e * 100 + n * 10 + d
more: int = m * 1000 + o * 100 + r * 10 + e
money: int = m * 10000 + o * 1000 + n * 100 + e * 10 + y
difference: int = abs(money - (send + more))
return f"{send} + {more} = {money} 차이: {difference}"
```

3장의 satisfied() 메서드와 이 장의 fitness() 메서드는 큰 차이가 있다. 여기서는 1 / (difference + 1)을 반환한다. difference는 MONEY와 SEND+MORE 차이의 절댓값이다. 이것은 염색체가 문제를 해결하는 데 얼마나 멀리 떨어져 있는지 보여준다. fitness() 메서드에서 값을 최소화하는 경우 difference를 자체적으로 반환하는 것이 좋다. 그러나 GeneticAlgorithm에서 fitness() 메서드의 가치를 극대화하기 위해서는 이를 뒤집을 필요가 있다(작은 값을 큰 값처럼 보이게 한다). 때문에 1을 difference로 나눈다. 1이 먼저 difference에 더해지므로 difference가 0이면 fitness() 메서드는 0이 아니라 1이 된다. [표 5-1]은 fitness() 메서드 구현 동작을 보여준다.

표 5-1 방정식 1 / (difference + 1)에서 최대화 적합도(fitness)를 산출하는 방법

difference	difference + 1	fitness(1 / (difference + 1))
0	1	1
1	2	0.5
2	3	0.25
3	4	0.125

차이가 작을수록 좋고, 적합도가 높을수록 좋다는 것을 기억해야 한다. 위 수식은 두 요소를 일렬로 표시하므로 잘 작동한다. 1을 적합도로 나누는 것은 최소화 문제를 최대화 문제로 변환하는 간단한 방법이다. 그러나 이 방법에는 편향[bias]이 있어서 절대로 안전한 방법은 아니다.[4]

----

4 1을 정수의 균일 분포(uniform distribution)로 나누는 경우 1에 가까운 숫자보다 0에 가까운 숫자가 더 많이 생길 수 있다. 즉, 일반적인 마이크로프로세서가 부동소수점수를 해석하는 미묘한 방식에 따라 예기치 않은 결과가 발생할 수 있다. 최소화 문제를 최대화 문제로 변환하는 다른 방법은 단순히 부호를 뒤집는 것이다(양수를 음수로 만든다). 그러나 이것은 결괏값이 모두 양수인 경우에만 작동한다.

random_instance( )는 random 모듈의 shuffle( ) 함수를 사용한다. crossover( )는 두 염색체의 letters 리스트에서 두 개의 무작위 인덱스를 선택하고, 문자를 스왑한다. 그래서 두 번째 염색체의 같은 위치에서 첫 번째 염색체의 문자로 끝나고, 그 반대도 마찬가지다. 자식에서 이러한 스왑을 수행하여 문자가 배치되고, 결국 이것은 부모의 조합이 된다. mutate( ) 메서드는 letters 리스트에서 임의의 두 위치를 스왑한다.

앞서 SimpleEquation 클래스를 연결한 것처럼 SendMoreMoney2 클래스를 GeneticAlgorithm 클래스에 쉽게 연결할 수 있다. 그러나 이것은 상당히 어려운 문제이며 매개변수가 잘 조정되지 않으면 실행시간이 오래 걸린다는 점을 염두에 두어야 한다. 그리고 올바른 결과를 얻었다 할지라도 여전히 일부 임의성이 존재한다! 이 문제는 몇 초 또는 몇 분 안에 해결될 수도 있다. 불행히도 이것이 유전 알고리즘의 본질이다.

예제 **5-12** send_more_money2.py(계속)

```
if __name__ == "__main__":
    initial_population: List[SendMoreMoney2] = [SendMoreMoney2.random_instance()
    for _ in range(1000)]
    ga: GeneticAlgorithm[SendMoreMoney2] = GeneticAlgorithm(initial_population=
    initial_population, threshold=1.0, max_generations = 1000, mutation_chance =
    0.2, crossover_chance = 0.7, selection_type=GeneticAlgorithm.SelectionType.
    ROULETTE)
    result: SendMoreMoney2 = ga.run()
    print(result)
```

다음 출력은 세대마다 1,000개의 개체를 사용하여 3세대에서 문제를 해결한 실행 결과다. GeneticAlgorithm 클래스의 구성 가능한 매개변수를 살펴보고, 더 적은 수의 개체로 유사한 결과를 얻을 수 있는지 확인해보자. 토너먼트 선택보다 룰렛 선택이 더 효과가 있을까?

```
세대 0 최상 0.0040650406504065045 평균 8.854014252391551e-05
세대 1 최상 0.16666666666666666 평균 0.001277329479413134
세대 2 최상 0.5 평균 0.014920889170684687
8324 + 913 = 9237 차이: 0
```

결과는 SEND = 8324, MORE = 913, MONEY = 9237이다. 왜 이런 결과가 나왔을까? 결과에서 문자가 누락된 것처럼 보인다. M = 0인 경우 3장의 제약 충족 문제에서는 이에 대한 여러 가지 해결책이 있었다. 실제로 MORE는 0913이고, MONEY는 09237이다. 0이 무시되었다.

5.5 최적화 리스트 압축

압축하려는 정보가 있다고 가정하자. 리스트로 구성되어 있으며, 모든 항목이 손상되지 않는 한 항목 순서는 신경 쓰지 않는다. 어떤 항목의 순서가 압축 비율을 최대화할까? 항목의 순서가 대부분의 압축 알고리즘의 압축 비율에 영향이 있다는 것을 알고 있는가?

이에 대한 답은 압축 알고리즘에 따라 압축 비율이 다르다는 것이다. 여기에서는 파이썬 표준 라이브러리인 zlib 모듈의 compress() 함수를 사용한다. 이 예에서는 12개의 이름 리스트가 표시된다. 유전 알고리즘을 실행하지 않고 12개 이름에 대해 원래 표시된 순서대로 compress() 함수를 실행하면 압축된 결과는 165바이트가 된다.

예제 5-13 list_compression.py

```python
from __future__ import annotations
from typing import Tuple, List, Any
from chromosome import Chromosome
from genetic_algorithm import GeneticAlgorithm
from random import shuffle, sample
from copy import deepcopy
from zlib import compress
from sys import getsizeof
from pickle import dumps

# 165바이트 압축됨
PEOPLE: List[str] = ["Michael", "Sarah", "Joshua", "Narine", "David", "Sajid",
 "Melanie", "Daniel", "Wei", "Dean", "Brian", "Murat", "Lisa"]


class ListCompression(Chromosome):
    def __init__(self, lst: List[Any]) -> None:
        self.lst: List[Any] = lst

    @property
    def bytes_compressed(self) -> int:
        return getsizeof(compress(dumps(self.lst)))

    def fitness(self) -> float:
        return 1 / self.bytes_compressed

    @classmethod
    def random_instance(cls) -> ListCompression:
```

```
        mylst: List[str] = deepcopy(PEOPLE)
        shuffle(mylst)
        return ListCompression(mylst)

    def crossover(self, other: ListCompression) -> Tuple[ListCompression,
      ListCompression]:
        child1: ListCompression = deepcopy(self)
        child2: ListCompression = deepcopy(other)
        idx1, idx2 = sample(range(len(self.lst)), k=2)
        l1, l2 = child1.lst[idx1], child2.lst[idx2]
        child1.lst[child1.lst.index(l2)], child1.lst[idx2] = child1.lst[idx2], l2
        child2.lst[child2.lst.index(l1)], child2.lst[idx1] = child2.lst[idx1], l1
        return child1, child2

    def mutate(self) -> None: # 두 위치를 스왑한다.
        idx1, idx2 = sample(range(len(self.lst)), k=2)
        self.lst[idx1], self.lst[idx2] = self.lst[idx2], self.lst[idx1]

    def __str__(self) -> str:
        return f"순서: {self.lst} 바이트: {self.bytes_compressed}"


if __name__ == "__main__":
    initial_population: List[ListCompression] = [ListCompression.random_instance()
      for _ in range(100)]
    ga: GeneticAlgorithm[ListCompression] = GeneticAlgorithm(
      initial_population=initial_population, threshold=1.0,
      max_generations=100, mutation_chance=0.2, crossover_chance=0.7,
      selection_type=GeneticAlgorithm.SelectionType.TOURNAMENT)
    result: ListCompression = ga.run()
    print(result)
```

이 구현이 5.4절 'SEND+MORE=MONEY 다시 보기'와 얼마나 유사한지 살펴보자. 본질적으로 crossover( )와 mutate( ) 메서드는 같다. 두 가지 구현 모두 리스트 항목을 가져온 뒤 계속해서 재배열하고 이를 테스트하고 있다. 다양한 문제를 해결하는 제네릭 슈퍼클래스를 작성하여 두 문제 해결에 사용할 수 있다. 리스트에서 최적의 순서를 찾아야 하는 모든 문제는 같은 방식으로 해결할 수 있다. 유일하게 다른 부분은 서브클래스에서 각자의 적합도 메서드를 구현한 것이다.

list_compression.py를 실행하면 완료하는 데 시간이 오래 걸릴 수도 있다. 이 장에서 살펴본 이전 두 문제와는 달리 사전에 '올바른' 답변이 무엇인지 모르기 때문에 실제 임곗값이 없다. 대신 세대수와 각 세대의 개체수를 임의로 높게 설정하여 최상의 결과를 기다려야 한다. 12개의 이름을 재정렬하여 압축할 수 있는 최소 바이트는 얼마일까? 솔직히 말해서 이에 대한 답을 모른다. 이전 솔루션의 유전 알고리즘 설정을 사용하여 546세대 후에 발견한 최상의 결과는 159바이트의 압축된 12개의 이름 순서다.

원래 순서에 비해 6바이트를 절약했다(~4% 절약). 이것이 네트워크를 통해 여러 번 전송되는 훨씬 더 큰 목록이라면 더 많은 공간을 절약할 수도 있다. 이것이 인터넷을 통해 10,000,000번 전송되는 1MB 목록이라고 가정해보자. 유전 알고리즘이 압축을 위해 리스트 순서를 최적화하여 4%를 절약할 수 있다면 전송당 ~40KB, 총 400GB의 대역폭을 절약할 수 있다. 압축에 가장 가까운 최적의 순서를 찾기 위해 알고리즘을 한 번 실행할 가치가 있다.

가상의 1MB 리스트와 12개 이름에 대한 최적의 순서를 찾았는지 실제로 알 수 없다는 점을 고려해야 한다. 최적의 순서를 찾았는지 어떻게 알 수 있을까? 압축 알고리즘에 대해 깊이 이해하지 않은 이상 가능한 리스트의 모든 순서를 압축해야 한다. 12개 항목에 대한 리스트의 경우 479,001,600(12!)개의 가능한 순서가 있다. 궁극적인 해결책이 실제로 최적인지 여부를 모르더라도 최적의 솔루션을 찾으려고 하는 유전 알고리즘을 사용하는 것이 더 적합하다.

5.6 유전 알고리즘에 대한 도전

유전 알고리즘은 만병통치약이 아니다. 실제로 문제의 대부분에 적합하지 않다. 빠른 결정론적deterministic 알고리즘이 존재하는 문제에 대해 유전 알고리즘은 의미가 없다. 확률적 특성으로 인해 실행시간을 예측할 수 없다. 이 문제를 해결하기 위해 특정 세대까지만 실행할 수 있다. 그러나 최적의 솔루션을 찾았는지 확실하게 알 수 없다.

알고리즘에서 가장 인기 있는 저자인 스티븐 스키나Steven Skiena는 다음과 같이 말했다.

> 유전 알고리즘으로 잘 해결할 수 있는 문제를 경험한 적이 없다. 또한 유전 알고리즘을 사용하여 일반적으로 보고된 계산 결과를 본 적이 없다.[5]

---

[5] 스티븐 스키나의 『The Algorithm Design Manual, 2nd edition』(스프링거, 2009), 267쪽

스키나의 의견은 다소 극단적이다. 그러나 유전 알고리즘은 더 나은 솔루션이 존재하지 않는다고 확신할 때만 선택해야 한다는 사실을 나타낸다. 유전 알고리즘의 또 다른 문제는 염색체로 문제에 대한 잠재적 솔루션을 나타내는 방법을 결정하는 것이다. 전통적인 관행은 대부분의 문제를 이진 문자열(0과 1의 시퀀스, 원시 비트)로 표현하는 것이다. 이것은 공간 측면에서 최적이며, 크로스오버 메서드를 쉽게 구현할 수 있다. 그러나 대부분의 복잡한 문제는 나눌 수 있는 비트 문자열로 쉽게 표현되지 않는다.

또 다른 문제는 룰렛휠 선택 방법이다. 적합도 비례 선택이라고 부르는 룰렛휠 선택은 선택이 실행될 때마다 상대적으로 적합한 개체의 우위로 인해 집단의 다양성 부족을 초래할 수 있다. 반면 적합도값이 서로 비슷하다면 룰렛휠 선택은 선택 압력[6]이 부족할 수 있다. 또한 이 장의 룰렛휠 선택은 5.3절 '간단한 방정식'의 예에서와 같이 적합도가 음숫값이 될 수 있는 문제에는 적용되지 않는다.

요약하면, 유전 알고리즘을 사용할 만큼 충분히 큰 문제에 대해 제네릭 알고리즘은 예측 가능한 시간 내에 최적의 솔루션을 찾을 수 없다. 이러한 이유로 유전 알고리즘은 최적의 솔루션을 요구하지 않고 '충분히 좋은' 솔루션을 요구하는 상황에서 가장 잘 활용할 수 있다. 유전 알고리즘은 구현하기 쉽지만, 설정 가능한 매개변수를 조정하면서 많은 시행착오를 겪는다.

5.7 적용사례

스키나의 의견에도 불구하고 유전 알고리즘은 많은 문제에 효과적으로 사용된다. 제약 충족 문제와 같은 기존 방법으로 해결할 수 없는 아주 큰 문제와 같이 완벽한 최적의 솔루션이 필요 없는 어려운 문제에 자주 사용된다. 한 예로 복잡한 스케줄링 문제가 있다.

유전 알고리즘은 전산 생물학에서 많이 활용되었다. 수용체receptor에 결합될 때 소분자small molecule의 구성을 찾는 단백질-리간드 결합protein-ligand docking에 성공적으로 사용했다. 이는 제약 연구 및 자연 메커니즘을 더 잘 이해하는 데 사용된다.

9장에서 살펴볼 외판원 문제Traveling Salesman Problem는 컴퓨터 과학에서 가장 유명한 문제 중 하나다. 판매원이 모든 도시를 정확히 한 번 방문하고, 출발지로 다시 오는 가장 짧은 경로를 찾

---

6 A.E. 에이빈과 J.E. 스미스의 『Introduction to Evolutionary Computation, 2nd edition』(스프링거, 2015), 80쪽

는 것이다. 4장의 최소 신장 트리처럼 보일 수 있지만 엄연히 다르다. 외판원 문제에서 솔루션은 모든 도시를 방문하는 비용을 최소화하는 사이클이지만, 최소 신장 트리는 모든 도시를 연결하는 비용을 최소화하는 트리다. 최소 신장 트리를 순회하는 사람은 모든 도시에 도달하기 위해 같은 도시를 두 번 방문해야 할 수도 있다. 외판원 문제와 최소 신장 트리 문제가 비슷하게 보일지라도 외판원 문제는 해결책을 찾는 합리적인 시간이 정해진 알고리즘이 없다. 유전 알고리즘은 짧은 시간 내에 차선책이지만 꽤 좋은 해결책을 찾는다. 유전 알고리즘은 상품의 효율적인 유통 시스템에 널리 사용된다. 예를 들어 페덱스 및 UPS 트럭 발송지는 소프트웨어를 사용하여 매일 외판원 문제를 해결한다. 문제를 해결하는 데 도움 되는 알고리즘은 다양한 산업에서 비용을 절감할 수 있다.

컴퓨터 제너레이티드 아트 $^{computer-generated\ art}$(컴퓨터로 생성된 아트, CGA)에서 유전 알고리즘은 확률을 사용하여 사진을 모방하는 데 사용한다. 화면에 무작위로 배치된 50개의 다각형이 한 사진에 최대한 가깝게 일치할 때까지 점차적으로 비틀어지고, 회전하고, 이동하고, 크기가 조정되고, 색상이 변한다고 상상해보자. 결과는 추상 예술인의 작품 또는 더 많은 각도 모양이 사용되는 경우 스테인드글라스 윈도우처럼 보인다.

유전 알고리즘은 진화 연산 $^{evolutionary\ computation}$이라고 하는 더 큰 분야의 일부다. 유전 알고리즘과 밀접한 관련이 있는 진화 연산의 한 영역은 **유전 프로그래밍**인데, 여기에서 프로그램은 선택, 크로스오버 및 돌연변이 연산을 사용하여 프로그래밍 문제에 대한 명백한 해결책을 찾기 위해 스스로 설정을 수정한다. 유전 프로그래밍은 널리 사용되는 기술은 아니지만, 프로그램이 스스로 작성되는 미래를 상상해보자.

유전 알고리즘의 장점은 쉽게 병렬화할 수 있다는 것이다. 가장 명백한 형태로 각 모집단을 별도의 프로세서에서 시뮬레이션할 수 있다. 가장 세분화된 형태로 각 개체는 변이 및 교차될 수 있고, 분리된 스레드에서 개체의 적합도를 계산할 수 있다. 또한 그 사이에는 많은 가능성이 존재한다.

5.8 연습문제

1. 체감 확률 $^{diminishing\ probability}$을 기반으로 때로는 두 번째 혹은 세 번째로 가장 좋은 염색체를 선택할 수 있는 고급 토너먼트 선택 유형을 GeneticAlgorithm 클래스에 추가하라.

2. 3장의 제약 충족 문제 프레임워크에 유전 알고리즘을 사용하여 임의의 제약 충족 문제를 해결하는 새로운 메서드를 추가하라. 적합도의 가능한 측정은 염색체에 의해 해결되는 제약 조건의 수다.

3. Chromosome 클래스를 상속받는 BitString 클래스를 생성하라. 비트 문자열에 대해서는 1장을 참조한다. 그리고 새로 생성한 클래스를 사용하여 5.3절 '간단한 방정식' 문제를 해결하라. 문제를 어떻게 비트 문자열로 인코딩할 수 있을까?

k-평균 군집화

인류는 사회적으로 의미 있는 데이터를 오늘날보다 더 많이 가지고 있었던 적은 없다. 컴퓨터는 수많은 데이터셋을 저장하지만 사람이 이 데이터셋을 분석하기 전까지는 사회에 가치가 전혀 없다. 컴퓨터 기술은 데이터셋에서 의미를 도출하는 길잡이 역할을 한다.

군집화(클러스터링clustering**)**는 데이터셋을 포인트(의미 또는 점) 단위의 그룹으로 나누는 컴퓨터 기술이다. 성공적인 군집화는 서로 관련된 포인트를 포함하는 그룹을 생성한다. 이러한 관계가 의미 있는지에 대해서는 일반적으로 사람의 검증이 필요하다.

군집화에서 데이터 포인트가 속한 그룹(**군집** 또는 **클러스터**cluster라고 함)은 미리 결정되지 않고, 군집화 알고리즘 실행 중에 결정된다. 실제로 알고리즘은 가정된 정보에 따라 임의의 특정 데이터 포인트를 임의의 특정 군집(클러스터)에 배치하지 않는다. 이러한 이유로 군집화는 머신 러닝 영역에서 **감독되지 않은**unsupervised 방법으로 간주한다. **감독되지 않는다**는 것은 **예지에 의해 데이터가 배치되지 않는다**not guided by foreknowledge는 의미로 생각할 수 있다.

군집화는 데이터셋의 구조에 대해 알고 싶은데, 데이터 구성 요소를 미리 알지 못하는 경우에 유용한 기술이다. 예를 들어 식료품 가게를 소유하고 있고, 고객 및 거래에 대한 데이터를 수집한다고 가정해보자. 더 많은 고객을 끌어들이기 위해 요일별 모바일 광고를 기획하려고 한다. 젊은 고객이 화요일에 쇼핑을 선호하는 군집을 찾았다고 한다면 이러한 정보를 사용하여 해당 요일에 젊은 고객을 타깃으로 하는 광고를 할 수 있다.

6.1 준비 운동

군집화 알고리즘은 몇 가지 기본 통계 요소(평균, 표준편차 등)가 필요하다. 파이썬 3.4부터 표준 라이브러리는 statistics 모듈에 여러 유용한 통계 기본 요소를 제공한다. 이 책은 표준 라이브러리를 사용한다. NumPy(넘파이)와 같이 숫자를 다루는 더 많은 외부 라이브러리가 성능이 중요한 애플리케이션(특히 빅데이터를 다루는 애플리케이션)에 활용되어야 한다는 점을 유념해야 한다.

간결함을 위해 이 장에서 다루는 데이터셋의 요소는 모두 부동소수점 타입으로 표현하며, 주로 부동소수점 타입의 리스트와 튜플을 사용한다. 통계의 기본 요소인 sum( ), mean( ), pstdev( ) 함수(합계, 평균, 표준편차)는 파이썬 표준 라이브러리에 정의되어 있다. 이 함수들의 정의는 통계 교과서에서 찾을 수 있는 공식을 따른다. 또한 z점수$^{z-score}$를 계산하는 함수가 필요하다.

예제 6-1 kmeans.py

```python
from __future__ import annotations
from typing import TypeVar, Generic, List, Sequence
from copy import deepcopy
from functools import partial
from random import uniform
from statistics import mean, pstdev
from dataclasses import dataclass
from data_point import DataPoint


def zscores(original: Sequence[float]) -> List[float]:
    avg: float = mean(original)
    std: float = pstdev(original)
    if std == 0: # 변화 차이가 없으면 모두 0으로 반환된다.
        return [0] * len(original)
    return [(x - avg) / std for x in original]
```

TIP pstdev( ) 함수는 모집단(population)의 표준편차를 찾고, stdev( ) 함수는 표본(sample)의 표준편차를 찾는다. 이 책에서는 pstdev( ) 함수만 사용한다.

zscores( ) 함수는 부동소수점 시퀀스의 모든 숫자에 z점수를 적용하여 부동소수점 리스트로 변환한다. 이 장 뒷부분에서 z점수를 더 자세히 설명한다.

모든 군집화 알고리즘은 데이터 포인트와 함께 작동하며, k-평균 구현도 예외는 아니다. 먼저 DataPoint 클래스에서 공통 인터페이스를 정의한다.

예제 6-2 data_point.py

```python
from __future__ import annotations
from typing import Iterator, Tuple, List, Iterable
from math import sqrt


class DataPoint:
    def __init__(self, initial: Iterable[float]) -> None:
        self._originals: Tuple[float, ...] = tuple(initial)
        self.dimensions: Tuple[float, ...] = tuple(initial)

    @property
    def num_dimensions(self) -> int:
        return len(self.dimensions)

    def distance(self, other: DataPoint) -> float:
        combined: Iterator[Tuple[float, float]] = zip(self.dimensions,
         other.dimensions)
        differences: List[float] = [(x - y) ** 2 for x, y in combined]
        return sqrt(sum(differences))

    def __eq__(self, other: object) -> bool:
        if not isinstance(other, DataPoint):
            return NotImplemented
        return self.dimensions == other.dimensions

    def __repr__(self) -> str:
        return self._originals.__repr__()
```

모든 데이터 포인트는 같은 타입의 다른 데이터 포인트와 비교할 수 있어야 하고(__eq__( ) 메서드), 디버깅 출력을 위해 사람이 읽을 수 있어야 한다(__repr__( ) 메서드). 모든 데이터 포인트 타입은 일정 수의 차원을 가지고 있다(num_dimensions 프로퍼티). 튜플의 dimensions는 각 차원^{dimensions}의 실젯값을 부동소수점으로 저장한다. __init__( ) 메서드는 필요한 차원에 대해 반복 가능한 값을 사용한다. 이 차원은 나중에 k-평균에 의해 z점수로 바뀌므로 나중에 출력할 수 있도록 초깃값의 복사본을 _originals 변수에 보관한다.

k-평균을 살펴보기 전에 같은 타입의 두 데이터 포인트 사이의 거리를 계산하는 방법을 알아야 한다. 거리를 계산하는 방법은 여러 가지가 있지만 k-평균에 가장 일반적으로 사용하는 방법은 유클리드 거리$^{Euclidean\ distance}$다. 초등학교 수학시간에서 배운 피타고라스 정리$^{Pythagorean\ theorem}$에서 도출할 수 있는 가장 친숙한 거리 공식이다. 2장에서 이러한 공식을 사용하여 2차원 공간에 대한 공식을 도출하고, 미로 내 두 위치 사이의 거리를 찾는 데 사용했다. DataPoint 클래스는 여러 차원을 포함할 수 있으므로 조금 더 정교하게 구현해야 한다.

위 코드의 distance( ) 메서드는 컴팩트하며, 여러 차원의 DataPoint 타입과 함께 작동한다. zip( ) 함수의 호출은 두 포인트의 각 차원 쌍으로 채워진 튜플을 시퀀스로 결합한다. 리스트 컴프리헨션은 각 차원의 각 점과 해당 제곱값 간의 차이를 찾는다(differences 변수). sum( ) 함수는 값을 모두 더한다. distance( ) 메서드로 반환되는 최종 값은 이 합의 제곱근이다(sqrt( ) 함수).

6.2 k-평균 군집화 알고리즘

k-평균은 각 포인트의 군집 중심까지 상대 거리에 따라 데이터 포인트를 미리 정의된 특정수의 군집으로 그룹화하는 군집화 알고리즘이다. 모든 k-평균 과정에서 모든 데이터 포인트와 군집의 모든 **중심**^{centroid} 사이의 거리를 계산한다. 중심이 가장 가까운 군집에 포인트가 지정된다. 그런 다음 알고리즘은 모든 중심을 다시 계산하여 각 군집에 할당된 포인트의 평균을 찾고, 이전 중심을 새로운 평균^{mean}으로 바꾼다. 포인트를 지정하고 중심을 다시 계산하는 과정은 중심이 움직이지 않거나 일정한 반복이 발생할 때까지 계속 된다.

k-평균에 제공된 초기 포인트의 각 차원은 비슷해야 한다. 그렇지 않을 경우 k-평균은 가장 큰 차이를 가진 차원을 기반으로 한 군집화 쪽으로 기울어진다. 서로 다른 타입의 데이터(이 경우 다른 차원)를 비교하는 프로세스를 **정규화**^{normalization}라고 한다. 데이터를 일반화하는 한 가지 일반적인 방법은 동일한 타입의 다른 값과 비교하여 **z점수**(**표준 점수**라고도 함)를 기준으로 각 값을 평가하는 것이다. z점수는 값을 가져와서 모든 값의 평균을 빼고, 그 결과를 모든 값의 표준편차로 나누어 계산한다. 앞 절 시작부분의 zscores( ) 함수는 반복 가능한 부동소수점의 모든 값에 이 작업을 수행한다.

k-평균에서 제일 어려운 점은 초기 중심을 할당하는 방법을 선택하는 것이다. 이 책에서 구현할 알고리즘의 가장 기본적인 형태에서 초기 중심은 데이터 범위 내에 무작위로 배치된다. 또 다른 어려운 점은 데이터를 몇 개의 군집으로 나눠야 하는지 결정하는 것이다(k-평균의 k). 고전 알고리즘에서 이 숫자는 사용자에 의해 결정되지만, 사용자는 올바른 숫자를 모를 수 있다. 이는 약간의 실험이 필요할 수 있다. 여기서는 사용자가 k를 정의하도록 할 것이다.

k-평균 군집화 알고리즘의 이러한 모든 단계와 고려사항을 종합하면 다음과 같다.

1 모든 데이터 포인트와 k개의 빈 군집을 초기화한다.
2 모든 데이터 포인트를 정규화한다.
3 각 군집과 관련된 임의의 중심을 만든다.
4 각 데이터 포인트를 가장 가까운 중심의 군집에 할당한다.
5 각 중심을 다시 계산하여 그것이 연관된 군집의 중심(평균)이 되도록 한다.
6 최대 반복 횟수에 도달하거나 중심이 움직이지 않을 때까지(수렴 : convergence, 한 점으로 집합됨) 과정 4, 5를 반복한다.

개념적으로 k-평균은 매우 간단하다. 각 반복에서 모든 데이터 포인트는 군집의 중심에서 가장 가까운 군집과 연관된다. 새로운 점이 군집과 연관되면 중심은 이동한다. [그림 6-1]은 이러한 과정을 설명한다.

그림 6-1 임의의 데이터셋에서 3세대를 통해 실행되는 k-평균의 예. 별은 중심을 나타낸다. 색상과 모양은 (변경되는) 멤버십을 나타낸다.

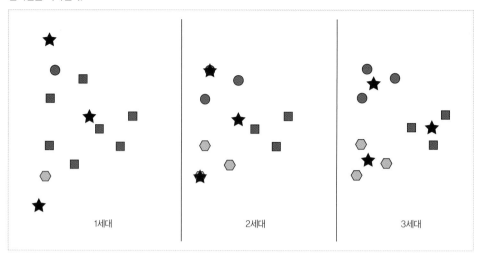

우리는 상태 유지와 알고리즘 실행이 5장의 GeneticAlgorithm과 유사하도록 클래스를 구현할 것이다. 다시 kmeans.py 파일로 돌아와서 계속 구현해보자.

예제 6-3 kmeans.py (계속)

```python
Point = TypeVar('Point', bound=DataPoint)

class KMeans(Generic[Point]):
    @dataclass
    class Cluster:
        points: List[Point]
        centroid: DataPoint
```

KMeans는 제네릭 클래스다. Point 타입에 의해 정의된 DataPoint 혹은 DataPoint 서브클래스와 함께 작동한다. Cluster 내부 클래스는 개별 군집을 추적하는 데이터 클래스다. 각 군집은 데이터 포인트와 그것과 관련된 중심이 있다.

외부 클래스의 __init__( ) 메서드를 살펴보자.

```python
    def __init__(self, k: int, points: List[Point]) -> None:
        if k < 1: # k-평균은 음수 또는 0인 군집에는 동작하지 않는다.
            raise ValueError("k must be >= 1")
        self._points: List[Point] = points
        self._zscore_normalize()
        # 임의의 중심으로 빈 군집을 초기화한다.
        self._clusters: List[KMeans.Cluster] = []
        for _ in range(k):
            rand_point: DataPoint = self._random_point()
            cluster: KMeans.Cluster = KMeans.Cluster([], rand_point)
            self._clusters.append(cluster)

    @property
    def _centroids(self) -> List[DataPoint]:
        return [x.centroid for x in self._clusters]
```

KMeans 클래스에는 _points 리스트가 있다. 이것은 데이터셋의 모든 포인트다. 포인트는 군집으로 나누어지며, 적절한 _clusters 변수에 저장된다. KMeans 클래스가 인스턴스화될 때는 생성할 군집 수(k)를 알아야 한다. 모든 군집에는 처음 임의의 중심이 있다. 알고리즘에 사용될 모든 데이터 포인트는 z점수로 정규화한다. 계산된 _centroids 속성은 군집과 관련된 모든 중심을 반환한다.

예제 6-5 kmeans.py (계속)

```python
    def _dimension_slice(self, dimension: int) -> List[float]:
        return [x.dimensions[dimension] for x in self._points]
```

_dimension_slice()는 데이터 열을 반환하는 헬퍼 메서드다. 모든 데이터 포인트의 특정 인덱스에서 구성된 리스트를 반환한다. 예를 들어 데이터 포인트가 DataPoint 타입인 경우 _dimension_slice(0)은 모든 데이터 포인트의 첫 번째 차원의 값 리스트를 반환한다. 이것은 다음 정규화 메서드에서 유용하게 사용된다.

예제 **6-6** kmeans.py (계속)

```python
def _zscore_normalize(self) -> None:
    zscored: List[List[float]] = [[] for _ in range(len(self._points))]
    for dimension in range(self._points[0].num_dimensions):
        dimension_slice: List[float] = self._dimension_slice(dimension)
        for index, zscore in enumerate(zscores(dimension_slice)):
            zscored[index].append(zscore)
    for i in range(len(self._points)):
        self._points[i].dimensions = tuple(zscored[i])
```

_zscore_normalize( ) 메서드는 모든 데이터 포인트의 dimensions 튜플의 값을 z점수와 동등한 값으로 대체한다. 이것은 앞서 부동소수점 시퀀스를 정의한 zscores( ) 함수를 사용한다. dimensions 튜플의 값은 변경되지만 DataPoint 타입의 _original 튜플은 바뀌지 않는다. 이러한 두 튜플을 사용하면 알고리즘이 실행되고 정규화되기 전에 차원의 원본 값을 계속 검색할 수 있다.

예제 **6-7** kmeans.py (계속)

```python
def _random_point(self) -> DataPoint:
    rand_dimensions: List[float] = []
    for dimension in range(self._points[0].num_dimensions):
        values: List[float] = self._dimension_slice(dimension)
        rand_value: float = uniform(min(values), max(values))
        rand_dimensions.append(rand_value)
    return DataPoint(rand_dimensions)
```

위 _random_point( ) 메서드는 __init__( ) 메서드에서 각 군집의 초기 임의 중심을 만드는 데 사용된다. 각 포인트의 임의값이 기존 데이터 포인트의 값 범위 내에 있도록 제한한다. rand_dimensions 변수는 DataPoint 클래스의 __init__( ) 메서드에 전달되어 새 포인트를 생성한다.

데이터 포인트가 속한 적절한 군집을 찾는 방법을 살펴보자.

예제 **6-8** kmeans.py (계속)

```python
# 각 포인트에 가장 가까운 군집 중심을 찾아 해당 군집에 포인트를 할당한다.
def _assign_clusters(self) -> None:
```

```
    for point in self._points:
        closest: DataPoint = min(self._centroids, key=partial(DataPoint.distance,
         point))
        idx: int = self._centroids.index(closest)
        cluster: KMeans.Cluster = self._clusters[idx]
        cluster.points.append(point)
```

이 책에서 리스트의 최솟값을 찾거나 최댓값을 찾는 몇몇 메서드를 만들었다. 이 장에서도 별반 다른 게 없다. 이 경우 개별 포인트까지의 최소 거리인 군집 중심을 찾은 후 포인트를 해당 군집에 할당한다. 유일하게 까다로운 점은 min() 함수에서 인자로 사용되는 partial() 메서드다. 이 메서드는 함수를 취하고, 함수가 적용되기 전에 일부 매개변수를 함수에 제공한다. 우리는 DataPoint.distance() 메서드에서 other 매개변수로 계산 중인 포인트를 제공한다. 이 과정에서 각 중심의 포인트까지의 거리가 계산되고 최소 거리의 중심이 min() 함수에 의해 반환된다.

예제 6-9 kmeans.py (계속)

```
    # 각 군집의 중심을 찾아서 그곳으로 중심을 옮긴다.
    def _generate_centroids(self) -> None:
        for cluster in self._clusters:
            if len(cluster.points) == 0: # 포인트가 없으면 같은 중심으로 유지한다.
                continue
            means: List[float] = []
            for dimension in range(cluster.points[0].num_dimensions):
                dimension_slice: List[float] = [p.dimensions[dimension] for p in
                 cluster.points]
                means.append(mean(dimension_slice))
            cluster.centroid = DataPoint(means)
```

모든 포인트가 군집에 할당되면 새로운 중심이 계산된다. 여기에는 군집에 있는 모든 포인트의 각 차원의 평균을 계산하는 과정이 포함된다. 각 차원의 평균을 결합하여 군집에서 평균 포인트 $^{mean\ point}$를 찾아서 새로운 중심을 만든다. 특정 군집에 속하는 포인트는 모든 포인트의 부분집합이므로 여기에서 _dimension_slice() 메서드를 사용할 수 없다. _dimension_slice() 메서드를 어떻게 조금 더 제네릭하게 다시 만들 수 있을까?

이제 실제로 알고리즘을 실행하는 메서드를 살펴보자.

```python
    def run(self, max_iterations: int = 100) -> List[KMeans.Cluster]:
        for iteration in range(max_iterations):
            for cluster in self._clusters: # 모든 군집을 비운다.
                cluster.points.clear()
            self._assign_clusters() # 각 포인트에서 가장 가까운 군집을 찾는다.
            old_centroids: List[DataPoint] = deepcopy(self._centroids) # 중심을 복사
            self._generate_centroids() # 새로운 중심을 찾는다.
            if old_centroids == self._centroids: # 중심이 이동했는가?
                print(f"{iteration}회 반복 후 수렴")
                return self._clusters
        return self._clusters
```

run() 메서드는 원본 알고리즘의 가장 순수한 표현이다. 예상치 못한 알고리즘의 유일한 변경사항은 각 반복의 시작 부분에서 모든 포인트를 제거하는 것이다. 이렇게 하지 않으면 _assign_clusters() 메서드는 작성된 대로 각 군집에 중복 포인트를 두게 된다.

세 DataPoint 객체와 k를 2로 설정하여 간단한 테스트를 해보자.

예제 6-11 kmeans.py (계속)

```python
if __name__ == "__main__":
    point1: DataPoint = DataPoint([2.0, 1.0, 1.0])
    point2: DataPoint = DataPoint([2.0, 2.0, 5.0])
    point3: DataPoint = DataPoint([3.0, 1.5, 2.5])
    kmeans_test: KMeans[DataPoint] = KMeans(2, [point1, point2, point3])
    test_clusters: List[KMeans.Cluster] = kmeans_test.run()
    for index, cluster in enumerate(test_clusters):
        print(f"군집 {index}: {cluster.points}")
```

무작위성이 있어서 결과는 다를 수 있다. 예상 결과는 다음과 같다.

```
1회 반복 후 수렴
군집 0: [(2.0, 1.0, 1.0), (3.0, 1.5, 2.5)]
군집 1: [(2.0, 2.0, 5.0)]
```

6.3 나이와 경도에 따른 주지사 군집화

미국의 모든 주에는 주지사가 있다. 2017년 6월에 주지사의 나이 범위는 42세에서 79세 사이였다. 미국 동쪽에서 서쪽 경도별로 각 주를 보면 비슷한 나이의 주지사를 볼 수 있다. [그림 6-2]는 총 50명의 주지사 산점도^{scatter plot} 그래프다. x축은 경도^{longitude}고, y축은 주지사 나이^{age}다.

그림 6-2 경도 및 나이에 따른 주지사 산점도 그래프 (2017년 6월)

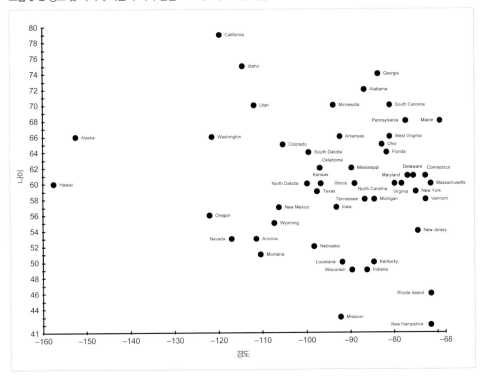

[그림 6-2]에 분명한 군집이 보이는가? 위 그림에서 축은 정규화되지 않았다. 대신 원시 데이터를 보고 있다. 군집이 분명한 경우 군집화 알고리즘이 필요하지 않다.

이 데이터셋을 k-평균으로 실행해보자. 그러려면 먼저 개별 데이터 포인트를 나타내는 방법이 필요하다.

```python
from __future__ import annotations
from typing import List
from data_point import DataPoint
from kmeans import KMeans


class Governor(DataPoint):
    def __init__(self, longitude: float, age: float, state: str) -> None:
        super().__init__([longitude, age])
        self.longitude = longitude
        self.age = age
        self.state = state

    def __repr__(self) -> str:
        return f"{self.state}: (경도: {self.longitude}, 나이: {self.age})"
```

Governor 클래스에는 경도(longitude)와 나이(age) 두 개의 차원이 있다. 출력을 위해 재정의된 _repr_( ) 메서드 외에 DataPoint 슈퍼클래스를 재정의하지 않는다. 아래와 같은 코드를 직접 입력하는 것은 짜증나는 일이므로 이 책에서 제공하는 소스 코드 저장소를 확인하여 아래 코드를 확인한다.

예제 6-13 governors.py (계속)

```python
if __name__ == "__main__":
    governors: List[Governor] = [Governor(-86.79113, 72, "Alabama"),
      Governor(-152.404419, 66, "Alaska"),
                  Governor(-111.431221, 53, "Arizona"), Governor(-92.373123, 66,
    "Arkansas"),
                  Governor(-119.681564, 79, "California"), Governor(-105.311104,
    65, "Colorado"),
                  Governor(-72.755371, 61, "Connecticut"), Governor(-75.507141, 61,
    "Delaware"),
                  Governor(-81.686783, 64, "Florida"), Governor(-83.643074, 74,
    "Georgia"),
                  Governor(-157.498337, 60, "Hawaii"), Governor(-114.478828, 75,
    "Idaho"),
                  Governor(-88.986137, 60, "Illinois"), Governor(-86.258278, 49,
    "Indiana"),
                  Governor(-93.210526, 57, "Iowa"), Governor(-96.726486, 60,
    "Kansas"),
```

                    Governor(-84.670067, 50, **"Kentucky"**), Governor(-91.867805, 50,
"Louisiana"),
                    Governor(-69.381927, 68, **"Maine"**), Governor(-76.802101, 61,
"Maryland"),
                    Governor(-71.530106, 60, **"Massachusetts"**), Governor(-84.536095,
58, **"Michigan"**),
                    Governor(-93.900192, 70, **"Minnesota"**), Governor(-89.678696, 62,
"Mississippi"),
                    Governor(-92.288368, 43, **"Missouri"**), Governor(-110.454353, 51,
"Montana"),
                    Governor(-98.268082, 52, **"Nebraska"**), Governor(-117.055374, 53,
"Nevada"),
                    Governor(-71.563896, 42, **"New Hampshire"**), Governor(-74.521011,
54, **"New Jersey"**),
                    Governor(-106.248482, 57, **"New Mexico"**), Governor(-74.948051, 59,
"New York"),
                    Governor(-79.806419, 60, **"North Carolina"**), Governor(-99.784012,
60, **"North Dakota"**),
                    Governor(-82.764915, 65, **"Ohio"**), Governor(-96.928917, 62,
"Oklahoma"),
                    Governor(-122.070938, 56, **"Oregon"**), Governor(-77.209755, 68,
"Pennsylvania"),
                    Governor(-71.51178, 46, **"Rhode Island"**), Governor(-80.945007, 70,
"South Carolina"),
                    Governor(-99.438828, 64, **"South Dakota"**), Governor(-86.692345,
58, **"Tennessee"**),
                    Governor(-97.563461, 59, **"Texas"**), Governor(-111.862434, 70,
"Utah"),
                    Governor(-72.710686, 58, **"Vermont"**), Governor(-78.169968, 60,
"Virginia"),
                    Governor(-121.490494, 66, **"Washington"**), Governor(-80.954453, 66,
"West Virginia"),
                    Governor(-89.616508, 49, **"Wisconsin"**), Governor(-107.30249, 55,
"Wyoming")]

k-평균에서 k를 2로 설정하여 실행한다.

예제 6-14 governors.py (계속)

```
kmeans: KMeans[Governor] = KMeans(2, governors)
gov_clusters: List[KMeans.Cluster] = kmeans.run()
for index, cluster in enumerate(gov_clusters):
    print(f"군집 {index}: {cluster.points}\n")
```

임의의 중심으로 시작하기 때문에 k-평균을 실행할 때마다 다른 군집이 반환될 수 있다. 군집이 실제로 관련되어 있는지 확인하려면 사람의 분석이 필요하다. 흥미로운 군집이 있는 다음 결과를 살펴보자.

```
5회 반복 후 수렴
군집 0: [Alabama: (경도: -86.79113, 나이: 72), Arizona: (경도: -
111.431221, 나이: 53), Arkansas: (경도: -92.373123, 나이: 66), Colorado: (경도:
-105.311104, 나이: 65), Connecticut: (경도: - 72.755371, 나이: 61), Delaware: (경
도: -75.507141, 나이: 61), Florida: (경도: -81.686783, 나이: 64), Georgia: (경
도: - 83.643074, 나이: 74), Illinois: (경도: -88.986137, 나이: 60), Indiana: (경도:
-86.258278, 나이: 49), Iowa: (경도: -93.210526, 나이: 57), Kansas: (경도: -96.726486,
나이: 60), Kentucky: (경도: -84.670067, 나이: 50), Louisiana: (경도: -91.867805, 나
이: 50), Maine: (경도: -69.381927, 나이: 68), Maryland: (경도: -76.802101, 나이: 61),
Massachusetts: (경도: -71.530106, 나이: 60), Michigan: (경도: -84.536095, 나이: 58),
Minnesota: (경도: - 93.900192, 나이: 70), Mississippi: (경도: -89.678696, 나이: 62),
Missouri: (경도: -92.288368, 나이: 43), Montana: (경도: - 110.454353, 나이: 51),
Nebraska: (경도: -98.268082, 나이: 52), Nevada: (경도: -117.055374, 나이: 53), New
Hampshire: (경도: - 71.563896, 나이: 42), New Jersey: (경도: -74.521011, 나이: 54),
New Mexico: (경도: -106.248482, 나이: 57), New York: (경도: - 74.948051, 나이: 59),
North Carolina: (경도: -79.806419, 나이: 60), North Dakota: (경도: -99.784012, 나
이: 60), Ohio: (경도: - 82.764915, 나이: 65), Oklahoma: (경도: -96.928917, 나이: 62),
Pennsylvania: (경도: -77.209755, 나이: 68), Rhode Island: (경도: -71.51178, 나이:
46), South Carolina: (경도: -80.945007, 나이: 70), South Dakota: (경도: -99.438828,
나이: 64), Tennessee: (경도: -86.692345, 나이: 58), Texas: (경도: -97.563461, 나이:
59), Vermont: (경도: -72.710686, 나이: 58), Virginia: (경도: - 78.169968, 나이: 60),
West Virginia: (경도: -80.954453, 나이: 66), Wisconsin: (경도: -89.616508, 나이: 49),
Wyoming: (경도: - 107.30249, 나이: 55)]

군집 1: [Alaska: (경도: -152.404419, 나이: 66), California: (경도: -119.681564, 나
이: 79), Hawaii: (경도: -157.498337, 나이: 60), Idaho: (경도: -114.478828, 나이:
75), Oregon: (경도: - 122.070938, 나이: 56), Utah: (경도: -111.862434, 나이: 70),
Washington: (경도: -121.490494, 나이: 66)]
```

군집 1은 극단적으로 서쪽의 주를 나타내며, 모두 지리적으로 서로 인접하다(태평양 연안 국가 옆에 있는 알래스카^{Alaska}와 하와이^{Hawaii}를 고려하는 경우). 이들은 비교적 나이가 많은 주지사들이 있어서 이렇게 흥미로운 군집을 형성했다. 환태평양 지역의 주지사들은 이전 주지사들과 나이가 비슷할까? 이러한 군집에서 상관관계를 넘는 확실한 것은 판단할 수 없다. [그림 6-3]은 코드 결과의 산점도 그래프를 보여준다. 정사각형은 군집 1이고 원은 군집 0이다.

그림 6-3 군집 0의 데이터 포인트는 원이고, 군집 1의 데이터 포인트는 정사각형이다.

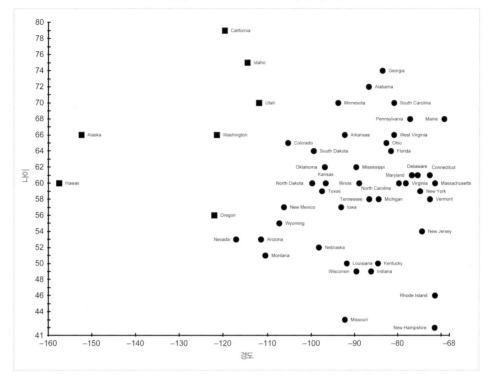

TIP 임의로 중심을 초기화하는 k-평균은 결과가 다양할 수 있다. 그래서 모든 데이터셋에서 k-평균을 여러 번 실행해야 한다.

6.4 마이클 잭슨 앨범 음원 길이 군집화

마이클 잭슨은 10개의 솔로 앨범을 발표했다. 이번에는 앨범 음원 길이(분 단위)와 트랙 수의 두 가지 차원을 검토하여 해당 앨범을 군집화한다. 이 예제는 k-평균을 실행하지 않고도 원본 데이터셋에서 군집을 쉽게 볼 수 있기 때문에 이전 주지사 예제와는 대조적이다. 이와 같은 예제는 군집화 알고리즘 구현을 쉽게 디버깅할 수 있다.

> **NOTE_** 이 장의 두 예제에서는 2차원 데이터 포인트를 사용하지만, k-평균은 여러 차원의 데이터 포인트를 사용할 수 있다.

이 예제는 간단하므로 전체를 하나의 코드로 제시한다. 예제를 실행하기 전에 다음 코드에서 앨범 데이터를 보면 마이클 잭슨이 은퇴가 가까워지면서 더 긴 앨범을 만들었다. 따라서 두 앨범 군집은 길어지기 이전 앨범과 이후 앨범으로 나누어져야 한다. 마이클 잭슨의 앨범 'HIStory: Past, Present, and Future, Book I'는 이상치[outlier]이며, 논리적으로 이것의 단독 군집에서 종료될 수 있다. **이상치**는 데이터셋에서 정상 범위를 벗어난 데이터 포인트다.

예제 6-15 mj.py

```python
from __future__ import annotations
from typing import List
from data_point import DataPoint
from kmeans import KMeans


class Album(DataPoint):
    def __init__(self, name: str, year: int, length: float, tracks: float) ->
    None:
        super().__init__([length, tracks])
        self.name = name
        self.year = year
        self.length = length
        self.tracks = tracks

    def __repr__(self) -> str:
        return f"{self.name}, {self.year}"


if __name__ == "__main__":
    albums: List[Album] = [Album("Got to Be There", 1972, 35.45, 10), Album("Ben",
    1972, 31.31, 10),
                           Album("Music & Me", 1973, 32.09, 10), Album("Forever,
    Michael", 1975, 33.36, 10),
                           Album("Off the Wall", 1979, 42.28, 10),
    Album("Thriller", 1982, 42.19, 9),
                           Album("Bad", 1987, 48.16, 10), Album("Dangerous", 1991,
    77.03, 14),
                           Album("HIStory: Past, Present and Future, Book I",
    1995, 148.58, 30), Album("Invincible", 2001, 77.05, 16)]
    kmeans: KMeans[Album] = KMeans(2, albums)
    clusters: List[KMeans.Cluster] = kmeans.run()
    for index, cluster in enumerate(clusters):
        print(f"군집 {index} 평균 길이 {cluster.centroid.dimensions[0]} 평균 트랙
        {cluster.centroid.dimensions[1]}: {cluster.points}\n")
```

속성 name과 year는 레이블링 목적으로만 기록되며, 실제 군집화에는 포함되지 않는다. 출력 결과는 다음과 같다.

```
1회 반복 후 수렴
군집 0 평균 길이 -0.5458820039179509 평균 트랙 -0.5009878988684237: [Got to Be There,
    1972, Ben, 1972, Music & Me, 1973, Forever, Michael, 1975, Off the Wall,
    1979, Thriller, 1982, Bad, 1987]
군집 1 평균 길이 1.2737246758085523 평균 트랙 1.1689717640263217:
    [Dangerous, 1991, HIStory: Past, Present and Future, Book I, 1995,
    Invincible, 2001]
```

보고된 군집 평균이 흥미롭다. 평균은 z점수라는 점에 유의한다. 마이클 잭슨의 마지막 3개 앨범인 군집 1은 솔로 앨범 10장의 평균보다 약 표준편차 1이 더 길었다.

6.5 k-평균 군집화 문제와 확장

k-평균 군집화가 임의의 시작 포인트를 사용하여 구현되면 데이터 내에서 유용한 분할 포인트가 완전히 누락될 수 있다. 이것은 분석자에게 종종 많은 시행착오를 초래한다. 'k'(군집 수)에 대한 올바른 값을 파악하는 것은 분석자가 몇 개의 데이터 그룹이 존재하는지에 대한 통찰력이 없으면 어렵고 오류가 발생하기 쉽다.

이러한 문제가 있는 변수에 대해 교육된 추측을 하거나 자동 시행착오를 시도하는 더 복잡한 버전의 k-평균이 있다. 인기 있는 버전 중 하나는 k-평균++다. 이는 순수한 임의성 대신 모든 포인트까지의 거리의 확률 분포에 따라 중심을 선택하여 초기화 문제를 해결한다. 많은 응용 분야에서 더 좋은 옵션은 미리 알려진 데이터에 대한 정보, 즉 알고리즘 사용자가 초기 중심을 선택하는 k-평균 버전을 기반으로 각 중심에 대해 좋은 시작 영역을 선택하는 것이다.

k-평균 군집화의 실행 시간은 데이터 포인트 수, 군집 수 및 데이터 포인트의 차원 수에 비례한다. 차원이 높은 데이터 포인트가 많다면 기본 형식으로 사용할 수 없다. 계산 전에 포인트가 실제로 다른 군집으로 이동할 가능성이 있는지 평가하여 모든 포인트와 모든 중심 간에 많은 계산을 수행하지 않게 하는 확장 기능이 있다. 수많은 포인트 또는 고차원 데이터셋의 또 다른 옵션

은 k-평균을 통해 데이터 포인트의 샘플링만 실행하는 것이다. 이는 전체 k-평균 알고리즘이 찾을 수 있는 군집을 근사화한다.

데이터셋의 이상치가 k-평균에 이상한 결과를 초래할 수 있다. 초기 중심이 이상치 근처에 도달하면 하나의 군집을 형성할 수 있다(마이클 잭슨 예제의 'HIStory' 앨범에서 발생할 수 있는 것처럼). k-평균은 이상치를 제거하면 더 잘 실행될 수 있다.

마지막으로 평균이 항상 중심의 좋은 척도로 간주되는 것은 아니다. k-평균은 각 차원의 중간 값을 본다. k-평균은 데이터셋의 실제 포인트를 각 군집의 중심으로 사용한다. 이러한 중심적 방법을 선택하는 데는 이 책의 범위를 벗어난 통계적 이유가 있지만, 상식적으로 까다로운 문제에 대해서는 각각의 방법을 시도해 보고 그 결과를 샘플링할 가치가 있을 수 있다. 이들의 구현은 크게 다르지 않다.

6.6 적용사례

군집화는 데이터 과학자와 통계 분석가가 주로 사용한다. 다양한 필드의 데이터를 해석하는 방법으로 널리 사용된다. k-평균 군집화는 특히 데이터셋의 구조를 모르는 경우에 유용한 기술이다.

데이터 분석에서 군집화는 필수 기술이다. 경찰서에서 경찰은 어디를 순찰해야 할까? 패스트 푸드 프랜차이즈는 고객을 어떻게 끌어 모을 수 있을까? 차를 렌털하는 업체에서 사고 발생 시기와 발생 원인을 분석하여 사고를 어떻게 최소화할 수 있을까? 어떻게 군집화를 사용하여 문제를 해결할 수 있는지 상상해보자.

군집화는 패턴 인식에 도움 된다. 군집화 알고리즘은 사람의 눈에서 놓친 패턴을 감지할 수 있다. 예를 들어 군집화는 생물학에서 부적합한 세포 그룹을 식별하는 데 사용된다.

이미지 인식에서 군집화는 명백하지 않은 기능을 식별하는 데 도움 된다. 개별 픽셀은 거리와 색상 차이로 정의되는 서로 관계있는 포인트로 취급할 수 있다.

정치학에서 군집화는 유권자를 찾기 위해 사용된다. 정당은 선거 캠페인 비용을 어떤 지역에 투자해야 효율적인가? 비슷한 유권자들이 고려하고 있는 문제는 무엇인가?

6.7 연습문제

1. CSV 파일에서 DataPoint 클래스로 데이터를 가져오는 함수를 작성하라.

2. 2차원 데이터셋에 대한 k-평균 실행 결과를 색상으로 구분된 산점도 그래프로 생성하는 함수를 작성하라. matplotlib(맷플롯립) 같은 외부 라이브러리를 사용한다.

3. k-평균에서 초기 중심을 무작위로 할당하지 않는 새 초기화 코드를 작성하라.

4. k-평균++ 알고리즘을 조사하여 구현하라.

## CHAPTER 7

신경망 문제

2010년 후반의 인공지능은 일반적으로 **머신러닝**(컴퓨터에 새로운 정보를 명시적으로 알려주지 않고 학습하는 것)이라는 특정 하위 분야와 관련이 있었다. 이러한 발전이 **신경망**[neural network]이라고 알려진 특정 머신러닝 기술에 의해 주도되고 있다. 신경망은 수십 년 전에 발명되었지만, 더 좋은 하드웨어와 새로 발전된 연구 중심의 소프트웨어 기술이 **딥러닝**[deep learning]이라는 새로운 패러다임을 가능하게 함에 따라 일종의 르네상스 시대(부흥기)를 거치고 있다.

딥러닝은 광범위하게 적용 가능한 기술이다. 헤지펀드 알고리즘에서 생물 정보학에 이르기까지 모든 분야에서 유용하다. 우리에게 친숙한 두 애플리케이션은 이미지 인식 및 음성 인식이다. 디지털 어시스턴트에게 날씨가 어떤지 물어봤거나 사진 프로그램에서 얼굴을 인식하게 한 경우 딥러닝이 사용되었을 수도 있다.

딥러닝 기술은 단순한 신경망과 동일한 빌딩 블록을 사용한다. 이 장에서는 간단한 신경망을 구축하여 이러한 블록을 살펴본다. 최신 기술은 아니지만, 책에서 구축하는 것보다 더 복잡한 신경망을 기반으로 하는 딥러닝을 이해하기 위한 기초를 제공한다. 대부분 머신러닝 전문가는 신경망을 처음부터 구축하지 않는다. 무거운 작업을 수행하는 인기 있고 고도로 최적화된 상용 프레임워크를 사용한다. 이 장은 특정 프레임워크를 사용하는 방법을 배우지 않아서 실제 애플리케이션을 만드는 데는 유용하지 않다. 그러나 신경망 프레임워크가 어떻게 낮은 수준에서 작동하는지 이해하는 데 도움을 준다.

7.1 생물학 기초

인간의 뇌는 현존하는 가장 놀라운 계산 장치다. 마이크로프로세서만큼 계산이 빠르지 않지만 새로운 상황에 적응하고, 새로운 기술을 익히고, 창의력을 발휘하는 능력은 알려진 모든 기계보다 뛰어나다. 컴퓨터가 등장한 이래로 과학자들은 뇌를 모델링하는 데 관심을 가졌다. 뇌의 각 신경 세포는 **뉴런**^neuron^으로 알려져 있다. 뇌의 뉴런은 **시냅스**^synapse^라고 알려진 연결을 통해 서로 네트워크화되어 있다. 감정이 시냅스를 통과하면 **신경망**이라고도 알려진 뉴런의 이러한 네트워크가 작동한다.

> **NOTE_** 생물학적 뉴런에 대한 위 설명은 비유를 위해 과도하게 단순화했다. 실제로 생물학적 뉴런은 고등학교 생물학에서 배운 축색 돌기(axon), 수상 돌기(dendrite) 및 핵(nucleus)과 같은 부분을 가진다. 시냅스는 신경 물질이 분비되는 뉴런들 사이의 간극으로 전기적 신호가 전달될 수 있게 해준다.

과학자들은 뉴런의 부분과 기능을 연구했지만, 생물학적 신경망이 복잡한 사고 패턴을 형성하는 방법의 세부사항에 대해서는 아직 뚜렷한 연구 결과가 없다. 신경망은 어떻게 정보를 처리하는가? 그들은 어떻게 독창적인 생각을 형성하는가? 뇌가 어떻게 작동하는지에 대한 지식 대부분은 거시적 차원에서 뇌를 보는 것에서 비롯된다. 뇌의 기능적 자기공명영상(fMRI)은 인간이 특정 활동을 하거나 특정 생각을 할 때 혈액이 흐르는 곳을 보여준다(그림 7-1).

그림 7-1 연구원이 뇌의 fMRI 사진을 연구하고 있다. fMRI 사진은 개별 뉴런이 어떻게 작용하는지 혹은 신경망이 어떻게 구성되는지에 대해 자세히 알려주지 않는다.

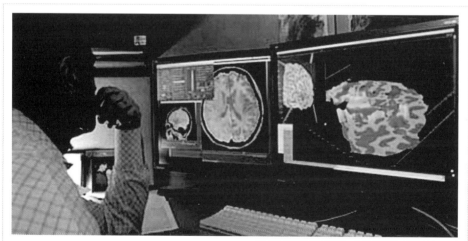

퍼블릭 도메인(공개 저작물), 미국 국립정신보건연구소(NIMH)

이 기술을 포함하여 거시 기술들은 다양한 부분이 서로 어떻게 연결되어 있는지에 대한 추론을 이끌어낼 수 있지만 개별 뉴런이 새로운 생각을 발전시키는 데 어떻게 도움을 주는지에 대한 신비는 설명하지 않는다.

과학자는 뇌의 비밀을 풀기 위해 열심히 연구한다. 그러나 인간의 뇌는 1천억 개(10^{11})의 뉴런이 있으며, 각 뉴런은 수만 개의 다른 뉴런과 연결되어 있다. 수십억 개의 논리 게이트와 테라바이트의 메모리가 있는 컴퓨터라도 최신 기술을 사용하여 단일 인간 두뇌를 모델링하는 것은 불가능하다. 인간은 앞으로도 가장 진보된 범용 학습 기관일 것이다.

> **NOTE_** 인간의 능력과 동등한 범용 머신러닝은 소위 **강한 인공지능**(strong AI, **인공 일반 지능**이라고도 함) 의 목표다. 역사상 이 시점에서 강한 인공지능은 여전히 공상 과학과 같은 존재다. **약한 인공지능**(weak AI) 은 우리가 매일 접하는 인공지능 유형이다. 컴퓨터는 미리 구성된 특정 작업을 지능적으로 해결한다.

생물학적 신경망이 완전히 이해되지 않은 채 어떻게 모델링이 효과적인 계산 기술이 되었을까? **인공 신경망**artificial neural network으로 알려진 디지털 신경망은 생물학적 신경망에서 영감을 얻었지만, 영감은 그 유사성이 끝나는 곳이다. 현대의 인공 신경망은 생물학적 신경망처럼 작동한다고 주장하지 않는다. 실제로 생물학적 신경망이 어떻게 작동하는지 완전히 이해하지 못하기 때문에 그런 주장은 불가능하다.

7.2 인공 신경망

이 절에서는 **역전파**backpropagation를 가진 **전방 전달** 신경망feed-forward neural network과 같은 가장 일반적인 인공 신경망의 유형을 살펴본다. **전방 전달**은 신호가 일반적으로 네트워크를 통해 한 방향으로 이동한다는 것을 의미한다. **역전파**는 네트워크를 통한 각 신호의 순회가 끝날 때 오류를 확인하고, 네트워크를 통해 해당 오류에 대한 수정사항을 다시 배포하려고 시도하는 것을 말한다. 특히 이러한 수정사항은 가장 책임이 큰 뉴런에 영향을 미친다. 그 외에 다른 많은 종류의 인공 신경망 유형이 있다. 이 장은 이러한 신경망 유형에 대한 더 많은 탐구에 흥미를 불러일으킬 것이다.

7.2.1 뉴런

인공 신경망에서 가장 작은 단위는 뉴런이다. 뉴런은 부동소수점수인 가중치 벡터를 가지고 있다. 입력 벡터(이 역시 부동소수점수)가 뉴런으로 전달된다. 뉴런은 이 입력 벡터와 자신의 가중치 벡터를 내적을 사용하여 결합한다. 그런 다음 **활성화 함수**^{activation function}를 실행하고 결과를 출력으로 내보낸다.

활성화 함수는 뉴런 출력의 변환기다. 활성화 함수는 항상 비선형이므로 신경망은 비선형 문제에 대한 솔루션을 나타낼 수 있다. 활성화 함수가 없다면 전체 신경망은 선형 변환일 뿐이다. [그림 7-2]는 단일 뉴런과 그 동작을 보여준다.

그림 7-2 단일 뉴런은 가중치를 입력 신호와 결합하여 활성화 함수에 의해 수정된 출력 신호를 생성한다.

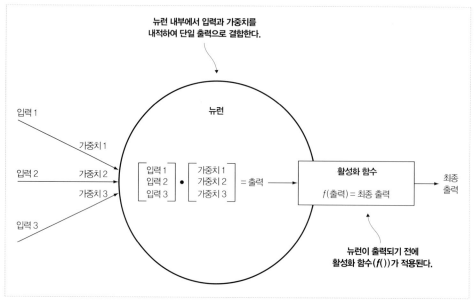

7.2.2 층

전형적인 전방 전달 인공 신경망$^{\text{feed-forward artificial neural network}}$에서 뉴런은 층(레이어^{layer})으로 구성되어 있다. 각 층은 행 또는 열(다이어그램에 따라 행과 열은 동일함)에 줄지어 있는 특정 수의 뉴런으로 구성된다. 전방 전달 신경망에서 신호는 항상 한 층에서 다음 층으로 단일 방향으로 전달된다. 각 층의 뉴런은 출력 신호를 보내며 다음 층의 뉴런 입력으로 사용된다. 각 층의 모든 뉴런은 다음 층의 뉴런에 연결된다.

첫 번째 층은 **입력층**$^{\text{input layer}}$이며, 일부 외부 개체에서 신호를 받는다. 마지막 층은 **출력층**$^{\text{output layer}}$이며, 일반적으로 외부 액터가 출력을 해석하여 지능적인 결과를 얻는다. 입력층과 출력층 사이의 층은 **은닉층**$^{\text{hidden layer}}$이다. 이 장에서 구축하는 간단한 신경망에서는 은닉층이 하나밖에 없지만, 딥러닝 네트워크에는 많은 은닉층이 있다. [그림 7-3]은 간단한 신경망에서 함께 작동하는 층을 보여준다. 한 층의 출력이 다음 층의 모든 뉴런에 대한 입력으로 어떻게 사용되는지 살펴보자.

그림 7-3 뉴런이 두 개인 하나의 입력층, 뉴런이 네 개인 하나의 은닉층, 뉴런이 세 개인 하나의 출력층이 있는 간단한 신경망(각 층의 뉴런 수는 임의로 표시했다).

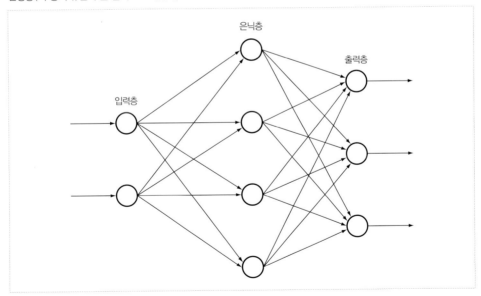

이들 층은 부동소수점수만 조작한다. 입력층에 대한 입력은 부동소수점수고, 출력층의 출력도 부동소수점수다.

이 숫자들은 의미가 있어야 한다. 신경망이 작은 흑백 동물 이미지를 분류하도록 설계되었다고 해보자. 예를 들어 입력층에는 10×10 픽셀 동물 이미지에서 각 픽셀의 회색 강도를 나타내는 100개의 뉴런이 있고, 출력층에는 이미지가 포유류, 파충류, 양서류, 물고기 또는 조류일 가능성을 나타내는 5개의 뉴런이 있다. 최종 분류는 가장 높은 부동소수점 출력을 갖는 출력 뉴런에 의해 결정된다. 출력수가 각각 0.24, 0.65, 0.70, 0.12, 0.21인 경우 이미지는 양서류로 결정된다.

7.2.3 역전파

역전파는 신경망에서 가장 복잡한 부분이다. 역전파는 신경망의 출력에서 오류를 발견하여 그것으로 뉴런의 가중치를 수정한다. 오류의 원인이 되는 뉴런이 가장 많이 수정된다. 하지만 오류는 어디에서 발생할까? 오류를 어떻게 알 수 있을까? 오류는 **훈련**[training]으로 알려진 신경망을 사용하는 단계에서 발생한다.

> **TIP** 이 절에는 몇 가지 수학 공식을 자연어를 사용해서 표기했다. 그림에서 의사 공식(적절한 표기법을 사용하지 않음)을 사용한 것을 볼 수 있다. 수학 표기법에 대한 특별한 지식이 없어도 의사 공식을 읽을 수 있다. 좀 더 공식적인 표기법과 공식 도출에 관심 있는 경우 피터 노빅과 스튜어트 러셀의 『Artificial Intelligence』(피어슨 에듀케이션, 2010) 18장[1]을 참고하라.

역전파를 사용하기 위해서는 대부분의 신경망을 훈련시켜야 한다. 예상되는 출력과 실제 출력의 차이를 사용하여 오류를 찾고, 가중치를 수정할 수 있도록 일부 입력에 대한 정확한 출력을 알아야 한다. 즉, 신경망은 특정 입력셋에 대한 정답을 알기 전까지는 아무것도 모른다. 역전파는 훈련 중에만 발생한다.

> **NOTE_** 대부분의 신경망은 훈련받아야 하므로 **지도**(supervised) 머신러닝의 유형으로 간주한다. k-평균 알고리즘과 다른 군집 알고리즘은 일단 시작되면 외부 개입이 필요하지 않기 때문에 **비지도**(unsupervised) 머신러닝의 한 형태로 간주한다. 이 장에서 설명한 것 외의 다른 유형에 대한 신경망은 사전 훈련이 필요하지 않으며, 비지도 머신러닝의 한 형태로 간주한다.

----

1 옮긴이_ 『인공지능 2: 현대적 접근방식』(2016, 제이펍)의 18장

역전파의 첫 번째 단계는 일부 입력에 대한 신경망의 출력과 예상 출력 간의 오차를 계산하는 것이다. 이 오류는 모든 출력층의 모든 뉴런에 퍼져 있다(각 뉴런에는 예상 출력과 실제 출력이 있다). 출력 뉴런의 활성화 함수의 미분값은 활성화 함수가 적용되기 전에 뉴런이 출력한 것에 적용된다(우리는 사전 활성화 함수 출력을 캐시한다). **델타**^{delta}를 구하기 위해 이 결과에 뉴런의 오차를 곱한다. 델타를 찾기 위한 공식은 편미분을 사용한다. 미적분학 도출은 이 책의 범위를 벗어나지만 기본적으로 각 출력의 뉴런이 담당하는 오류의 양은 알아내고 있다. 이 계산의 다이어그램은 [그림 7-4]를 참조한다.

그림 7-4 역전파 훈련 단계에서 출력 뉴런의 델타가 계산되는 메커니즘

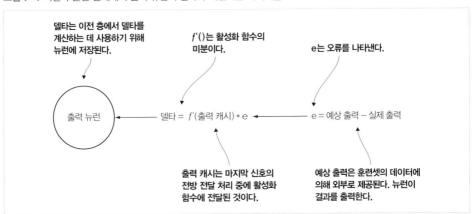

그리고 신경망의 은닉층에 있는 모든 뉴런에 대해 델타를 계산한다. 우리는 각 뉴런이 출력층의 잘못된 출력에 얼마나 기여했는지 판단해야 한다. 출력층의 델타는 이전 은닉층의 델타를 계산하는 데 사용된다. 이전 층에 대한 델타는 해당 특정 뉴런에 대한 다음 층의 가중치와 다음 층에서 이미 계산된 델타의 내적을 사용하여 계산된다. 이 값은 뉴런의 델타를 얻기 위해 뉴런의 마지막 출력(활성화 함수가 적용되기 전에 캐시됨)에 적용되는 활성화 함수의 미분으로 곱해진다. 이 공식은 편미분을 사용해서 유도했으며, 좀 더 수학적으로 집중된 텍스트(공식)로 읽을 수 있다.

[그림 7-5]는 은닉층에 대한 뉴런의 델타 계산을 보여준다. 여러 개의 은닉층이 있는 신경망에서 뉴런 O1, O2, O3은 출력층이 아닌 다음 은닉층의 뉴런이 될 수 있다.

그림 7-5 은닉층의 뉴런에 대한 델타 계산법

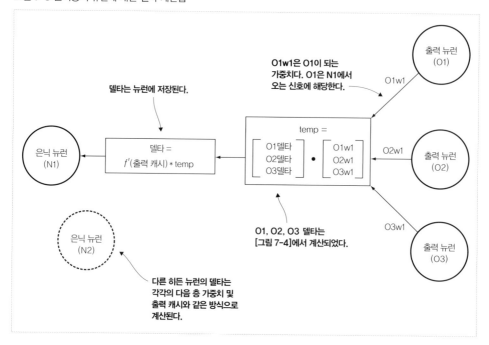

마지막으로 가장 중요한 점은 신경망 뉴런의 모든 가중치는 각 개별 가중치의 마지막 입력값에 뉴런의 델타와 **학습률**$^{\text{learning rate}}$을 곱한 다음 기존 가중치에 추가하여 값을 갱신해야 한다는 것이다. 뉴런의 가중치를 수정하는 이 방법은 **경사 하강법**$^{\text{gradient descent}}$으로 알려져 있다. 이것은 오류를 최소화하기 위한 뉴런의 오류 함수와 같다. 델타는 방향을 나타내고, 학습률은 속도에 영향을 준다. 시행착오 없이 알려지지 않은 문제에 대한 좋은 학습률을 결정하기는 어렵다. [그림 7-6]은 은닉층과 출력층의 모든 가중치가 어떻게 갱신되는지 보여준다.

가중치가 갱신되면 신경망을 다른 입력 및 예상 출력으로 다시 학습할 수 있다. 이 과정은 실험자가 신경망을 잘 훈련시킬 때까지 반복된다. 이것은 정확한 출력이 알려진 입력에 대해 테스트하여 확인할 수 있다.

역전파는 복잡하다. 아직 모든 세부사항을 파악하지 못했더라도 걱정하지 말자. 이 절의 설명이 충분하지 않을 수도 있다.[2] 우리는 역전파 구현을 통해 신경망 문제에 대한 이해를 한 단계

---

2 옮긴이_ 이 장의 설명이 충분하지 않다면 구글에서 제공하는 머신러닝 집중 교육 과정 사이트를 참고한다. https://developers. google.com/machine-learning/crash-course/?hl=ko

높일 수 있다. 신경망과 역전파를 구현할 때 역전파는 잘못된 출력에 대한 신경망의 각 개별 가중치를 조정하는 방법임을 기억하라.

그림 7-6 모든 은닉층 및 출력층 뉴런의 가중치는 이전 단계에서 계산된 델타, 이전 가중치, 이전 입력 및 실험자가 결정하는 학습률을 사용하여 갱신된다.

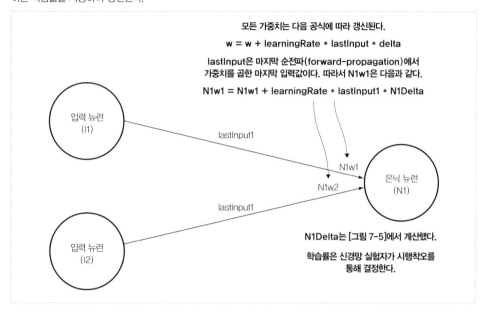

7.2.4 큰 그림

이 장에서 많은 내용을 살펴봤다. 신경망에 대한 세부 내용이 아직 이해가 안 되더라도 역전파를 사용하는 전방 전달 신경망의 핵심 내용은 염두에 두어야 한다.

- 신호(부동소수점수)는 층으로 구성된 뉴런을 통해 한 방향으로 이동한다. 각 층의 모든 뉴런은 다음 층의 모든 뉴런에 연결된다.
- 각 뉴런(입력층은 제외)은 가중치(부동소수점수)와 결합하고 활성화 함수를 적용하여 수신하는 신호를 처리한다.
- 훈련 과정 중 신경망 출력을 예상 출력과 비교하여 오류를 계산한다.
- 오류는 신경망을 통해 역전파된다(오류가 어디에서 왔는지 살펴본다). 역전파 과정에서 정확한 출력을 위해 가중치를 수정한다.

신경망을 훈련시키는 방법은 이 장에서 설명한 것 외에도 많이 있다. 또한 신호가 신경망 내에서 이동하는 다른 많은 방법도 있다. 여기에서 설명하고 구현하는 방법은 신경망을 소개하기 위한 일반적인 형식이다. 부록 B에서 신경망(다른 유형 포함)과 수학에 대해 좀 더 자세한 내용을 살펴볼 수 있는 참고 자료를 소개하고 있다.

7.3 구현 준비

신경망은 많은 부동소수점 연산이 필요한 수학적 메커니즘을 이용한다. 간단한 신경망의 실제 구조를 구현하기 전에 약간의 수학 기초가 필요하다. 이 간단한 수학 기초는 다음 코드에서 광범위하게 사용된다. 이 부분을 가속화하는 방법을 찾을 수 있다면 신경망 성능을 실제로 향상시킬 수 있다.

> **CAUTION_** 이 장의 코드는 이 책에서 가장 복잡하다. 실제 결과는 맨 끝에만 보이며 많은 준비 과정이 있다. 외부 라이브러리를 이용하면 단 몇 줄의 코드로 신경망을 구현할 수 있다. 그러나 이 책의 예제는 머신러닝에 대한 내용을 탐색하고, 다양한 구성 요소가 어떻게 쉽게 읽고 확장 가능한 방식으로 함께 작동하는지 탐구하기 위한 것이다. 코드가 좀 더 길어지더라도 표현력이 뛰어나게 작성하는 것이 이 책의 목표다.

7.3.1 내적

전방 전달 단계와 역전파 단계에서는 내적이 필요하다. 파이썬 내장 함수 zip()과 sum()을 사용하면 쉽게 내적을 구현할 수 있다. 유틸리티 함수를 util.py 파일에 구현한다.

예제 7-1 util.py

```python
from typing import List
from math import exp

# 두 벡터의 내적
def dot_product(xs: List[float], ys: List[float]) -> float:
    return sum(x * y for x, y in zip(xs, ys))
```

7.3.2 활성화 함수

활성화 함수는 신호가 다음 층으로 전달되기 전에 뉴런의 출력을 변환시킨다는 것을 기억하라 (그림 7-2). 활성화 함수에는 두 가지 목적이 있다. 첫째, 신경망은 단지 선형 변환이 아닌 해결책을 나타낸다(활성화 함수 자체가 단순한 선형 변환이 아닌 한). 둘째, 각 뉴런의 출력을 특정 범위 내로 유지한다. 활성화 함수는 역전파에 사용될 수 있도록 미분이 가능해야 한다.

시그모이드^{sigmoid}(S자형) 함수는 인기 있는 활성화 함수 집합이다. 가장 인기 있는 시그모이드 함수는 미분($S'(x)$)과 함께 [그림 7-7]에 나와 있다(그림에서는 $S(x)$다). 시그모이드 함수의 결과는 항상 0과 1 사이의 값이다. 0과 1 사이의 값을 일관되게 갖는 것은 신경망에 유용하다. 그림의 수식이 코드로 작성된 것을 곧 보게 될 것이다.

그림 7-7 시그모이드 활성화 함수($S(x)$)는 항상 0과 1 사이의 값을 반환한다. 활성화 함수의 미분($S'(x)$)도 계산하기 쉽다.

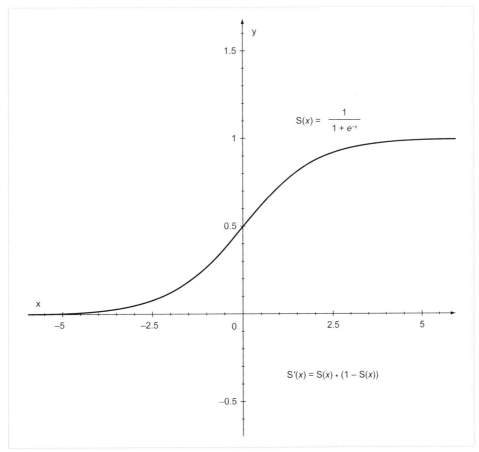

$$S(x) = \frac{1}{1 + e^{-x}}$$

$$S'(x) = S(x) * (1 - S(x))$$

다른 활성화 함수도 있지만 여기에서 시그모이드 함수를 사용한다. 다음은 [그림 7-7]의 수식을 코드로 작성한 것이다.

예제 7-2 util.py (계속)

```python
# 시그모이드 함수
def sigmoid(x: float) -> float:
    return 1.0 / (1.0 + exp(-x))

def derivative_sigmoid(x: float) -> float:
    sig: float = sigmoid(x)
    return sig * (1 - sig)
```

7.4 신경망 구축

여기서는 신경망의 세 가지 단위인 뉴런, 층, 네트워크 자체를 모델링하는 클래스를 작성할 것이다. 간단한 구현을 위해 가장 작은 뉴런부터 시작한다. 그리고 중앙 구성 요소인 층을 만들고, 가장 큰 전체 네트워크를 구축한다. 가장 작은 요소에서 큰 요소로 이동하면서 이전 수준을 캡슐화할 것이다. 뉴런은 뉴런 자신에 대해서만 알고 있다. 층은 자신이 포함하고 있는 뉴런과 다른 층에 대해 알고 있다. 네트워크는 모든 층에 대해 알고 있다.

> **NOTE_** 이 장에는 긴 코드 줄이 많다. 긴 코드 줄은 책의 폭을 넘어서기 때문에 임의로 개행시켰다. 그러므로 책을 보고 코드를 직접 입력하기 보다는 책에서 제공하는 코드를 내려받아서 실행하는 것이 좋다.
> https://github.com/AstinCHOI/ClassicComputerScienceProblemsInPython

7.4.1 뉴런 구현

먼저 뉴런부터 구현해보자. 개별 뉴런은 가중치, 델타, 학습률, 마지막 출력의 캐시, 활성화 함수 및 미분을 포함하여 많은 상태를 저장한다. 이들 중 일부는 (향후 Layer 클래스에서) 효율적으로 저장할 수 있지만 설명을 위해 Neuron 클래스에 포함했다.

```python
from typing import List, Callable
from util import dot_product

class Neuron:
    def __init__(self, weights: List[float], learning_rate: float, activation_
      function: Callable[[float], float], derivative_activation_function:
      Callable[[float], float]) -> None:
        self.weights: List[float] = weights
        self.activation_function: Callable[[float], float] = activation_function
        self.derivative_activation_function: Callable[[float], float] =
          derivative_activation_function
        self.learning_rate: float = learning_rate
        self.output_cache: float = 0.0
        self.delta: float = 0.0

    def output(self, inputs: List[float]) -> float:
        self.output_cache = dot_product(inputs, self.weights)
        return self.activation_function(self.output_cache)
```

매개변수 대부분은 __init__( ) 메서드에서 초기화된다. 뉴런이 처음 생성될 때 delta 및 output_cache 변수는 알 수 없으므로 0으로 초기화된다. 뉴런의 모든 변수는 변경 가능^{mutable}하다. 여기서 사용할 뉴런의 값은 절대 변하지 않을 수 있으나, 유연성을 위해 변경할 수 있게 한다. Neuron 클래스를 다른 유형의 신경망과 같이 사용하면 이러한 값 중 일부가 변경될 수 있다. 문제 해결 접근에 따라 학습률을 변경하고 다른 활성화 함수를 자동으로 실행하는 신경망이 있다. 여기서는 다른 신경망 애플리케이션을 위해 Neuron 클래스를 최대한 유연하게 구현한다.

__init__( ) 메서드 외에 output( ) 메서드가 있다. output( ) 메서드는 뉴런으로 들어오는 입력 신호(inputs)를 취하고, 이 장 앞부분에서 설명한 공식(그림 7-2)을 적용한다. 입력 신호는 내적을 통해 가중치와 결합되며 output_cache 변수에 캐시된다. 7.2.3절 '역전파'에서 설명했지만 활성화 함수가 적용되기 전에 얻은 이 값을 델타를 계산하는 데 사용한다는 것을 상기하자. 마지막으로 신호가 다음 층으로 전송되기 전에(output( ) 함수에서 반환함) 활성화 함수가 적용된다.

뉴런 구현은 이게 전부다. 신경망의 개별 뉴런은 매우 간단하다. Neuron 클래스는 입력 신호를 가져와서 변환한 다음 더 처리하기 위해 전송하는 것 이상을 수행할 수 없다. 이 구현은 다른 클래스에서 사용되는 몇 가지 상태 요소를 관리한다.

7.4.2 층 구현

신경망의 층은 세 가지 상태(뉴런, 이전 층, 출력 캐시)를 관리한다. 출력 캐시는 뉴런 캐시와 비슷하지만 한 단계 높은 수준이다. 층 내 모든 뉴런의 출력(활성화 함수가 적용된 후)을 캐시한다.

층의 주요 역할은 뉴런을 초기화하는 것이다. 따라서 Layer 클래스의 __init__( ) 메서드는 초기화해야 하는 뉴런 수, 활성화 함수, 학습률을 알아야 한다. 신경망에서 층의 모든 뉴런은 동일한 활성화 함수와 학습률을 갖는다.

예제 7-4 layer.py (계속)

```python
from __future__ import annotations
from typing import List, Callable, Optional
from random import random
from neuron import Neuron
from util import dot_product

class Layer:
    def __init__(self, previous_layer: Optional[Layer], num_neurons: int,
        learning_rate: float, activation_function: Callable[[float], float],
        derivative_activation_function: Callable[[float], float]) -> None:
        self.previous_layer: Optional[Layer] = previous_layer
        self.neurons: List[Neuron] = []
        # 리스트 컴프리헨션을 사용하여 긴 리스트를 생성한다.
        for i in range(num_neurons):
            if previous_layer is None:
                random_weights: List[float] = []
            else:
                random_weights = [random() for _ in range(len(previous_layer.
                  neurons))]
            neuron: Neuron = Neuron(random_weights, learning_rate, activation_
              function, derivative_activation_function)
            self.neurons.append(neuron)
        self.output_cache: List[float] = [0.0 for _ in range(num_neurons)]
```

신호가 네트워크를 통해 앞으로 전달될 때 층은 모든 뉴런을 통해 그것을 처리해야 한다(한 층의 모든 뉴런이 이전 층의 모든 뉴런으로부터 신호를 수신한다는 것을 기억하라). output( )은 이런 역할을 한다. 또한 처리 결과를 반환하고(네트워크를 통해 다음 층으로 전달됨) 출력을 캐시한다. 이전 층이 없다면 입력층임을 나타내며, 단지 신호를 다음 층으로 전달한다.

```python
def outputs(self, inputs: List[float]) -> List[float]:
    if self.previous_layer is None:
        self.output_cache = inputs
    else:
        self.output_cache = [n.output(inputs) for n in self.neurons]
    return self.output_cache
```

역전파에서 계산하는 델타는 두 가지 유형(출력층의 뉴런 델타, 은닉층의 뉴런 델타)이 있다. 공식은 [그림 7-4]와 [그림 7-5]에 설명되어 있으며, 다음 코드에서 이 두 공식을 각각 메서드에 옮겼다. 이들 메서드는 나중에 역전파 도중 네트워크에 의해 호출된다.

예제 7-6 layer.py (계속)

```python
# 출력층에서만 호출된다.
def calculate_deltas_for_output_layer(self, expected: List[float]) -> None:
    for n in range(len(self.neurons)):
        self.neurons[n].delta = self.neurons[n].derivative_activation_
            function(self.neurons[n].output_cache) * (expected[n] -
            self.output_cache[n])

# 출력층에서 호출되지 않는다.
def calculate_deltas_for_hidden_layer(self, next_layer: Layer) -> None:
    for index, neuron in enumerate(self.neurons):
        next_weights: List[float] = [n.weights[index] for n in next_layer.neurons]
        next_deltas: List[float] = [n.delta for n in next_layer.neurons]
        sum_weights_and_deltas: float = dot_product(next_weights, next_deltas)
        neuron.delta = neuron.derivative_activation_function(neuron.output_
            cache) * sum_weights_and_deltas
```

7.4.3 네트워크 구현

네트워크 자체는 '자신이 관리하는 층'이라는 하나의 상태만 가지고 있다. Network 클래스의 역할은 그 구성 층을 초기화하는 것이다.

__init__( ) 메서드는 네트워크 구조를 서술하는 정수 리스트를 취한다. 예를 들어 리스트 [2, 4, 3]은 입력층에 2개의 뉴런, 은닉층에 4개의 뉴런, 출력층에 3개의 뉴런이 있는 네트워크를

말한다. 이 간단한 네트워크에서는 신경망의 모든 층이 뉴런에 대해 동일한 활성화 함수와 동일한 학습률을 사용한다고 가정한다.

예제 7-7 layer.py (계속)

```python
from __future__ import annotations
from typing import List, Callable, TypeVar, Tuple
from functools import reduce
from layer import Layer
from util import sigmoid, derivative_sigmoid

T = TypeVar('T') # 신경망 출력 타입


class Network:
    def __init__(self, layer_structure: List[int], learning_rate: float,
     activation_function: Callable[[float], float] = sigmoid, derivative_
     activation_function: Callable[[float], float] = derivative_sigmoid) -> None:
        if len(layer_structure) < 3:
            raise ValueError("오류: 최소 3개의 층이 필요합니다(입력층, 은닉층, 출력층)!")
        self.layers: List[Layer] = []
        # 입력층
        input_layer: Layer = Layer(None, layer_structure[0], learning_rate,
         activation_function, derivative_activation_function)
        self.layers.append(input_layer)
        # 은닉층과 출력층
        for previous, num_neurons in enumerate(layer_structure[1::]):
            next_layer = Layer(self.layers[previous], num_neurons, learning_rate,
             activation_function, derivative_activation_function)
            self.layers.append(next_layer)
```

신경망 출력은 모든 층을 통과하는 신호의 결과다. 전체 네트워크를 통해 한 층에서 다음 층으로 신호를 반복적으로 전달하기 위해 output( ) 메서드에서 functools 모듈의 reduce( ) 함수를 사용한다.

예제 7-8 layer.py (계속)

```python
    # 입력 데이터를 첫 번째 층으로 푸시한 후,
    # 첫 번째에서 두 번째, 두 번째에서 세 번째... 층으로 출력한다.
    def outputs(self, input: List[float]) -> List[float]:
        return reduce(lambda inputs, layer: layer.outputs(inputs), self.layers, input)
```

backpropagate( ) 메서드는 네트워크의 모든 뉴런에 대한 델타를 계산한다. Layer 클래스의 메서드 calculate_deltas_for_output_layer( )와 calculate_deltas_for_hidden_layer( )를 순서대로 호출한다(역전파에서 델타는 역으로 계산된다). 역전파는 주어진 입력셋에서 예상되는 출력값을 calculate_deltas_for_output_layer( ) 메서드로 전달한다. 이 메서드는 예상값을 사용하여 델타 계산에서 사용되는 오류를 찾는다.

예제 7-9 layer.py (계속)

```python
# 출력 오류와 예상 결과를 비교하여 각 뉴런의 변화를 파악한다.
def backpropagate(self, expected: List[float]) -> None:
    # 출력층 뉴런에 대한 델타를 계산한다.
    last_layer: int = len(self.layers) - 1
    self.layers[last_layer].calculate_deltas_for_output_layer(expected)
    # 은닉층에 대한 델타를 역순으로 계산한다.
    for l in range(last_layer - 1, 0, -1):
        self.layers[l].calculate_deltas_for_hidden_layer(self.layers[l + 1])
```

backpropagate( ) 메서드는 모든 델타 계산을 처리하지만 실제 네트워크 가중치를 수정하진 않는다. 가중치 수정은 델타에 따라 다르므로 backpropagate( ) 메서드 호출 후 update_weights( ) 메서드를 호출한다. 이 메서드는 [그림 7-6]의 공식을 따른다.

예제 7-10 layer.py (계속)

```python
# backpropagate() 메서드는 실제로 가중치를 수정하지 않는다.
# 이 메서드는 backpropagate() 메서드에서 계산된 델타를 사용하여 가중치를 수정한다.
def update_weights(self) -> None:
    for layer in self.layers[1:]:  # 입력층은 제외한다.
        for neuron in layer.neurons:
            for w in range(len(neuron.weights)):
                neuron.weights[w] = neuron.weights[w] + (neuron.learning_rate *
                (layer.previous_layer.output_cache[w]) * neuron.delta)
```

뉴런 가중치는 각 훈련 과정이 끝날 때 수정된다. 훈련셋(예상 출력과 결합된 입력)이 네트워크에 제공되어야 한다. train( ) 메서드는 입력 리스트와 예상 출력 리스트를 취한다.

네트워크를 통해 각 입력을 실행한 후 예상 출력(및 그 이후의 update_wdights( ) 메서드)으로 backpropagate( ) 메서드를 호출하여 가중치를 수정한다. 네트워크가 훈련셋을 통과할 때

에러율을 출력하려면 train( ) 메서드에 코드를 추가하고, 경사 하강법을 실행하면서 에러율이 감소되는지 확인한다.

예제 7-11 layer.py (계속)

```python
# train() 메서드는 많은 입력을 통해 실행된 outputs() 메서드의 결과를 사용한다.
# backpropagate() 메서드에 예상값을 입력하고
# update_weights() 메서드를 호출하여 비교한다.
def train(self, inputs: List[List[float]], expecteds: List[List[float]]) -> None:
    for location, xs in enumerate(inputs):
        ys: List[float] = expecteds[location]
        outs: List[float] = self.outputs(xs)
        self.backpropagate(ys)
        self.update_weights()
```

마지막으로 네트워크에서 훈련을 마친 후 테스트를 실행한다. validate( ) 메서드는 train( ) 메서드와 같이 입력값과 예상값을 취하지만 훈련 대신 정확도(백분율)를 계산하는 데 사용한다. 여기서 네트워크는 이미 훈련된 것으로 가정한다. 또한 validate( ) 메서드는 신경망의 출력을 해석하는 데 사용되는 interpret_output( ) 함수를 취하여 예상 출력값과 비교한다 (아마도 예상 출력값은 부동소수점수의 리스트가 아닌 숫자와 문자로 이루어진 문자열이다). interpret_output( ) 함수는 네트워크에서 출력되는 부동소수점수를 가져와서 예상되는 출력과 비슷한 것으로 변환해야 한다. 이는 데이터셋에 특정한 사용자 정의 함수다. validate( ) 메서드는 정확한 분류 수, 테스트 된 총 샘플 수, 정확한 분류 백분율을 반환한다.

예제 7-12 layer.py (계속)

```python
# validate() 메서드는 분류가 필요한 일반화된 결과에서
# 정확한 분류 수, 테스트 된 총 샘플 수, 정확한 분류 백분율을 반환한다.
def validate(self, inputs: List[List[float]], expecteds: List[T], interpret_
 output: Callable[[List[float]], T]) -> Tuple[int, int, float]:
    correct: int = 0
    for input, expected in zip(inputs, expecteds):
        result: T = interpret_output(self.outputs(input))
        if result == expected:
            correct += 1
    percentage: float = correct / len(inputs)
    return correct, len(inputs), percentage
```

실제 문제로 테스트를 할 수 있는 신경망을 완성했다. 여기서 구현한 아키텍처는 다양한 문제에 사용하기에 충분히 범용적이지만 우리는 대중적인 문제인 분류classification에 집중할 것이다.

7.5 분류 문제

6장에서 k-평균 알고리즘으로 데이터셋을 분류했는데, 각각의 개별 데이터가 어디에 속하는지 사전 정보가 없었다. 군집화에서는 데이터 범주를 찾으려 하지만 해당 범주가 무엇인지 미리 알 수 없다. 그러나 분류 문제에서는 데이터셋을 분류하려고 시도할 때 사전에 설정된 범주가 있다. 예를 들어 동물 사진 셋을 분류하는 경우 포유류, 파충류, 양서류, 조류와 같은 범주를 미리 설정할 수 있다.

분류 문제에 사용할 수 있는 많은 머신러닝 기술이 있다. 서포트 벡터 머신support vector machine, 의사 결정 트리decision tree, 베이지안 분류기Bayes classifier를 어디선가 들어봤을 것이다(다른 기술도 있다). 최근에 신경망은 분류 작업에 널리 사용되고 있다. 신경망은 다른 분류 알고리즘보다 계산을 더 필요로 하지만 임의 종류의 데이터를 분류하는 강력한 기술이 있다. 신경망 분류기는 최근 사진 앱의 이미지 분류 뒤에서 동작한다.

분류 문제를 해결하기 위해 신경망에 주목하는 이유는 무엇일까? 하드웨어는 다른 알고리즘과 비교했을 때 추가 계산을 더 수행할 정도로 매우 빨라졌기 때문이다.

7.5.1 데이터 정규화

데이터셋은 일반적으로 알고리즘에 입력되기 전에 '클리닝(cleaning)'이 필요하다. 클리닝은 관련 없는 문자 제거, 중복 데이터 삭제, 오류 수정 및 기타 정리 작업이 포함된다. 두 데이터셋에 대해 수행하는 클리닝 측면은 정규화다. 6장에서는 KMeans 클래스의 zscroe_normalize( ) 메서드로 정규화를 수행했다. 정규화는 다른 스케일로 기록된 속성을 가져와서 공통 스케일로 변환하는 것이다.

신경망의 모든 뉴런은 시그모이드 활성화 함수에서 0과 1 사이의 값을 출력한다. 0과 1 사이의 값(스케일)이 입력 데이터셋의 속성에도 적용되는 것은 논리적으로 보인다. 스케일을 특정 범위에서 0과 1 사이로 변환하는 것은 어렵지 않다. 최댓값(max)과 최솟값(min)을 갖는 특정 속성 범위의 어떤 값 V에 대한 공식은 newV = (oldV - min) / (max - min)이다. 이 작업을 **피처 스케일링**feature scaling이라고 한다. util.py에 다음 함수를 추가한다.

예제 7-13 util.py (계속)

```python
# 모든 행 길이가 같고 각 열의 범위(피처 스케일링)가 0 - 1이라고 가정한다.
def normalize_by_feature_scaling(dataset: List[List[float]]) -> None:
    for col_num in range(len(dataset[0])):
        column: List[float] = [row[col_num] for row in dataset]
        maximum = max(column)
        minimum = min(column)
        for row_num in range(len(dataset)):
            dataset[row_num][col_num] = (dataset[row_num][col_num] - minimum) /
            (maximum - minimum)
```

dataset 매개변수를 살펴보자. 이 매개변수는 제자리in place에서 수정될 리스트의 리스트에 대한 참조다. 즉, normalize_by_feature_scaling() 함수는 원본 데이터셋의 복사본을 취하지 않고 참조를 취한다. 이것은 변환된 복사본을 다시 받지 않고 값을 변경한다.

또한 이 프로그램은 데이터셋이 2차원 부동소수점 리스트라고 가정한다.

7.5.2 붓꽃 데이터셋

고전 컴퓨터 과학 문제가 있는 것처럼 머신러닝에는 고전 데이터셋이 있다. 이 데이터셋은 새로운 기술을 검증하고 기존 기술과 비교하는 데 사용된다. 또한 머신러닝을 처음 배우는 사람에게 좋은 자료다. 아마 가장 유명한 데이터셋은 붓꽃iris 데이터셋일 것이다. 1930년대에 처음 수집된 이 데이터셋은 150개의 (예쁜) 붓꽃으로 구성되어 있으며, 세 가지 다른 종(각 50개씩)으로 나뉜다. 각 꽃은 네 가지 속성(꽃받침 길이, 꽃받침 너비, 꽃잎 길이, 꽃잎 너비)으로 측정된다.

신경망은 다양한 속성이 나타내는 것을 신경 쓰지 않는다는 점을 주목한다. 중요한 측면에서 훈련 모델은 꽃받침 길이와 꽃잎 길이를 구분하지 않는다. 이러한 구분이 이뤄져야 한다면 신경망 실험자는 속성을 알맞게 조정해야 한다.

이 책의 소스 저장소에는 붓꽃 데이터셋의 CSV 파일이 포함되어 있다.[3] 붓꽃 데이터셋은 캘리포니아 대학의 UCI 머신러닝 저장소에서 가져왔다.[4] CSV 파일은 값이 쉼표로 구분된comma separated values 텍스트 파일이다. 스프레드시트를 포함한 표 데이터의 공통 교환 형식이다.

다음은 iris.csv의 내용 몇 줄이다.

```
5.1,3.5,1.4,0.2,Iris-setosa
4.9,3.0,1.4,0.2,Iris-setosa
4.7,3.2,1.3,0.2,Iris-setosa
4.6,3.1,1.5,0.2,Iris-setosa
5.0,3.6,1.4,0.2,Iris-setosa
```

각 줄은 하나의 데이터 포인트를 나타낸다. 네 개의 숫자는 네 가지 속성(꽃받침 길이, 꽃받침 너비, 꽃잎 길이, 꽃잎 너비)을 나타낸다. 네 가지 속성은 실험자에게 임의적으로 보인다. 각 줄의 끝에 있는 이름은 특정 붓꽃의 종을 나타낸다. 파일 상단의 5줄 모두 동일한 종이다. 세 종은 각각 50줄로 묶여 있다.

디스크에서 CSV 파일을 읽기 위해서는 파이썬 표준 라이브러리의 몇몇 함수를 사용한다. csv 모듈은 구조화된 방식으로 데이터를 읽는 데 도움이 된다. 내장된 open() 함수는 csv. reader() 함수에 전달되는 파일 객체를 만든다. 코드의 나머지 부분은 훈련 및 검증을 위해 CSV 파일 데이터를 재배열하여 신경망에서 사용할 수 있도록 준비한다.

예제 7-14 iris_test.py

```python
import csv
from typing import List
from util import normalize_by_feature_scaling
from network import Network
from random import shuffle

if __name__ == "__main__":
    iris_parameters: List[List[float]] = []
    iris_classifications: List[List[float]] = []
    iris_species: List[str] = []
    with open('iris.csv', mode='r') as iris_file:
```

....

3 https://github.com/AstinCHOI/ClassicComputerScienceProblemsInPython

4 M. Lichman, UCI Machine Learning Repository(Irvine, CA: the University of California, School of Information and Computer Science, 2013). http://archive.ics.uci.edu/ml

```
        irises: List = list(csv.reader(iris_file))
        shuffle(irises) # 데이터를 무작위로 섞는다.
        for iris in irises:
            parameters: List[float] = [float(n) for n in iris[0:4]]
            iris_parameters.append(parameters)
            species: str = iris[4]
            if species == "Iris-setosa":
                iris_classifications.append([1.0, 0.0, 0.0])
            elif species == "Iris-versicolor":
                iris_classifications.append([0.0, 1.0, 0.0])
            else:
                iris_classifications.append([0.0, 0.0, 1.0])
            iris_species.append(species)
    normalize_by_feature_scaling(iris_parameters)
```

iris_parameters 변수는 붓꽃을 분류하는 데 사용하는 샘플당 네 개의 속성을 나타낸다. iris_classifications 변수는 각 샘플의 실제 분류다. 우리 신경망은 각각 하나의 가능한 종을 나타내는 세 개의 출력 뉴런을 가질 것이다. 예를 들어 [0.9, 9.3, 0.1]의 최종 출력셋은 첫 번째 뉴런이 종을 나타내는데, 가장 큰 수이기 때문에 iris-setosa의 분류를 나타낸다.

이미 정답을 알고 있는 상태에서 훈련을 수행한다. 그래서 붓꽃마다 미리 정해진 답이 있다. iris-setosa 종의 경우 iris_classifications 리스트 항목은 [1.0, 0.0, 0.0]이다. 이 값은 각 훈련 단계를 마치고 오류를 계산하는 데 사용된다. iris_species 변수는 각 꽃의 문자열 분류에 직접 대응된다. iris-setosa 종은 데이터셋에서 "Iris-setosa"로 표시된다.

CAUTION_ 이 코드는 오류 검사를 하지 않으므로 상당히 위험하다. 상용으로는 적합하지 않지만 테스트에는 적합하다.

이제 신경망을 정의해보자.

예제 7-15 iris_test.py (계속)

```
iris_network: Network = Network([4, 6, 3], 0.3)
```

Network 클래스의 __init__( ) 메서드에서 layer_structure 인자는 [4, 6, 3]으로 3개의 층(입력, 은닉, 출력)을 가진 네트워크를 지정한다. 입력층에는 4개, 은닉층에는 6개, 출력층에는 3개의 뉴런이 있다. 4개의 입력층 뉴런은 각 표본을 분류하는 데 사용되는 4개의 매개변수에 직접 매핑된다. 3개의 출력층 뉴런은 각 입력을 분류하려고 하는 3개의 다른 종에 직접 매핑된다. 6개의 은닉층 뉴런은 공식보다는 시행착오의 결과물이다. learning_rate 인자도 마찬가지다. 신경망의 정확도가 최적이 아닌 경우 두 값(은닉층의 뉴런 수, 학습률)을 조정하여 실험한다.

예제 7-16 iris_test.py (계속)

```python
def iris_interpret_output(output: List[float]) -> str:
    if max(output) == output[0]:
        return "Iris-setosa"
    elif max(output) == output[1]:
        return "Iris-versicolor"
    else:
        return "Iris-virginica"
```

iris_interpret_output( ) 함수는 정확한 분류를 위해 Network 클래스의 validate( ) 메서드로 전달되는 유틸리티 함수다. 이제 신경망을 훈련시킬 준비가 되었다.

예제 7-17 iris_test.py (계속)

```python
# 데이터셋에서 처음 140개의 붓꽃을 50회 훈련한다.
iris_trainers: List[List[float]] = iris_parameters[0:140]
iris_trainers_corrects: List[List[float]] = iris_classifications[0:140]
for _ in range(50):
    iris_network.train(iris_trainers, iris_trainers_corrects)
```

150개의 데이터셋에서 처음 140개의 붓꽃을 훈련시킨다. CSV 파일에서 줄을 섞어서^{shuffle} 읽었다는 것을 기억한다. 프로그램을 실행할 때마다 데이터셋의 다른 하위셋을 훈련한다. 140개의 붓꽃을 50회 훈련한다는 것에 주목한다. 훈련 횟수를 수정하면 신경망이 훈련하는 데 걸리는 시간에 큰 영향을 미친다. 일반적으로 훈련이 많을수록 신경망이 더 정확하게 수행된다. 최종 테스트는 데이터셋에서 마지막 10개의 붓꽃을 올바르게 분류하는지 확인하는 것이다.

```
# 데이터셋에서 마지막 10개의 붓꽃을 테스트한다.
iris_testers: List[List[float]] = iris_parameters[140:150]
iris_testers_corrects: List[str] = iris_species[140:150]
iris_results = iris_network.validate(iris_testers, iris_testers_corrects,
 iris_interpret_output)
print(f"정확도: {iris_results[0]}/{iris_results[1]} = {iris_results[2] * 100}%")
```

테스트의 최종 질문은 다음과 같다. '신경망이 데이터셋에서 임의로 선택한 붓꽃 10개를 얼마나 정확하게 분류할 수 있는가?' 각 뉴런의 시작 가중치에 임의성이 있으므로 코드 실행마다 결과가 다를 수 있다. 학습률, 은닉 뉴런 수, 훈련 반복 횟수를 조정하여 신경망을 정확하게 만들 수 있다. 코드의 결과는 아래와 같다.

```
정확도: 9/10 = 90.0%
```

7.5.3 와인 분류하기

여기서는 이탈리아 와인의 화학적 분석을 기반으로 한 데이터셋으로 신경망을 테스트한다.[5] 데이터셋에는 178개의 샘플이 있다. 이를 사용하는 메커니즘은 붓꽃 데이터셋과 거의 비슷하지만 CSV 파일의 레이아웃은 조금 다르다. 아래 샘플을 보자.

```
1,14.23,1.71,2.43,15.6,127,2.8,3.06,.28,2.29,5.64,1.04,3.92,1065
1,13.2,1.78,2.14,11.2,100,2.65,2.76,.26,1.28,4.38,1.05,3.4,1050
1,13.16,2.36,2.67,18.6,101,2.8,3.24,.3,2.81,5.68,1.03,3.17,1185
1,14.37,1.95,2.5,16.8,113,3.85,3.49,.24,2.18,7.8,.86,3.45,1480
1,13.24,2.59,2.87,21,118,2.8,2.69,.39,1.82,4.32,1.04,2.93,735
```

각 줄의 첫 번째 값은 와인의 세 품종을 나타내는 1~3 사이의 정수다. 그리고 붓꽃 데이터셋에는 4개의 매개변수가 있었지만 와인 데이터셋에는 13개의 매개변수가 있다.

이 장에서 구축한 신경망 모델은 확장성이 좋다. 이전 예제에서 입력 뉴런 수를 늘리기만 하면 된다. wine_test.py는 iris_test.py와 비슷하지만 각 파일의 다른 레이아웃을 처리하기 위해 코드를 약간 변경했다.

....

5 M. 리치먼, UCI Machine Learning Repository(Irvine, CA: the University of California, School of Information and Computer Science, 2013). http://archive.ics.uci.edu/ml

예제 **7-19** wine_test.py (계속)

```python
import csv
from typing import List
from util import normalize_by_feature_scaling
from network import Network
from random import shuffle

if __name__ == "__main__":
    wine_parameters: List[List[float]] = []
    wine_classifications: List[List[float]] = []
    wine_species: List[int] = []
    with open('wine.csv', mode='r') as wine_file:
        wines: List = list(csv.reader(wine_file, quoting=csv.QUOTE_NONNUMERIC))
        shuffle(wines) # 데이터를 무작위로 섞는다.
        for wine in wines:
            parameters: List[float] = [float(n) for n in wine[1:14]]
            wine_parameters.append(parameters)
            species: int = int(wine[0])
            if species == 1:
                wine_classifications.append([1.0, 0.0, 0.0])
            elif species == 2:
                wine_classifications.append([0.0, 1.0, 0.0])
            else:
                wine_classifications.append([0.0, 0.0, 1.0])
            wine_species.append(species)
    normalize_by_feature_scaling(wine_parameters)
```

와인 분류 신경망의 층 구성은 위에서 언급한 대로 13개의 입력 뉴런이 필요하다(매개변수마다 하나씩 필요함). 그리고 3개의 출력 뉴런이 필요하다(세 종의 붓꽃처럼 세 종의 와인이 있다). 흥미롭게도 신경망은 입력층 뉴런보다 은닉층 뉴런이 더 적을 때 잘 작동한다. 조금 직관적으로 설명하자면 일부 입력 매개변수는 실제로 분류에 도움 되지 않으며, 처리 중에 이를 빼는 것이 더 유용할 수 있다. 사실 이것은 은닉층에 적은 뉴런을 가지면 정확히 어떻게 작동하는지에 관한 것은 아니지만 흥미로운 직관적인 생각이다.

예제 **7-20** wine_test.py (계속)

```python
wine_network: Network = Network([13, 7, 3], 0.9)
```

다시 한 번 말하지만 다른 수의 은닉층 뉴런 또는 다른 학습률로 테스트를 할 때 조금 더 흥미로운 결과를 얻을 수 있다.

예제 7-21 wine_test.py (계속)

```python
def wine_interpret_output(output: List[float]) -> int:
    if max(output) == output[0]:
        return 1
    elif max(output) == output[1]:
        return 2
    else:
        return 3
```

wine_interpret_output( ) 함수는 iris_interpret_output( ) 함수와 비슷하다. 와인 품종의 이름이 없기 때문에 원본 데이터셋의 정수로 처리한다.

예제 7-22 wine_test.py (계속)

```python
# 처음 150개 와인을 10회 훈련한다.
wine_trainers: List[List[float]] = wine_parameters[0:150]
wine_trainers_corrects: List[List[float]] = wine_classifications[0:150]
for _ in range(10):
    wine_network.train(wine_trainers, wine_trainers_corrects)
```

데이터셋에서 처음 150개 샘플을 학습하고, 마지막 28개는 검증을 위해 남겨둔다. 붓꽃 데이터셋에서는 훈련을 50회 했지만 이번에는 훈련을 10회로 한다. 이유가 무엇이든지간에(데이터셋의 특성 혹은 학습률, 은닉층 뉴런 수와 같은 매개변수 조정) 이 데이터셋은 높은 정확도를 달성하기 위해 붓꽃 데이터셋보다 훈련이 덜 필요하다.

예제 7-23 wine_test.py (계속)

```python
# 데이터셋에서 마지막 28개의 와인을 테스트한다.
wine_testers: List[List[float]] = wine_parameters[150:178]
wine_testers_corrects: List[int] = wine_species[150:178]
wine_results = wine_network.validate(wine_testers, wine_testers_corrects,
 wine_interpret_output)
print(f"정확도: {wine_results[0]}/{wine_results[1]} = {wine_results[2] * 100}%")
```

운이 좋다면 신경망이 28개 샘플을 매우 정확하게 분류할 수 있다.

```
정확도: 27/28 = 96.42857142857143%
```

7.6 신경망의 속도 향상

신경망에는 많은 벡터 및 행렬 계산이 필요하다. 이것은 숫자 리스트를 가져와서 모든 숫자에 대해 한 번에 작업을 수행하는 것을 의미한다. 머신러닝이 지속적으로 사회에 많이 침투함에 따라 최적화된 성능 벡터 및 행렬을 위한 라이브러리가 점점 더 중요해지고 있다. GPU는 이러한 역할에 최적화되어 있으므로 이들 라이브러리 중 다수는 GPU를 이용한다(벡터와 행렬은 컴퓨터 그래픽의 핵심이다). 오래된 라이브러리 중 하나는 기초선형대수 부프로그램$^{\text{Basic Linear Algebra Subprograms}}$(BLAS)이다. BLAS 구현은 널리 사용되는 파이썬 외부 수학 라이브러리인 NumPy의 기반이다.

GPU 외에도 CPU에는 벡터 및 행렬 처리 속도를 높일 수 있는 확장 기능이 있다. NumPy는 **단일 명령 다중 데이터**$^{\text{Single Instruction Multiple Data}}$(SIMD) 명령을 사용하는 함수를 포함한다. SIMD 명령어는 여러 데이터 조각을 한 번에 처리할 수 있는 특수 마이크로프로세서 명령어다. **벡터 명령어**라고도 알려져 있다.

다른 마이크로프로세서는 다른 SIMD 명령을 포함한다. 예를 들어 G4(2000년대 초반에 발견된 PowerPC 아키텍처 프로세서)에 대한 SIMD 확장은 AltiVec이다. 아이폰에서 사용되는 것과 같은 ARM 마이크로프로세서의 확장은 NEON이다. 최신 인텔 마이크로프로세서에는 MMX, SSE, SSE2, SSE3으로 알려진 SIMD 확장이 포함된다. 여기서 차이점을 알 필요는 없다. NumPy와 같은 라이브러리는 프로그램이 실행되는 기본 아키텍처에서 효율적으로 계산하기 위해 올바른 설정을 자동으로 선택한다.

현업에서 신경망 라이브러리(이 장의 우리 라이브러리와 달리)는 파이썬 표준 라이브러리 리스트 대신 NumPy 배열을 기본 자료구조로 사용한다. 또한 텐서플로^{TensorFlow}나 파이토치^{PyTorch}와 같은 널리 사용되는 파이썬 신경망 라이브러리는 SIMD 명령을 사용할 뿐만 아니라 GPU를 광범위하게 사용한다. GPU는 빠른 벡터 계산을 위해 설계되었기 때문에 CPU에서만 신경망을 실행하는 것과 비교하여 몇 배 빠르다.

이 장에서 작성한 코드처럼 파이썬 표준 라이브러리만 사용하여 상용으로 신경망을 구현하고 싶진 않을 것이다. 대신 텐서플로와 같이 잘 최적화된 SIMD 및 GPU 라이브러리를 사용해야 한다. 교육용으로 설계된 신경망 라이브러리나 SIMD 명령 또는 GPU 없이 내장 장치에서 실행하는 경우는 예외로 한다.

7.7 신경망 문제와 확장

신경망은 딥러닝의 발전 덕택에 인기를 끌고 있지만 몇 가지 단점이 있다. 가장 큰 문제는 문제에 대한 신경망 솔루션이 블랙박스라는 것이다. 신경망이 잘 동작하더라도 문제를 해결하는 방법에 대한 많은 통찰력을 제공하지 않는다. 예를 들어 이 장에서 작업한 붓꽃 데이터셋 분류기는 입력의 네 가지 매개변수 각각이 출력에 미치는 영향을 명확하게 보여주지 않는다. 각 샘플을 분류하는 데 꽃받침 길이가 꽃잎 너비보다 더 중요했었나?

훈련된 신경망의 최종 가중치를 신중하게 분석하면 어느 정도 통찰력을 제공할 수 있지만, 이러한 분석은 사소한 것이 아니며, 선형 회귀 분석은 모델링되는 함수의 각 변수의 의미와 관련하여 어떤 종류의 통찰력도 제공하지 않는다. 다시 말해 신경망은 문제를 해결할 수 있지만 문제가 어떻게 해결되는지는 설명하지 못한다.

신경망의 또 다른 문제는 답의 정확도를 높이기 위해 아주 큰 데이터셋이 필요하다는 것이다. 풍경 사진 분류기를 생각해보자. 수천 가지 유형의 사진(숲, 계곡, 산, 개울, 초원 등)을 분류해야 한다. 잠재적으로 수백만 개의 훈련 사진이 필요하다. 이러한 대규모 데이터셋은 쉽게 구할 수 없을 뿐만 아니라 일부 애플리케이션의 경우 전혀 존재하지 않을 수 있다. 이러한 대규모 데이터셋을 수집하고 저장할 수 있는 데이터 웨어하우징과 기술 시설을 갖춘 곳은 대기업과 정부뿐일 수도 있다.

마지막으로 신경망은 계산 비용이 크다. 붓꽃 데이터셋에 대한 훈련만으로도 파이썬 인터프리터가 벅찰 수 있다. 순수 파이썬은 계산 성능이 좋은 환경이 아니므로(NumPy 같은 C 언어 지원 라이브러리는 제외) 신경망이 사용되는 모든 플랫폼에서 신경망을 훈련하는 데 수행해야 하는 계산 시간이 많이 소요된다. 신경망의 성능을 높이기 위해 SIMD 명령어나 GPU를 사용하는 등의 많은 꼼수가 필요하다. 궁극적으로 신경망을 훈련하기 위해서는 많은 부동소수점 연산이 필요하다.

한 가지 알아둘 점은 실제로 신경망을 사용하는 것보다 훈련비용이 훨씬 더 크다는 것이다. 어떤 애플리케이션은 지속적인 훈련을 필요로 하지 않는다. 이 경우 훈련된 신경망을 애플리케이션에 심어서 문제를 해결할 수 있다. 예를 들어 애플 코어 머신러닝 Apple's Core ML 프레임워크의 첫 번째 버전은 훈련을 지원하지 않는다. 대신 앱 개발자가 앱에서 사전 훈련된 신경망 모델을 실행할 수 있도록 돕는 것만 지원한다. 사진 앱을 만드는 앱 개발자는 무료 라이선스가 부여된 이미지 분류 모델을 내려받아서 코어 머신러닝에 적용한 후 앱에서 즉시 머신러닝을 사용할 수 있다.

이 장에서는 역전파가 있는 전방 전달 신경망, 즉 단일 유형의 신경망만 사용했다. 이 외에도 다른 많은 종류의 신경망이 존재한다. 합성곱 convolutional 신경망도 전방 전달이지만 여러 유형의 은닉층, 가중치 분배를 위한 메커니즘, 이미지 분류를 위해 설계된 기타 흥미로운 속성 등이 있다. 반복적인 신경망에서는 신호가 한 방향으로만 이동하지 않는다. 그들은 피드백 반복 feedback loop 을 허용하며 필기 인식과 음성 인식 같은 연속 애플리케이션에 유용하다는 것이 입증되었다.

여기서 구현한 신경망에 대한 간단한 확장은 편향 bias 뉴런을 포함하는 것이다. 편향 뉴런은 다음 층의 출력이 그 안에 일정한 입력(여전히 가중치에 의해 수정됨)을 제공함으로써 더 많은 기능을 나타내도록 하는 층의 더미 뉴런과 같다. 현업에서 사용되는 단순한 신경망도 편향 뉴런을 포함한다. 기존 신경망에 편향 뉴런을 추가하면 비슷한 수준의 정확도를 달성하기 위해 훈련이 덜 필요하다는 것을 알게 될 것이다.

7.8 적용사례

인공 신경망은 20세기 중반에 처음 이미지화되었지만 지난 10년 동안에는 그렇게 인기가 많지 않았다. 지금처럼 충분한 성능을 갖춘 하드웨어가 부족했기 때문이다. 하드웨어의 성능 발전으로 현재 인공 신경망은 머신러닝에서 폭발적으로 성장하고 있다.

인공 신경망은 수십 년 동안 가장 흥미로운 사용자 대면 애플리케이션 개발을 가능하게 만들었다. 음성 인식, 이미지 인식 및 필기 인식이 여기에 포함된다. 음성 인식은 Dragon Naturally Speaking과 같은 보조 타이핑 소프트웨어와 시리 Siri, 알렉사 Alexa, 코타나 Cortana 같은 디지털 보조 장치에 존재한다. 이미지 인식의 예는 페이스북에서 얼굴 인식을 사용하여 사진 속 인물을 자동으로 태그하는 것이다. 최신 버전의 iOS에서는 필기 인식을 이용하여 노트 검색을 할 수 있다.

신경망으로 사용할 수 있는 오래된 인식 기술은 광학 문자 인식^{Optical Character Recognition} (OCR)이다. OCR은 문서 이미지를 스캔하여 텍스트로 반환한다. OCR을 사용하면 톨게이트에서 자동차 번호판을 읽거나 우체국에서 우편물을 신속하게 정리할 수 있다.

이 장에서는 신경망을 사용해서 간단한 분류 문제를 해결했다. 분류 문제에서 신경망이 잘 작동하는 유사한 애플리케이션은 추천 시스템이다. 사용자 취향에 맞게 넷플릭스에서 영화를 추천하거나 아마존에서 책을 추천하는 사례를 들 수 있다. 추천 시스템에 잘 작동하는 다른 머신러닝 기법도 있다(아마존과 넷플릭스에서는 이러한 목적으로 반드시 신경망을 사용하지 않으며, 추천 시스템의 세부 내용은 다를 수 있다). 따라서 신경망은 모든 옵션을 확인한 후에 선택해야 한다.

신경망은 알 수 없는 내용을 근사화하는 모든 상황에서 사용할 수 있어서 예측에 유용하게 쓰인다. 스포츠 행사, 선거, 주식 시장의 결과를 예측하는 데 사용할 수 있다. 물론 정확도는 훈련 수준과 데이터셋의 규모, 신경망의 매개변수가 얼마나 잘 조정되었는지, 얼마나 많은 반복 훈련을 했는지에 따라 다르다. 신경망을 사용한 예측에서 가장 어려운 부분은 신경망 자체의 구조를 결정하는 것이며, 이 구조는 대부분 시행착오에 의해 결정된다.

7.9 연습문제

1. 이 장에서 구현한 신경망 프레임워크를 사용하여 다른 데이터셋의 항목을 분류해보라.

2. 이 장에서 소개한 두 가지 CSV 구문 분석 예제를 모두 대체할 수 있는 유연한 매개변수를 사용하여 parse_CSV( ) 제네릭 함수를 구현하라.

3. 다른 활성화 함수를 사용하여 예제들을 실행해보라(이에 대한 미분법도 찾아야 한다). 활성화 함수 변경이 신경망 정확도에 어떤 영향을 끼치는가? 더 많은 훈련이 필요한가?

4. 텐서플로나 파이토치 같은 인기 있는 신경망 프레임워크를 사용하여 이 장의 문제를 다시 풀어보라.

5. NumPy로 Network, Layer, Neuron 클래스를 다시 작성하여 신경망의 실행을 가속화해보라.

## CHAPTER 8

적대적 탐색

2인용 게임, 제로섬, 완전 정보 게임은 상대방의 게임 상태에 대한 모든 정보를 가지고 있는 게임이며, 한 사람에게 이점이 있으면, 다른 사람에게는 불리한 점이 있다. 이러한 게임에는 틱택토, 커넥트포, 체커스, 체스 등이 있다. 이 장에서는 이러한 게임을 할 수 있는 인공적인 상대 플레이어를 만드는 법을 배운다. 실제로 여기서 다루는 기술은 현대 컴퓨팅 기술과 결합하여 간단한 게임을 완벽하게 실행하는 인공적인 상대 플레이어를 만들 수 있으며, 인간의 능력을 뛰어넘는 복잡한 게임을 할 수 있다.

8.1 보드게임 구성 요소

이 책에서 다루는 대부분의 문제와 마찬가지로 가능한 한 제네릭을 사용하여 문제를 해결할 것이다. 적대적 탐색의 경우 탐색 알고리즘을 게임별로 지정하지 않는다. 탐색 알고리즘에 필요한 모든 상태를 정의하는 간단한 기본 클래스를 정의하여 구현을 시작한다. 이후에 구현하고자 하는 특정 게임(틱택토, 커넥트포)에서 기본 클래스를 서브클래스로 상속받고, 서브클래스에서 탐색 알고리즘을 사용하여 게임을 실행한다. 기본 클래스는 다음과 같다.

```python
from __future__ import annotations
from typing import NewType, List
from abc import ABC, abstractmethod

Move = NewType('Move', int)


class Piece:
    @property
    def opposite(self) -> Piece:
        raise NotImplementedError("서브클래스로 구현해야 합니다.")


class Board(ABC):
    @property
    @abstractmethod
    def turn(self) -> Piece:
        ...

    @abstractmethod
    def move(self, location: Move) -> Board:
        ...

    @property
    @abstractmethod
    def legal_moves(self) -> List[Move]:
        ...

    @property
    @abstractmethod
    def is_win(self) -> bool:
        ...

    @property
    def is_draw(self) -> bool:
        return (not self.is_win) and (len(self.legal_moves) == 0)

    @abstractmethod
    def evaluate(self, player: Piece) -> float:
        ...
```

Move 타입은 게임에서 이동을 나타내며, 정수 타입이다. 틱택토나 커넥트포 같은 게임에서는 말을 정수만큼 특정 위치로 이동할 수 있다. Piece 클래스는 게임보드의 말에 대한 기본 클래스다. 또한 두 개의 턴^{turn} 표시를 한다. 이 때문에 opposite 속성이 필요하다. 게임에서 턴은 플레이어가 말을 놓을 수 있는 차례를 말한다.

> **TIP** 틱택토와 커넥트포는 한 종류의 말만 있으므로 Piece 클래스는 두 개의 턴 표시를 할 수 있다. 체스와 같이 다양한 종류의 말을 가진 복잡한 게임의 경우 턴을 정수나 부울값으로 표시할 수 있다. 또는 더 복잡한 Piece 클래스의 경우 '색상'을 이용하여 턴을 나타낼 수 있다.

Board 추상 클래스는 게임의 상태를 관리한다. 탐색 알고리즘이 계산할 게임에 대해 우리는 다음 네 가지 질문에 답할 수 있어야 한다.

- 누구 차례인가?
- 말은 현재 위치에서 어디로 움직일 수 있는가?
- 이겼는가?
- 무승부인가?

무승부에 대한 마지막 질문은 바로 전 두 질문을 조합한 것이다. 게임에서 말이 이길 수 있는 움직임이 더 이상 없다면 무승부다. 추상 클래스 Game에는 이에 대응하는 is_draw 속성이 있다. 클래스의 나머지 두 조치를 살펴보자.

- 현재 위치에서 새 위치로 이동한다.
- 플레이어의 말 위치를 평가하여 어느 쪽이 유리한지 확인한다.

Board 클래스의 각 메서드와 속성은 위 네 가지 질문이나 두 조치에 대응한다. Board 클래스는 게임 용어에 따라 Position 클래스로 명명할 수 있지만, 각 서브클래스에서는 좀 더 구체적인 이름을 사용할 것이다.

8.2 틱택토

틱택토^{tic-tac-toe}는 간단한 게임이지만 커넥트포, 체커스, 체스와 같은 고급 전략 게임에 적용되는 최소최대^{minimax} 알고리즘을 사용하여 구현할 수 있다. 최소최대 알고리즘을 사용하여 완벽하게 실행되는 틱택토 AI를 만들어보자.

8.2.1 틱택토 상태 관리

틱택토 게임의 진행 상황을 추적하는 클래스를 구현해보자.

먼저 틱택토 보드의 각 말을 나타내는 방법이 필요하다. 먼저 TTTPiece 열거형^{Enum} 클래스에서 Piece 클래스를 상속받는다. 틱택토 말은 X, O, 빈 공간으로 표시(열거형에서는 E로 표시)된다.

예제 8-2 tectactoe.py

```python
from __future__ import annotations
from typing import List
from enum import Enum
from board import Piece, Board, Move

class TTTPiece(Piece, Enum):
    X = "X"
    O = "O"
    E = " "  # 빈 공간

    @property
    def opposite(self) -> TTTPiece:
        if self == TTTPiece.X:
            return TTTPiece.O
        elif self == TTTPiece.O:
            return TTTPiece.X
        else:
            return TTTPiece.E

    def __str__(self) -> str:
        return self.value
```

TTTPiece 클래스에는 상대방의 TTTPiece 클래스를 반환하는 opposite 속성이 있다. 이것은 틱택토에서 한 플레이어의 말이 이동한 후 다른 플레이어의 턴이 왔을 때 사용한다. 보드에서 말의 이동을 표시하기 위해 말이 놓일 보드의 사각형에 해당하는 정수를 사용한다. board.py 에서 Move 타입을 정수로 정의했다.

틱택토 보드에는 3행 3열로 구성된 9개의 위치가 있다. 9개의 위치는 1차원 리스트를 사용하여 간단하게 표현할 수 있다. 보드의 위치는 리스트 인덱스를 사용하여 [그림 8-1]과 같이 표현한다.

그림 8-1 틱택토 보드의 각 위치에 해당하는 1차원 리스트 인덱스

TTTBoard 클래스는 게임 상태를 저장하며, 서로 다른 두 말의 상태를 추적한다.

- 위치(1차원 리스트로 나타냄)
- 플레이어 턴

예제 8-3 tectactoe.py (계속)

```python
class TTTBoard(Board):
    def __init__(self, position: List[TTTPiece] = [TTTPiece.E] * 9, turn:
     TTTPiece = TTTPiece.X) -> None:
        self.position: List[TTTPiece] = position
        self._turn: TTTPiece = turn

    @property
    def turn(self) -> Piece:
        return self._turn
```

처음에는 보드 위에 말이 없다(빈 보드). Board 클래스의 생성자에는 X(틱택토의 첫 번째 플레이어)를 이동하여 위치를 초기화하는 기본 매개변수가 있다. 여기서 _turn 인스턴스 변수와 turn 속성은 무슨 역할을 할까? 이들은 모든 Board 클래스의 서브클래스가 자신의 턴을 추적할 수 있도록 하는 꼼수다. 파이썬은 서브클래스에서 특정 인스턴스 변수를 포함하는 추상 클래스를 분명하게 명시할 수 없어서 속성과 같은 메커니즘을 사용한다.

TTTBoard 클래스는 비공식적으로 변경이 불가능한[immutable] 자료구조다. TTTBoard 객체를 수정해선 안 된다. 대신 플레이어의 말이 이동할 때마다 위치가 변경된 새 TTTBoard 객체가 생성된다. 이 로직은 나중에 탐색 알고리즘에 도움을 준다. 탐색을 분기할 때 잠재적인 움직임을 분석하면서 보드 위치를 실수로 변경하지 않는다.

예제 8-4 tectactoe.py (계속)

```python
def move(self, location: Move) -> Board:
    temp_position: List[TTTPiece] = self.position.copy()
    temp_position[location] = self._turn
    return TTTBoard(temp_position, self._turn.opposite)
```

틱택토 플레이어의 말은 보드의 모든 빈 공간으로 이동할 수 있다. 아래 legal_moves 속성은 리스트 컴프리헨션을 사용하여 말이 이동할 수 있는 곳을 파악한다.

예제 8-5 tectactoe.py (계속)

```python
@property
def legal_moves(self) -> List[Move]:
    return [Move(l) for l in range(len(self.position)) if self.position[l] ==
        TTTPiece.E]
```

리스트 컴프리헨션은 이동할 수 있는 정수 위치 리스트에 대한 인덱스다. 또한 board.py의 Move 역시 정수형으로 정의되어 legal_moves 속성을 간결하게 정의한다.

틱택토 보드의 행과 열, 대각선을 스캔하여 승리를 확인하는 여러 가지 방법이 있다. 다음 is_win 속성의 구현은 and, or, == 연산자를 사용하여 하드코딩되어 있다. 코드가 예쁘진 않지만 직관적이다.

예제 8-6 tectactoe.py (계속)

```python
@property
def is_win(self) -> bool:
    # 3행, 3열, 2개의 대각선을 확인한다.
    return self.position[0] == self.position[1] and self.position[0] ==
        self.position[2] and self.position[0] != TTTPiece.E or \
        self.position[3] == self.position[4] and self.position[3] ==
        self.position[5] and self.position[3] != TTTPiece.E or \
```

```
    self.position[6] == self.position[7] and self.position[6] ==
     self.position[8] and self.position[6] != TTTPiece.E or \
    self.position[0] == self.position[3] and self.position[0] ==
     self.position[6] and self.position[0] != TTTPiece.E or \
    self.position[1] == self.position[4] and self.position[1] ==
     self.position[7] and self.position[1] != TTTPiece.E or \
    self.position[2] == self.position[5] and self.position[2] ==
     self.position[8] and self.position[2] != TTTPiece.E or \
    self.position[0] == self.position[4] and self.position[0] ==
     self.position[8] and self.position[0] != TTTPiece.E or \
    self.position[2] == self.position[4] and self.position[2] ==
     self.position[6] and self.position[2] != TTTPiece.E
```

행과 열, 대각선의 위치가 모두 비어 있지 않고, 모두 같은 말이 놓여 있다면 게임에서 승리한 것이다.

어느 한 줄에 같은 말이 놓여 있지 않고, 더 이상 움직일 곳이 없다면 무승부다. 이 속성은 Board 추상 클래스에 의해 이미 선언되어 있다. 마지막으로 말의 위치를 평가하고, 보드를 예쁘게 출력하는 일만 남았다.

예제 8-7 tectactoe.py (계속)

```python
def evaluate(self, player: Piece) -> float:
    if self.is_win and self.turn == player:
        return -1
    elif self.is_win and self.turn != player:
        return 1
    else:
        return 0

def __repr__(self) -> str:
    return f"""{self.position[0]}|{self.position[1]}|{self.position[2]}
-----
{self.position[3]}|{self.position[4]}|{self.position[5]}
-----
{self.position[6]}|{self.position[7]}|{self.position[8]}"""
```

대부분 게임에서 위치 평가는 근사치가 될 필요가 있다. 플레이어 말의 이동에 따라 누가 이기거나 지는지 끝까지 탐색할 수 없기 때문이다. 그러나 틱택토는 어느 위치에서나 끝까지 탐색할 수 있는 충분한 탐색 공간을 갖고 있다. evaluate( ) 메서드는 플레이어가 이기면 한 숫자를 반환하고, 비기면 더 낮은 숫자를, 지면 훨씬 더 낮은 숫자를 반환할 수 있다.

8.2.2 최소최대 알고리즘

최소최대^{minimax}는 틱택토, 체커, 체스와 같은 완벽한 정보를 가진 2인용 제로섬$^{zero-sum}$ 게임에서 최적의 이동을 찾는 고전 알고리즘이다. 이 알고리즘은 다른 유형의 게임에서 수정 및 확장되어 사용된다. 최소최대 알고리즘은 각 플레이어가 최대화 플레이어 또는 최소화 플레이어로 지정된 재귀 함수를 사용하여 구현한다.

최대화 플레이어는 최대 이익을 얻을 수 있는 이동을 목표로 한다. 최대화 플레이어는 최소화 플레이어의 이동을 고려해야 한다. 최소최대 알고리즘은 최대화 플레이어의 이득을 최대화하려는 시도 후 재귀적으로 호출되어 상대방 최대화 플레이어의 이득을 최소화하는 이동을 찾는다. 이는 재귀 함수의 기저 조건에 도달할 때까지 계속 반복된다(최대화, 최소화, 최대화, ...). 기저 조건은 게임 종료 위치(승리 또는 무승부) 또는 최대 탐색 깊이다.

최소최대 알고리즘은 최대화 플레이어의 시작 위치에 대한 평가 점수를 반환한다. TTTBoard 클래스의 evaluate( ) 메서드에서 플레이어가 최대화 플레이어에게 이기면 1점, 지면 −1점, 비기면 0점을 얻는다.

이 점수는 기저 조건에 도달하면 반환되는데, 이 기저 조건에 연결된 모든 재귀 호출을 통해 점수가 버블링된다. 최대화 작업에서 각 재귀 호출은 최고 평가를 위해 한 단계 더 버블링한다. 반대로 최소화 작업에서 각 재귀호출은 최저 평가를 위해 한 단계 더 버블링한다. 이러한 방식으로 의사 결정 트리가 작성된다. [그림 8-2]는 두 턴이 남은 이동에서 게임을 버블링할 수 있는 트리를 보여준다.

탐색 공간이 너무 커서 게임 종료 위치에 도달할 수 없는 게임의 경우(체커나 체스 같은 게임) 최소최대 알고리즘은 특정 깊이(탐색을 위한 말의 이동 깊이 수. **플라이**^{ply}라고도 함)까지 탐색 후 중단된다. 그런 다음 휴리스틱을 사용하여 게임 상태를 평가한다. 게임을 먼저 시작한 플레이어가 유리하다. 나중에 틱택토보다 더 넓은 탐색 공간이 있는 커넥트포를 구현할 것이다.

그림 8-2 틱택토 게임에서 두 턴이 남은 최소최대 알고리즘의 의사 결정 트리. 승리 가능성을 최대화하기 위해 첫 번째 플레이어 O는 보드의 하단 중앙을 선택한다. 화살표는 결정이 내려진 위치를 의미한다.

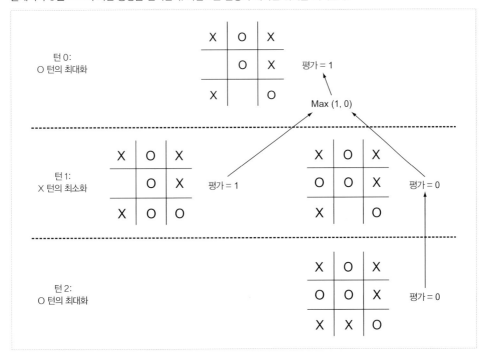

아래 minimax() 함수를 살펴보자.

예제 8-8 minimax.py

```python
from __future__ import annotations
from board import Piece, Board, Move

# 게임 플레이어의 가능한 최선의 움직임을 찾는다.
def minimax(board: Board, maximizing: bool, original_player: Piece, max_depth:
 int = 8) -> float:
    # 기저 조건 - 게임 종료 위치 또는 최대 깊이에 도달한다.
    if board.is_win or board.is_draw or max_depth == 0:
        return board.evaluate(original_player)

    # 재귀 조건 - 이익을 극대화하거나 상대방의 이익을 최소화한다.
    if maximizing:
        best_eval: float = float("-inf") # 낮은 시작 점수
        for move in board.legal_moves:
```

```
            result: float = minimax(board.move(move), False, original_player,
             max_depth - 1)
            best_eval = max(result, best_eval) # 가장 높은 평가를 받은 위치로 움직인다.
        return best_eval
    else: # 최소화
        worst_eval: float = float("inf") # 높은 시작 점수
        for move in board.legal_moves:
            result = minimax(board.move(move), True, original_player,
             max_depth - 1)
            worst_eval = min(result, worst_eval) # 가장 낮은 평가를 받은 위치로 움직인다.
        return worst_eval
```

각 재귀 호출마다 보드 위치, 최대화 또는 최소화, 플레이어(original_player) 위치 평가에 대한 내용을 추적한다. minimax() 함수의 처음 몇 줄은 기저 조건이며, 게임 종료 위치(승리, 패배, 무승부)와 지정한 최대 깊이에 도달했는지 확인한다. 그 외 나머지는 재귀 조건이다.

재귀 조건 중 하나인 최대화는 가능한 한 가장 높은 평가를 받는 움직임을 찾는다. 그 반대로 최소화는 가장 낮은 평가를 받는 움직임을 찾는다. 최대화와 최소화는 기저 조건(게임 종료 위치 또는 최대 깊이)에 도달할 때까지 번갈아가며 실행된다.

불행히도 주어진 보드 위치에 가장 적합한 움직임을 찾기 위해 minimax() 함수를 사용할 수 없다. 이 함수는 평가(부동소수점)를 반환한다. 그러므로 가장 좋은 첫 번째 움직임이 그 평가를 이끌어낸 것은 아니다.

대신 find_best_move() 헬퍼 함수를 생성하여 각 유효한 이동에 대해 minimax() 함수 호출을 반복하여 가장 높은 값으로 평가되는 이동을 찾는다. find_best_move() 함수는 minimax() 함수의 첫 번째 최대화 호출로 생각할 수 있지만, 게임 보드의 초기 움직임을 추적한다.

예제 8-9 minimax.py (계속)

```
# 최대 깊이(max_depth) 전까지 최선의 움직임을 찾는다.
def find_best_move(board: Board, max_depth: int = 8) -> Move:
    best_eval: float = float("-inf")
    best_move: Move = Move(-1)
    for move in board.legal_moves:
        result: float = alphabeta(board.move(move), False, board.turn, max_depth)
        if result > best_eval:
```

```
                best_eval = result
                best_move = move
    return best_move
```

이제 틱택토 게임에서 가능한 최선의 움직임을 찾을 수 있다.

8.2.3 틱택토에서 최소최대 알고리즘 테스트하기

틱택토는 주어진 위치에서 명확하고 올바른(상대방을 이기는) 움직임을 알아내기 쉬운 정말 간단한 게임이다. 단위 테스트$^{unit\ test}$ 또한 쉽게 구현할 수 있다. 다음 코드는 틱택토의 세 가지 시나리오를 테스트한다. 첫 번째는 다음 이동에 게임을 이기는 위치를 테스트한다. 두 번째는 상대방이 이기는 상황을 막는다. 마지막은 앞으로의 두 수를 생각해야 하는 조금 더 복잡한 테스트다.

예제 8-10 tictactoe_tests.py

```python
import unittest
from typing import List
from minimax import find_best_move
from tictactoe import TTTPiece, TTTBoard
from board import Move


class TTTMinimaxTestCase(unittest.TestCase):
    def test_easy_position(self):
        # 다음 턴에 X가 이겨야 한다.
        to_win_easy_position: List[TTTPiece] = [TTTPiece.X, TTTPiece.O, TTTPiece.X,
                                                TTTPiece.X, TTTPiece.E, TTTPiece.O,
                                                TTTPiece.E, TTTPiece.E, TTTPiece.O]
        test_board1: TTTBoard = TTTBoard(to_win_easy_position, TTTPiece.X)
        answer1: Move = find_best_move(test_board1)
        self.assertEqual(answer1, 6)

    def test_block_position(self):
        # O의 승리를 막아야 한다.
        to_block_position: List[TTTPiece] = [TTTPiece.X, TTTPiece.E, TTTPiece.E,
                                             TTTPiece.E, TTTPiece.E, TTTPiece.O,
                                             TTTPiece.E, TTTPiece.X, TTTPiece.O]
        test_board2: TTTBoard = TTTBoard(to_block_position, TTTPiece.X)
```

```
            answer2: Move = find_best_move(test_board2)
            self.assertEqual(answer2, 2)

        def test_hard_position(self):
            # 남은 두 턴을 고려해서 최선의 이동을 찾는다.
            to_win_hard_position: List[TTTPiece] = [TTTPiece.X, TTTPiece.E, TTTPiece.E,
                                        TTTPiece.E, TTTPiece.E, TTTPiece.O,
                                        TTTPiece.O, TTTPiece.X, TTTPiece.E]
            test_board3: TTTBoard = TTTBoard(to_win_hard_position, TTTPiece.X)
            answer3: Move = find_best_move(test_board3)
            self.assertEqual(answer3, 1)

    if __name__ == '__main__':
        unittest.main()
```

tictactoe_tests.py 파일을 실행하면 세 가지 테스트 모두 통과한다.

> **TIP** 최소최대 알고리즘은 코드가 길지 않고, 틱택토 외 다른 많은 게임에서도 적용 가능하다. 다른 게임에 최소최대 알고리즘을 구현하는 경우 Board 클래스와 같이 최소최대 알고리즘에 적합한 자료구조를 사용하는 것이 중요하다. 최소최대 알고리즘에서 흔히 저지르는 실수는 재귀 호출에 의해 변경되는 수정 가능한 자료구조를 사용하여 계속되는 다음 호출에서 원래 게임 상태를 가져오지 못하는 것이다.

8.2.4 틱택토 AI

틱택토 게임에 필요한 구현을 마쳤다. 이제 남은 건 틱택토 게임을 할 수 있는 컴퓨터 플레이어를 개발하는 것이다. 틱택토 AI는 테스트 위치를 평가하는 대신 상대방 말의 움직임에 의해 생성된 위치만 평가하게 된다. 다음 짧은 코드 조각에서 틱택토 AI는 먼저 말을 두는 인간을 상대로 플레이한다.

예제 8-11 tictactoe_ai.py

```
from minimax import find_best_move
from tictactoe import TTTBoard
from board import Move, Board

board: Board = TTTBoard()
```

```python
def get_player_move() -> Move:
    player_move: Move = Move(-1)
    while player_move not in board.legal_moves:
        play: int = int(input("이동할 위치를 입력하세요 (0-8): "))
        player_move = Move(play)
    return player_move


if __name__ == "__main__":
    # 메인 게임 루프
    while True:
        human_move: Move = get_player_move()
        board = board.move(human_move)
        if board.is_win:
            print("당신이 이겼습니다!")
            break
        elif board.is_draw:
            print("비겼습니다!")
            break
        computer_move: Move = find_best_move(board)
        print(f"컴퓨터가 {computer_move}(으)로 이동했습니다.")
        board = board.move(computer_move)
        print(board)
        if board.is_win:
            print("컴퓨터가 이겼습니다!")
            break
        elif board.is_draw:
            print("비겼습니다!")
            break
```

minimax.py 파일에서 find_best_move( ) 함수의 max_depth 변수의 기본값은 8이므로 틱택토 컴퓨터 플레이어는 항상 게임의 마지막 수까지 생각한다(틱택토에서 최대 이동 수는 9이고, 컴퓨터 플레이어는 두 번째 차례다). 따라서 매 게임마다 완벽하게 알고리즘이 동작한다. 완벽한 게임은 두 상대가 매 턴마다 최선의 이동을 한다. 틱택토의 완벽한 게임 결과는 비기는 것이다. 즉, 컴퓨터 플레이어를 이길 수 없다. 최선을 다해도 무승부가 된다. 조금이라도 실수하면 컴퓨터 플레이어가 이긴다. 파일을 실행하여 직접 게임을 해보자. 절대 이길 수 없다!

8.3 커넥트포

커넥트포[1]는 세워져 있는 7×6 격자판에 두 명의 플레이어가 교대로 말을 두어 가로, 세로 또는 대각선 4개를 만들면 이기는 게임이다. 플레이어는 매 턴마다 7개의 열 중 어디에 말을 둘지 결정한다. 플레이어가 가로, 세로 또는 대각선 4개를 만들지 못하고, 보드가 완전히 채워지면 무승부가 된다.

8.3.1 커넥트포 구현

커넥트포는 여러 가지 면에서 틱택토와 비슷하다. 두 게임 모두 격자 위에서 진행되며 플레이어가 이길 수 있도록 말을 격자 위에 놓는다. 커넥트포는 틱택토보다 격자판이 더 크고 이길 수있는 방법이 많아서 각 플레이어 말의 위치를 평가하는 것이 훨씬 더 복잡하다.

다음 코드 중 일부는 틱택토와 매우 유사해 보이지만 자료구조와 평가 방법은 상당히 다르다. 두 게임 모두 이 장의 시작부분에서 본 것과 동일한 Piece와 Board 클래스의 서브클래스로 구현되어 두 게임 모두에 minimax( ) 함수를 사용할 수 있다.

예제 8-12 connectfour.py

```python
from __future__ import annotations
from typing import List, Optional, Tuple
from enum import Enum
from board import Piece, Board, Move


class C4Piece(Piece, Enum):
    B = "B"
    R = "R"
    E = " " # 빈 공간

    @property
    def opposite(self) -> C4Piece:
        if self == C4Piece.B:
            return C4Piece.R
        elif self == C4Piece.R:
            return C4Piece.B
```

----

1 커넥트포는 Hasbro, Inc의 상표다. 이 책에서는 게임 설명과 코드 구현에 대해서만 다룬다.

```python
        else:
            return C4Piece.E

    def __str__(self) -> str:
        return self.value
```

C4Piece 클래스는 TTTPiece 클래스와 거의 비슷하다.

다음 코드는 일정 크기의 커넥트포 격자에서 플레이어가 이기는 세그먼트(부분)를 생성하는 함수다.

예제 **8-13** connectfour.py (계속)

```python
def generate_segments(num_columns: int, num_rows: int, segment_length: int) ->
List[List[Tuple[int, int]]]:
    segments: List[List[Tuple[int, int]]] = []
    # 수직 세그먼트를 생성한다.
    for c in range(num_columns):
        for r in range(num_rows - segment_length + 1):
            segment: List[Tuple[int, int]] = []
            for t in range(segment_length):
                segment.append((c, r + t))
            segments.append(segment)

    # 수평 세그먼트를 생성한다.
    for c in range(num_columns - segment_length + 1):
        for r in range(num_rows):
            segment = []
            for t in range(segment_length):
                segment.append((c + t, r))
            segments.append(segment)

    # 왼쪽 아래에서 오른쪽 위 대각선의 세그먼트를 생성한다.
    for c in range(num_columns - segment_length + 1):
        for r in range(num_rows - segment_length + 1):
            segment = []
            for t in range(segment_length):
                segment.append((c + t, r + t))
            segments.append(segment)

    # 왼쪽 위에서 오른쪽 아래 대각선의 세그먼트를 생성한다.
    for c in range(num_columns - segment_length + 1):
```

```
        for r in range(segment_length - 1, num_rows):
            segment = []
            for t in range(segment_length):
                segment.append((c + t, r - t))
            segments.append(segment)
    return segments
```

이 함수는 격자 위치 리스트의 리스트(열/행 조합의 튜플)를 반환한다. 리스트의 각 리스트에는 네 개의 격자 위치가 있다. 네 개의 격자 위치 리스트를 **세그먼트**라고 부른다. 보드의 세그먼트가 모두 같은 색 말이면 해당 색의 플레이어는 게임에서 이긴 것이다.

보드에서 모든 세그먼트를 빠르게 검색할 수 있으면 플레이어 말의 위치를 평가하고 게임이 끝났는지(누가 이겼는지) 확인하는 데 유용하다.

다음 코드에서 C4Board 클래스는 지정한 크기의 보드에서 세그먼트를 SEGMENTS 변수로 캐시한다.

예제 **8-14** connectfour.py (계속)

```
class C4Board(Board):
    NUM_ROWS: int = 6
    NUM_COLUMNS: int = 7
    SEGMENT_LENGTH: int = 4
    SEGMENTS: List[List[Tuple[int, int]]] = generate_segments(NUM_COLUMNS,
     NUM_ROWS, SEGMENT_LENGTH)
```

C4Board 클래스에는 Column이라 불리는 내부 클래스가 있다. 이 클래스는 우리가 틱택토에서 했던 것처럼 격자를 표현하기 위해 1차원 리스트를 사용할 수도 있고 2차원 리스트를 사용할 수도 있기 때문에 엄격히 필요한 것은 아니다. 또한 Column 클래스를 사용하면 격자 표현에 비해 성능이 약간 저하될 수 있다. 그러나 커넥트포 보드를 7개의 열 그룹으로 생각하면 개념적으로 이해하기 더 쉽기 때문에 C4Board 클래스의 나머지 코드 부분을 쉽게 작성할 수 있다.

예제 **8-15** connectfour.py (계속)

```
class Column:
    def __init__(self) -> None:
        self._container: List[C4Piece] = []
```

```
    @property
    def full(self) -> bool:
        return len(self._container) == C4Board.NUM_ROWS

    def push(self, item: C4Piece) -> None:
        if self.full:
            raise OverflowError("격자 열 범위에 벗어날 수 없습니다.")
        self._container.append(item)

    def __getitem__(self, index: int) -> C4Piece:
        if index > len(self._container) - 1:
            return C4Piece.E
        return self._container[index]

    def __repr__(self) -> str:
        return repr(self._container)

    def copy(self) -> C4Board.Column:
        temp: C4Board.Column = C4Board.Column()
        temp._container = self._container.copy()
        return temp
```

Column 클래스는 1, 2장에서 사용한 Stack 클래스와 매우 비슷하다. 커넥트포 격자 열은 게임이 진행되면서 말이 푸시되며, 절대 팝되지 않는 스택이다. 이전 스택과는 달리 커넥트포의 열은 여섯 개 항목으로 제한한다. 또한 흥미로운 점은 __getitem__() 특수 메서드로 Column 인스턴스를 인덱싱할 수 있어서 열 리스트를 2차원 리스트처럼 취급할 수 있다. __getitem__() 메서드는 _container 변수의 일부 특정 행에 항목이 없다면 빈 말을 반환한다.

아래 4개의 메서드는 틱택토의 메서드와 비슷하다.

예제 8-16 connectfour.py (계속)

```
    def __init__(self, position: Optional[List[C4Board.Column]] = None, turn:
  C4Piece = C4Piece.B) -> None:
        if position is None:
            self.position: List[C4Board.Column] = [C4Board.Column() for _ in
                range(C4Board.NUM_COLUMNS)]
        else:
            self.position = position
        self._turn: C4Piece = turn
```

```
    @property
    def turn(self) -> Piece:
        return self._turn

    def move(self, location: Move) -> Board:
        temp_position: List[C4Board.Column] = self.position.copy()
        for c in range(C4Board.NUM_COLUMNS):
            temp_position[c] = self.position[c].copy()
        temp_position[location].push(self._turn)
        return C4Board(temp_position, self._turn.opposite)

    @property
    def legal_moves(self) -> List[Move]:
        return [Move(c) for c in range(C4Board.NUM_COLUMNS) if not
         self.position[c].full]
```

헬퍼 메서드 _count_segment( )는 특정 세그먼트의 검은 말과 빨간 말의 수를 반환한다. 그리고 is_win( ) 메서드에서 보드의 세그먼트를 모두 확인한 뒤 _count_segment( ) 메서드를 사용하여 같은 색 말이 4개가 있는 세그먼트가 있는지 확인하여 승리를 결정한다.

예제 8-17 connectfour.py (계속)

```
    # 세그먼트에서 검은 말과 빨간 말의 수를 반환한다.
    def _count_segment(self, segment: List[Tuple[int, int]]) -> Tuple[int, int]:
        black_count: int = 0
        red_count: int = 0
        for column, row in segment:
            if self.position[column][row] == C4Piece.B:
                black_count += 1
            elif self.position[column][row] == C4Piece.R:
                red_count += 1
        return black_count, red_count

    @property
    def is_win(self) -> bool:
        for segment in C4Board.SEGMENTS:
            black_count, red_count = self._count_segment(segment)
            if black_count == 4 or red_count == 4:
                return True
        return False
```

틱택토의 TTTBoard 클래스와 마찬가지로 C4Board 클래스는 수정 없이 Board 추상 클래스의 is_draw 속성을 사용할 수 있다.

마지막으로 위치를 평가하기 위해 모든 대표 세그먼트를 한 번에 한 세그먼트씩 평가하고, 이를 합산하여 결과를 반환한다. 빨간 말과 검은 말이 함께 있는 세그먼트는 0점이다. 같은 색 말 두 개와 빈 공간 두 개가 있는 세그먼트는 1점이다. 같은 색 말 세 개가 있는 세그먼트는 100점이다. 같은 색 말 4개가 있는 세그먼트는 1,000,000점이다(승리). 세그먼트가 상대방의 세그먼트인 경우에는 0점이다. _evaluate_segment( ) 메서드는 이러한 공식을 사용하여 단일 세그먼트를 평가하는 헬퍼 메서드다. evaluate( ) 메서드는 _evaluate_segment( ) 메서드를 사용하여 모든 세그먼트의 총 점수를 반환한다.

예제 8-18 connectfour.py (계속)

```python
    def _evaluate_segment(self, segment: List[Tuple[int, int]], player: Piece) ->
    float:
        black_count, red_count = self._count_segment(segment)
        if red_count > 0 and black_count > 0:
            return 0 # 말이 혼합된 세그먼트는 0점이다.
        count: int = max(red_count, black_count)
        score: float = 0
        if count == 2:
            score = 1
        elif count == 3:
            score = 100
        elif count == 4:
            score = 1000000
        color: C4Piece = C4Piece.B
        if red_count > black_count:
            color = C4Piece.R
        if color != player:
            return -score
        return score

    def evaluate(self, player: Piece) -> float:
        total: float = 0
        for segment in C4Board.SEGMENTS:
            total += self._evaluate_segment(segment, player)
        return total

    def __repr__(self) -> str:
```

```
        display: str = ""
        for r in reversed(range(C4Board.NUM_ROWS)):
            display += "|"
            for c in range(C4Board.NUM_COLUMNS):
                display += f"{self.position[c][r]}" + "|"
            display += "\n"
        return display
```

8.3.2 커넥트포 AI

놀랍게도 틱택토에서 사용한 minimax( )와 find_best_move( ) 함수를 커넥트포에서도 똑같이 적용할 수 있다. 틱택토 AI 코드에서 몇 가지 사항만 변경하면 된다. 가장 큰 차이점은 max_depth 변수를 3으로 설정한 것이다. 이렇게 하면 컴퓨터 말의 동작당 사고 시간을 합리적으로 만들어준다. 즉, 커넥트포 AI는 앞의 최대 3수를 살펴본다(평가한다).

예제 8-19 connectfour_ai.py

```python
from minimax import find_best_move
from connectfour import C4Board
from board import Move, Board

board: Board = C4Board()


def get_player_move() -> Move:
    player_move: Move = Move(-1)
    while player_move not in board.legal_moves:
        play: int = int(input("이동할 열 위치를 입력하세요 (0-6): "))
        player_move = Move(play)
    return player_move


if __name__ == "__main__":
    # 메인 게임 루프
    while True:
        human_move: Move = get_player_move()
        board = board.move(human_move)
        if board.is_win:
            print("당신이 이겼습니다!")
            break
```

```
    elif board.is_draw:
        print("비겼습니다!")
        break
computer_move: Move = find_best_move(board, 3)
print(f"컴퓨터가 {computer_move}열을 선택했습니다.")
board = board.move(computer_move)
print(board)
if board.is_win:
    print("컴퓨터가 이겼습니다!")
    break
elif board.is_draw:
    print("비겼습니다!")
    break
```

커넥트포 AI를 실행해보자. 틱택토 AI와 달리 플레이어 말이 움직이는 데 몇 초가 걸린다. 플레이어가 신중하게 움직이지 않는 한 커넥트포 AI가 이길 것이다. 커넥트포 AI는 명백한 실수를 하지 않을 것이다. 탐색 깊이를 늘려서 AI 성능을 조금 더 높일 수 있지만 컴퓨터 말의 이동마다 계산 시간이 기하급수적으로 늘어난다.

TIP 커넥트포 게임이 컴퓨터 과학자들에 의해 '해결되었다'는 것을 알고 있는가? 게임이 해결되었다는 것은 어떤 위치에서든 최고의 움직임을 아는 것을 말한다. 커넥트포 게임에서 가장 좋은 이동은 맨 처음 말을 중앙에 놓는 것이다.

8.3.3 알파-베타 가지치기로 최소최대 알고리즘 개선하기

최소최대 알고리즘은 잘 작동하지만 매우 깊은 탐색은 할 수 없다. 하지만 **알파-베타 가지치기** alpha-beta pruning를 이용해서 이미 탐색한 위치보다 점수가 낮은 탐색 위치를 제외시키면 최소최대 알고리즘의 탐색 깊이를 향상시킬 수 있다. 이 마법은 최소최대 알고리즘의 재귀 호출 과정에서 알파와 베타의 두 가지 값을 추적하여 이뤄진다. **알파**는 탐색 트리에서 현재까지 발견된 최고의 최대화 움직임 평가를 나타낸다. **베타**는 상대방에 대해 현재까지 발견된 최고의 최소화 움직임 평가를 나타낸다. 베타가 알파보다 작거나 같으면 해당 위치의 탐색 분기를 더 이상 살펴볼 필요가 없다. 해당 위치 분기에서 발견될 위치보다 더 좋거나 같은 위치가 이미 발견되었기 때문이다. 휴리스틱은 탐색 공간을 크게 줄인다.

이러한 alphabeta( ) 함수를 살펴보자. 기존의 minimax.py 파일에 추가한다.

```python
def alphabeta(board: Board, maximizing: bool, original_player: Piece, max_depth:
 int = 8, alpha: float = float("-inf"), beta: float = float("inf")) -> float:
    # 기저 조건 - 종료 위치 또는 최대 깊이에 도달한다.
    if board.is_win or board.is_draw or max_depth == 0:
        return board.evaluate(original_player)

    # 재귀 조건 - 자신의 이익을 최대화하거나 상대방의 이익을 최소화한다.
    if maximizing:
        for move in board.legal_moves:
            result: float = alphabeta(board.move(move), False, original_player,
             max_depth - 1, alpha, beta)
            alpha = max(result, alpha)
            if beta <= alpha:
                break
        return alpha
    else:  # 최소화
        for move in board.legal_moves:
            result = alphabeta(board.move(move), True, original_player,
             max_depth - 1, alpha, beta)
            beta = min(result, beta)
            if beta <= alpha:
                break
        return beta
```

이제 코드에서 두 가지 내용을 변경하면 위 새 함수를 적용할 수 있다. minimax.py 코드에서 find_best_move() 함수가 minimax() 함수 대신 alphabeta() 함수를 사용하도록 변경한다. 그리고 connectfour_ai.py 코드에서 탐색 깊이를 3에서 5로 변경한다. 이러한 변경사항으로 커넥트포 플레이어는 AI를 이길 수 없다. 저자의 컴퓨터에서 탐색 깊이를 5로 설정했을 때 minimax() 함수를 사용하는 경우 컴퓨터가 말을 이동하는 데 약 3분 걸리고, alphabeta() 함수를 사용하는 경우 약 30초 걸린다. 기존 성능을 6배 개선했다. 꽤 놀라운 성능 개선이다.

8.4 알파-베타 가지치기를 넘어서

이 장에서 사용된 알고리즘은 심도 있게 연구되었으며 수년에 걸쳐서 많이 개선되었다. 한 예로 체스에서 말이 합법적으로 움직이는 시간을 단축하는 '비트보드[bitboard]'와 같은 기술이 있으며, 이는 대부분의 게임에서 활용할 수 있는 일반적인 기술이다.

일반적인 기술 중 하나는 반복 심화$^{\text{iterative deepening}}$다. 반복 심화에서는 탐색 함수가 먼저 최대 깊이 1로 실행한다. 그런 다음 최대 깊이 2, 3…으로 계속 실행하다가 지정된 시간제한에 걸리면 탐색을 중지하고 마지막으로 완료된 깊이의 결과를 반환한다.

이 장의 예제는 특정 깊이로 하드코딩되었다. 게임 시간에 제한이 없어서 컴퓨터가 생각하는 데 시간이 오래 걸려도 된다. 컴퓨터의 다음 움직임을 위해 고정된 탐색 깊이와 가변적인 시간 대신 반복 심화를 통해 가변적인 탐색 깊이와 고정된 시간을 사용하는 AI가 필요하다.

또 다른 개선사항으로 정적 탐색$^{\text{quiescence search}}$이 있다. 이 기술에서 최소최대 탐색 트리는 상대적으로 '정적인^{quiet}' 위치의 경로가 아닌 큰 변화를 일으키는 경로(예를 들어 바둑이나 체스에서의 신의 한수)에 따라 확장된다. 이런 방법에서 이상적인 탐색은 플레이어에게 큰 이점을 얻지 못할 위치에서 컴퓨터 계산 시간을 낭비하지 않을 것이다.

최소최대 탐색을 개선하는 가장 좋은 두 가지 방법은 할당된 시간 동안 더 깊이 탐색하거나 위치를 평가하는 데 사용되는 평가 함수를 개선하는 것이다. 같은 시간에 더 많은 위치를 탐색하려면 각 위치에서 더 적은 시간을 소비해야 한다. 코드 효율성을 높이거나 더 빠른 하드웨어를 사용해서 해결할 수 있다. 그러나 최대한 각 위치의 평가를 향상시켜서 코드로 문제를 개선하는 게 더 좋다. 위치를 평가하기 위해 더 많은 매개변수 또는 휴리스틱을 사용하면 시간이 더 걸릴 수 있다. 그러나 궁극적으로 더 좋은 움직임을 찾기 위해 탐색 깊이가 더 적은 깊이를 요구하는 더 좋은 방향으로 다음 턴이 이어질 수 있다.

체스에서 알파-베타 가지치기로 최소최대 검색에 사용되는 일부 평가 함수는 수십 개의 휴리스틱을 사용한다. 유전 알고리즘은 이러한 휴리스틱을 조정하는 데도 사용된다. 체스게임에서 나이트^{knight}(체스의 말 중 하나)를 잡는 게 좋을까? 비숍^{bishop}(체스의 말 중 하나)을 잡는 게 좋을까? 이러한 휴리스틱은 훌륭한 체스 엔진과 그저 좋은 체스 엔진을 구분하는 비법이 될 수 있다.

8.5 적용사례

알파-베타 가지치기와 같은 최소최대 알고리즘의 확장 대부분은 가장 현대적인 체스게임 엔진의 기초다. 이들은 다양한 전략 게임에 성공적으로 적용되었다. 대부분의 보드게임 인공 상대는 아마도 어떤 형태의 최소최대 알고리즘을 사용할 것이다.

최소최대 알고리즘과 알파-베타 가지치기와 같은 확장 기술은 체스게임에서 매우 효과적이어서 1997년 체스 세계챔피언인 게리 가스파로프가 IBM이 만든 체스게임 컴퓨터인 딥블루^{Deep} ^{Blue}에 패배했다. 이 경기는 당시 매우 흥미로운 이벤트였다. 체스는 지식인 최고의 영역으로 여겨졌다. 체스에서 컴퓨터가 인간의 능력을 능가할 수 있다는 사실은 인공지능을 진지하게 받아들여야 한다는 것을 의미했다.

20년이 지난 후에도 대다수의 체스게임 엔진은 최소최대 알고리즘을 기반으로 한다. 오늘날의 최소최대 알고리즘 기반의 체스게임 엔진은 세계 최고의 체스 플레이어보다 훨씬 뛰어나다. 새로운 머신러닝 기술은 (확장 기능이 있는) 순수한 최소최대 알고리즘 기반의 체스게임 엔진에 도전하기 시작했지만 아직 체스게임에서 우위를 확실하게 입증하지 못했다.

게임의 분기 요소가 높을수록 최소최대 알고리즘의 효과는 떨어진다. 분기 요인은 일부 게임의 특정 위치에서 발생 가능한 평균 이동 횟수다. 이것이 최근 보드게임 바둑^{Go}의 컴퓨터 플레이어의 진보가 머신러닝과 같은 다른 영역의 탐색을 요구하는 이유다. 이제 머신러닝 기반의 Go 인공지능은 바둑 최고수의 플레이어를 이겼다. Go의 분기 요소와 탐색 공간은 다음 수의 위치를 위해 트리를 생성하는 최소최대 알고리즘보다 더 압도적이다. 하지만 바둑은 규칙보다 예외다. 대부분의 기존 보드게임(체커, 체스, 커넥트포, 스크래블 등)은 최소최대 알고리즘이 잘 작동할 수 있을 만큼 충분히 작은 검색 공간을 가지고 있다.

턴 기반의 컴퓨터 게임에서 새 보드게임의 인공 상대를 구현하는 경우 최소최대 알고리즘을 가장 먼저 생각해봐야 한다. 최소최대 알고리즘은 경제 및 정치 시뮬레이션뿐만 아니라 게임 이론 실험에도 사용할 수 있다. 알파-베타 가지치기는 모든 형태의 최소최대 알고리즘에 적용되어야 한다.

8.6 연습문제

1. 틱택토에 단위 테스트를 추가하여 legal_moves, is_win, is_draw 속성이 잘 작동하는지 확인하라.

2. 커넥트포에 대한 최소최대 알고리즘의 단위 테스트를 작성하라.

3. tictactoe_ai.py와 connectfour_ai.py의 코드는 거의 비슷하다. 이 두 코드를 두 게임 모두에서 사용할 수 있도록 두 메서드로 작성하여 리팩토링하라.

4. 컴퓨터 플레이어가 자신과 게임할 수 있도록 connectfour_ai.py 코드를 변경해보자. 첫 번째 플레이어와 두 번째 플레이어 중 누가 더 많이 이기는가? 매번 같은 선수가 이기는가?

5. connectfour.py에서 평가 방법을 최적화하여 같은 시간 내에 더 높은 탐색 깊이를 가능하게 하는 방법을 찾아보라(기존 코드를 프로파일링하거나 다른 방법을 사용해도 좋다).

6. 합법적인 체스 이동 생성 및 체스 게임 상태 유지 관리를 위해 이 장에서 개발한 alphabeta( ) 함수를 파이썬 라이브러리와 함께 사용하여 체스 AI를 개발하라.

## CHAPTER 9

기타 문제

이 책을 통해 유명한 컴퓨터 과학 문제와 현대 소프트웨어 개발 문제를 살펴봤다. 이 장에서는 다른 장에서 다루지 않은 기타 유명한 문제를 모아서 살펴본다.

9.1 배낭 문제

배낭 문제knapsack problem는 한정된 배낭에 주어진 물건을 넣어서 배낭에 담을 수 있는 물건의 최대 이익을 찾는 조합 최적화combinatorial optimization 문제다. 도둑이 물건을 훔치기 위해 어떤 집으로 들어간다. 도둑은 배낭을 메고 있으며, 배낭에 훔친 물건을 담을 수 있는 무게 제한이 있다. 어떤 물건을 넣어야 물건의 값을 최대화할 수 있을까? 배낭 문제는 [그림 9-1]에 설명되어 있다.

배낭에 무게 제한이 없어 도둑이 어떤 물건이든 가져갈 수 있다면 물건의 가치를 무게로 나누어 가장 가치 있는 물건을 가져갈 수 있다. 그러나 현실적으로 한 물건의 반만 훔칠 수는 없다. 도둑은 한 물건에 대한 부분을 취하지 못하고, 한 물건을 취하지 않거나(0) 취하는 것(1)으로 가정한다(0/1 배낭 문제).

그림 9-1 도둑의 배낭은 용량이 제한되어 있다. 도둑은 훔쳐야 할 물건을 신중하게 결정해야 한다.

먼저 물건에 대한 네임드튜플을 정의한다.

예제 9-1 knapsack.py

```
from typing import NamedTuple, List

class Item(NamedTuple):
    name: str
    weight: int
    value: float
```

무차별 대입 방식(브루트포스 방식^{brute-force approach}, 주먹구구 대입 방식)을 사용하여 배낭에 넣을 수 있는 모든 물건의 조합을 살펴보자. 이것을 수학적으로 **멱집합**^{powerset}이라고 한다. 어떤 집합의 멱집합은 그 집합의 모든 부분집합을 모은 집합이다. 한 집합의 멱집합(이 문제의 경우 물건의 집합)은 2^N개의 서로 다른 부분집합을 가지고 있으며, 여기서 N은 물건 수다. 따라서 2^N의 조합 $O(2^N)$을 분석해야 한다. 훔쳐야 할 물건 수가 적다면 문제가 없지만 물건 수가 많다면 기하급수적으로 조합이 늘어나기 때문에 무차별 대입 방식으로는 문제 해결이 어렵다.

대신 **동적 계획법**^{dynamic programming}(DP) 기술을 사용하는데, 이는 개념적으로 1장에서 본 메모이제이션과 비슷하다. 무차별 대입 방식은 전체 물건의 조합을 살펴본다. 대신 동적 계획법은 더 큰 문제를 구성하는 하위 문제를 해결하고, 저장된 결과를 활용하여 더 큰 문제를 해결한다. 배낭 용량이 별도의 단계로 고려될 때 동적 계획법으로 문제를 해결할 수 있다.

예를 들어 배낭은 3파운드 무게 제한이 있고 3개의 물건을 넣을 수 있다고 가정하자. 먼저 가능한 물건 1개로 1파운드가 되는 물건, 2파운드가 되는 물건, 3파운드가 되는 물건을 배낭에 넣어본다. 이 결과를 바탕으로 물건 2개로 1파운드가 되는 물건, 2파운드가 되는 물건, 3파운드가 되는 물건을 넣는다. 마지막으로 물건 3개를 넣어서 문제를 해결할 수 있다.

위 모든 과정에서 각 물건 조합의 최상의 결과를 알려주는 표를 작성한다. 아래 함수에서 이러한 표를 채우고, 표를 기반으로 결과를 계산한다.[1]

예제 9-2 knapsack.py (계속)

```python
def knapsack(items: List[Item], max_capacity: int) -> List[Item]:
    # 동적 계획법 표를 작성한다.
    table: List[List[float]] = [[0.0 for _ in range(max_capacity + 1)] for _ in
      range(len(items) + 1)]
    for i, item in enumerate(items):
        for capacity in range(1, max_capacity + 1):
            previous_items_value: float = table[i][capacity]
            if capacity >= item.weight: # 물건이 배낭 용량에 맞는 경우
                value_freeing_weight_for_item: float = table[i][capacity -
                  item.weight]
                # 이전 물건보다 더 가치가 있는 경우에만 물건을 넣는다.
                table[i + 1][capacity] = max(value_freeing_weight_for_item +
                  item.value, previous_items_value)
            else: # 용량에 맞지 않아서 물건을 넣을 수 없다.
                table[i + 1][capacity] = previous_items_value
    # 표에서 최상의 결과를 구한다.
    solution: List[Item] = []
    capacity = max_capacity
    for i in range(len(items), 0, -1): # 거꾸로 반복한다.
        # 배낭에 이 물건이 있는가?
        if table[i - 1][capacity] != table[i][capacity]:
            solution.append(items[i - 1])
            # 용량에서 물건 무게를 뺀다.
            capacity -= items[i - 1].weight
    return solution
```

---

1 저자는 본 코드를 작성하기 위해 여러 가지 자료를 연구했으며, 그중 가장 권위 있는 자료는 『Algorithms, 2nd edition』(애디슨 웨슬리, 1988)의 596쪽에 있다. 또한 저자는 rosettacode.org에서 0/1 배낭 문제의 몇 가지 예제 코드와 동적 계획법 코드(http://mng.bz/kx8C)를 살펴봤다. 이 책이 나오기 전에 스위프트 버전의 알고리즘 책이 먼저 나왔는데, 이 함수는 스위프트 코드에서 포팅한 것이다(파이썬에서 스위프트로, 스위프트에서 다시 파이썬으로 포팅했다).

함수의 첫 번째 반복문은 $N * C$ 번 수행된다. N은 물건 수고, C는 배낭의 최대 용량이다. 따라서 알고리즘은 $O(N * C)$ 시간에 수행된다. 무차별 대입 방식에 비해 크게 개선되었다. 예를 들어 11개의 물건이 있는 경우 무차별 대입 알고리즘은 2^{11} (=2048)개의 조합을 검사해야 한다. 배낭의 용량이 75파운드인 경우 동적 계획법 함수는 11 * 75 (=825)회 실행된다. 두 알고리즘의 차이는 물건이 많을수록 기하급수적으로 증가한다.

배낭 문제 함수를 실행하는 코드를 살펴보자.

예제 9-3 knapsack.py (계속)

```python
if __name__ == "__main__":
    items: List[Item] = [Item("TV", 50, 500),
                         Item("촛대", 2, 300),
                         Item("오디오", 35, 400),
                         Item("노트북", 3, 1000),
                         Item("식량", 15, 50),
                         Item("옷", 20, 800),
                         Item("보석", 1, 4000),
                         Item("책", 100, 300),
                         Item("프린터", 18, 30),
                         Item("냉장고", 200, 700),
                         Item("그림", 10, 1000)]
    print(knapsack(items, 75))
```

위 코드를 실행하면 그림, 보석, 옷, 노트북, 오디오, 촛대를 가져가는 게 제일 좋은 조합이라는 것을 알 수 있다. 코드 실행 결과는 아래와 같다.

```
[Item(name='그림', weight=10, value=1000), Item(name='보석', weight=1, value=4000),
    Item(name='옷', weight=20, value=800), Item(name='노트북', weight=3,
    value=1000), Item(name='오디오', weight=35, value=400), Item(name='촛대',
    weight=2, value=300)]
```

knapsack( ) 함수를 하나씩 살펴보자.

```python
for i, item in enumerate(items):
    for capacity in range(1, max_capacity + 1):
```

가능한 각 물건 수에 대해 배낭의 최대 용량까지 반복한다. 가능한 각 물건이 아닌 '가능한 각 물건 수'라는 것을 기억하자. i가 2인 경우 2번째 물건만 나타내는 게 아니라 탐색된 모든 용량에 대해 처음 두 물건의 가능한 조합을 나타낸다. item 변수는 훔치기를 고려 중인 다음 물건이다.

```
previous_items_value: float = table[i][capacity]
if capacity >= item.weight: # 물건이 배낭 용량에 맞는 경우
```

previous_items_value 변수는 현재까지 탐색한 물건의 무게를 합한 값이다. 가능한 각 물건 조합에 대해 '새' 물건을 추가할 수 있는지 살펴본다.

새 물건 무게가 현재 고려한 용량보다 큰 경우 previous_items_value 변숫값을 그대로 할당한다.

```
else: # 용량에 맞지 않아서 물건을 넣을 수 없다.
    table[i + 1][capacity] = previous_items_value
```

새 물건 무게가 현재 고려한 용량보다 작거나 같다면 '새' 물건을 추가했을 때 현재까지 탐색한 물건의 조합보다 더 가치 있는지 확인한다. 이전 물건의 조합 용량은 현재 고려한 용량에서 새 물건의 무게를 뺀 것과 같다. 표에 이미 계산된 이전 물건의 조합에서 새 물건의 가치를 더하여 확인한다. 이 값이 이전 물건보다 더 가치가 있는 경우에만 삽입한다. 그렇지 않으면 현재까지 탐색한 물건의 조합을 삽입한다.

```
value_freeing_weight_for_item: float = table[i][capacity - item.weight]
# 이전 물건보다 더 가치가 있는 경우에만 물건을 넣는다.
table[i + 1][capacity] = max(value_freeing_weight_for_item + item.value,
 previous_items_value)
```

이제 동적 계획법 표 작성이 끝났다. 최상의 물건 조합을 찾기 위해 최대 용량과 최종 탐색된 물건 조합에서 거꾸로 반복문을 실행한다.

```
for i in range(len(items), 0, -1): # 거꾸로 반복한다.
    # 배낭에 이 물건이 있는가?
    if table[i - 1][capacity] != table[i][capacity]:
```

우리는 표의 끝에서부터 시작하여 오른쪽에서 왼쪽으로 표를 돌며 각 단계마다 표에 삽입된 값에 변화가 있었는지 여부를 점검한다. 값 변화가 있었다면 이전 물건보다 더 가치가 있기 때문에 특정 조합에서 고려된 새 물건을 훔칠 목록에 추가했다는 것을 의미한다. 또한 물건의 무게에 따라 배낭에 들어갈 공간이 감소하고 표 위로 반복문을 이동한다.

```
    solution.append(items[i - 1])
    # 용량에서 물건 무게를 뺀다.
    capacity -= items[i - 1].weight
```

> **NOTE_** 위 코드에서는 편의를 위해 반복문이 0이 아니라 1부터 시작한다. 표에서 배낭 용량이 0인 경우도 처리하고 있다. 반복문이 표 맨 아래에서 위로 수행될 때 여분의 행과 열이 왜 필요한지 알 수 있다.

이해가 잘되지 않는가? [표 9-1]은 knapsack( ) 함수가 작성하는 표다. 실제 코드에서는 상당히 큰 표를 만들므로 대신 3파운드 용량의 배낭과 3개의 물건(성냥 1파운드/5달러, 손전등 2파운드/10달러, 책 1파운드/15달러)으로 예를 들어본다.

표 9-1 3가지 물건의 배낭 문제

	0파운드	1파운드	2파운드	3파운드
성냥 1파운드/5달러	0	5	5	5
손전등 2파운드/10달러	0	5	10	15
책 1파운드/15달러	0	15	20	25

표를 왼쪽에서 오른쪽으로 보면 무게가 증가한다(주어진 배낭 용량에 맞게 물건을 넣는다). 표를 위에서 아래로 보면 물건 수가 증가한다. 표의 첫 번째 행에서는 단지 성냥으로만 배낭의 용량을 맞추고 있다. 두 번째 행에서는 성냥과 손전등으로 최적의 조합을 맞춘다. 세 번째 행에서 가장 최적의 조합을 찾을 수 있다.

이해를 돕기 위한 연습으로 knapsack( ) 함수에 설명된 알고리즘과 위 세 항목을 사용해서 직접 표를 그려보자. 그런 다음 함수 끝에서 알고리즘을 사용하여 표에서 올바른 물건을 다시 읽는다. 이 표는 함수의 table 변수에 해당한다.

9.2 외판원 문제

외판원 문제Traveling Salesman Problem는 컴퓨터 과학에서 가장 고전적이고 논의가 많이 된 문제 중 하나다. 외판원은 시작 도시에서 끝 도시까지 여러 도시를 한 번에 방문해야 한다. 모든 도시는 서로 직접 연결되어 있으며, 외판원은 도시를 순차적으로 방문한다. 외판원이 모든 도시를 방문하는 최단 경로는 무엇일까?

외판원 문제는 4장에서 본 그래프 문제로 생각할 수 있다. 도시는 정점에 해당하고, 도시 사이의 연결은 에지에 해당한다. 여기서 가장 먼저 해야 할 일은 4장에서 설명한 최소 신장 트리를 찾는 것이다. 불행하게도 외판원 문제는 그렇게 간단하지 않다. 최소 신장 트리는 모든 도시를 연결하는 가장 짧은 경로지만, 모든 도시를 정확히 한 번만 방문하는 가장 짧은 경로는 제공하지 않는다.

외판원 문제는 꽤 단순해 보이지만 임의 수의 도시에 대해 빠르게 문제를 해결할 수 있는 알고리즘은 없다. '빠르게'는 무엇을 말하는가? 이 문제는 **NP-난해**[NP-hard]다. NP-난해는 다항 시간에 풀 수 있는 알고리즘이 존재하지 않는 문제다(알고리즘의 실행 시간은 입력 크기의 다항식 함수다). 외판원이 방문해야 하는 도시 수가 증가할수록 문제를 풀기 더 어려워진다. 즉, 10개 도시보다 20개 도시를 한 번에 방문하는 것이 문제를 풀기 훨씬 더 어렵다. 현재 지식을 최대한 활용하더라도 수백만 개의 도시에서 외판원 문제를 완벽하게 합리적인 시간 내에 해결하는 것은 불가능하다.

> NOTE_ 외판원 문제의 시간복잡도는 $O(n!)$이다. 시간복잡도가 왜 그런지는 9.2.2절에서 살펴본다(9.2.2절을 읽기 전에 9.2.1절을 먼저 읽을 것을 권장한다). 문제를 단순하게 구현하면 문제의 복잡성을 분명히 알 수 있다.

9.2.1 단순하게 접근하기

외판원 문제를 단순하게 접근하는 것은 한 번에 방문 가능한 모든 도시 조합을 살펴보는 것이다. 문제를 단순하게 접근하면서 외판원 문제가 어렵다는 것을 이해하게 되고, 이러한 무차별 대입 접근 방식이 부적합하다는 것을 알게 될 것이다.

샘플 데이터

외판원 문제 예제에서는 외판원이 버몬트 주의 5개 도시를 방문한다. 여기서 출발 도시는 명시하지 않는다. [그림 9-2]는 5개 도시와 도시 간의 거리를 보여준다. 모든 도시 간에 거리가 표시되어 있다.

그림 9-2 버몬트 주의 다섯 개 도시와 거리

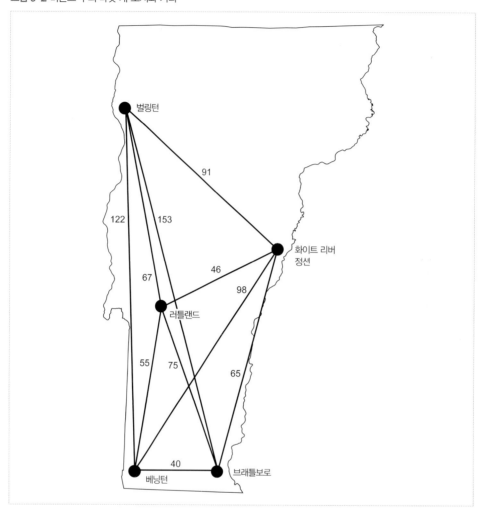

[표 9-2]에서 버몬트 주의 5개 도시 간 거리를 쉽게 볼 수 있다.

표 9-2 버몬트 주의 5개 도시 간 거리

	러틀랜드	벌링턴	화이트 리버 정션	베닝턴	브래틀보로
러틀랜드	0	67	46	55	75
벌링턴	67	0	91	122	153
화이트 리버 정션	46	91	0	98	65
베닝턴	55	122	98	0	40
브래틀보로	75	153	65	40	0

외판원 문제에서는 도시 간 거리를 표로 체계화할 필요가 없다. 도시 간 거리를 쉽게 찾을 수 있도록 딕셔너리의 딕셔너리를 사용한다. 딕셔너리의 딕셔너리 외부는 한 도시에 대한 셋이며, 내부는 해당 도시와 다른 도시 간의 거리 셋을 나타낸다. 타입은 Dict[str, Dict[str, int]]이며, vt_distances["러틀랜드"]["벌링턴"]과 같이 조회할 때 67을 반환한다.

예제 9-4 tsp.py

```python
from typing import Dict, List, Iterable, Tuple
from itertools import permutations

vt_distances: Dict[str, Dict[str, int]] = {
    "러틀랜드":
        {"벌링턴": 67,
         "화이트 리버 정션": 46,
         "베닝턴": 55,
         "브래틀보로": 75},
    "벌링턴":
        {"러틀랜드": 67,
         "화이트 리버 정션": 91,
         "베닝턴": 122,
         "브래틀보로": 153},
    "화이트 리버 정션":
        {"러틀랜드": 46,
         "벌링턴": 91,
         "베닝턴": 98,
         "브래틀보로": 65},
    "베닝턴":
        {"러틀랜드": 55,
         "벌링턴": 122,
         "화이트 리버 정션": 98,
         "브래틀보로": 40},
    "브래틀보로":
        {"러틀랜드": 75,
         "벌링턴": 153,
         "화이트 리버 정션": 65,
         "베닝턴": 40}
}
```

모든 순열 찾기

외판원 문제를 해결하기 위한 단순한 접근 방식은 도시의 가능한 모든 순열을 생성하는 것이다. 순열을 생성하기 위한 많은 알고리즘이 있다. 이 알고리즘은 혼자 바로 작성할 수 있을 정도로 간단하다.

한 가지 일반적인 방식은 백트래킹^{backtracking}이다. 3장에서 제약 충족 문제를 해결하기 위해 백트래킹을 살펴봤다. 제약 충족 문제에서 백트래킹은 문제의 제약 조건을 만족하지 않는 부분이 발견된 후에 사용된다. 그런 경우 이전 상태로 되돌아가 잘못된 부분을 되짚고, 다른 경로를 따라 탐색을 계속한다.

리스트에서 모든 도시의 순열을 찾기 위해 백트래킹을 사용할 수 있다. 각 도시를 스왑하여 추가 순열 경로를 생성한 후 다른 경로를 찾기 위해 순열 경로의 각 도시를 스왑한다. 이때 스왑이 수행되기 전의 상태로 백트래킹(역추적)할 수 있다.

파이썬 표준 라이브러리의 itertools 모듈에는 permutation( ) 함수가 있어서 순열 생성 알고리즘을 작성하지 않아도 된다. 다음 코드에서 외판원이 방문해야 할 버몬트 주 도시의 모든 순열을 생성한다. 5개 도시를 방문해야 하기 때문에 시간복잡도는 $5!(120 = 5 \times 4 \times 3 \times 2 \times 1)$이다.

예제 9-5 tsp.py (계속)

```
vt_cities: Iterable[str] = vt_distances.keys()
city_permutations: Iterable[Tuple[str, ...]] = permutations(vt_cities)
```

브루트포스 탐색

이제 도시의 모든 순열을 나열할 수 있지만, 이는 외판원 문제의 경로와 같지 않다. 외판원이 방문할 마지막 도시는 맨 처음 출발한 도시여야 한다. 리스트 컴프리헨션을 사용하여 순열의 첫 번째 도시를 순열 끝에 쉽게 추가할 수 있다.

예제 9-6 tsp.py (계속)

```
tsp_paths: List[Tuple[str, ...]] = [c + (c[0],) for c in city_permutations]
```

이제 순열에서 최단 경로를 확인해보자. 브루트포스 탐색 방법은 경로 리스트의 모든 경로를 전부 탐색하고, 두 도시 간의 거리 조회 테이블(vt_distances)을 사용하여 각 경로의 총 거리를 계산한다. 그리고 최단 경로의 도시를 나열하고, 총 거리를 출력한다.

예제 9-7 tsp.py (계속)

```python
if __name__ == "__main__":
    best_path: Tuple[str, ...]
    min_distance: int = 99999999999 # 높은 숫자로 설정한다.
    for path in tsp_paths:
        distance: int = 0
        last: str = path[0]
        for next in path[1:]:
            distance += vt_distances[last][next]
            last = next
        if distance < min_distance:
            min_distance = distance
            best_path = path
    print(f"최단 경로는 {best_path} 이고, {min_distance} 마일입니다.")
```

이제 브루트포스를 사용하여 버몬트 주의 5개 도시를 한 번에 방문할 수 있는 최단 경로를 찾을 수 있다. 코드 결과는 아래와 같으며, [그림 9-3]에 최단 경로를 표시했다.

```
최단 경로는 ('러틀랜드', '벌링턴', '화이트 리버 정션', '브래틀보로', '베닝턴', '러틀랜드') 이
고, 318 마일입니다.
```

9.2.2 더 좋은 방법

외판원 문제에 대한 쉬운 해결책은 없다. 앞서 소개한 단순한 접근 방식은 많은 시간이 소요된다. 외판원 문제에서 생성된 순열 수는 $n!$이며, n은 도시 수다. 위 문제에서 도시를 하나 더 추가하면(5+1개) 거리를 평가해야 할 경로수가 6배 증가한다. 다시 도시를 하나 더 추가하면 경로수가 또다시 7배 증가한다. 그러므로 이것은 확장 가능한 접근 방식이 아니다!

그림 9-3 외판원이 버몬트 주의 5개 도시를 한 번에 방문할 수 있는 경로를 지도에 표시했다.

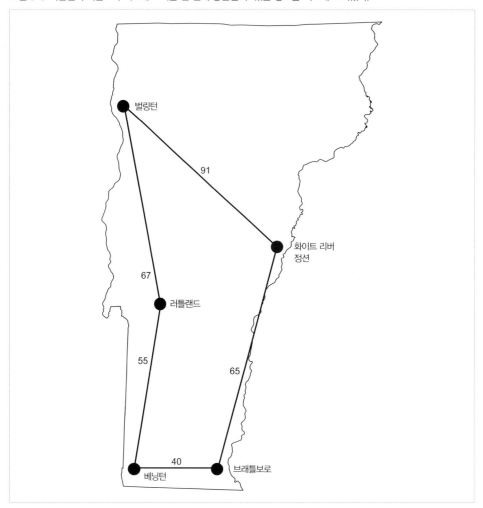

실제로 외판원 문제에서는 단순한 접근 방식을 거의 사용하지 않는다. 많은 도시가 있는 경우 대부분의 알고리즘은 최단 경로에 가까운 근사치를 반환한다. 이 알고리즘은 최단 경로를 찾으려고 노력한다. 근사치 알고리즘에서 찾은 최단 경로는 알려진 최단 경로와 많은 차이가 없을 것이다(아마도 효율성에서 5% 이상의 차이가 없을 것이다).

많은 연구자들은 수많은 도시가 있는 외판원 문제를 풀기 위해 이 책에 나와 있는 두 가지 기술을 시도했다. 이 장의 동적 계획법과 5장의 유전 알고리즘이다. 많은 도시의 외판원 문제에서의 최단 경로를 제공하는 많은 논문이 발표되었다.

9.3 전화번호 니모닉

스마트폰의 전화 앱에는 숫자 버튼에 문자가 포함되어 있다. 이러한 문자가 있는 이유는 전화번호를 기억하기 쉬운 니모닉^{mnemonic}으로 제공하기 위함이다. 미국에서는 일반적으로 숫자 1 버튼에는 문자가 없고, 2에 ABC, 3에 DEF, 4에 GHI, 5에 JKL, 6에 MNO, 7에 PQRS, 8에 TUV, 9에 WXYZ, 0에는 문자가 없다. 예를 들어 1-800-MY-APPLE은 전화번호 1-800-69-27753에 해당한다. 가끔 광고에서 전화번호를 기억하기 쉽도록 이러한 니모닉을 찾을 수 있다. [그림 9-4]는 스마트폰의 전화 키패드 예다.

그림 9-4 스마트폰의 전화 앱에는 숫자 버튼에 문자가 있다.

전화번호로 니모닉을 어떻게 만들 수 있을까? 1990년대에는 니모닉을 만들어주는 소프트웨어가 있었다. 이러한 소프트웨어는 전화번호 문자의 모든 순열을 생성한 다음 사전을 통해 순열에 포함된 단어를 찾는다. 그런 다음 사용자에게 적합한 단어로 된 순열을 보여준다. 이 절에서는 전화번호 문자의 모든 순열을 생성해본다. 사전 조회는 연습문제로 남겨둔다.

순열을 생성하는 방법은 여러 가지가 있다. 외판원 문제에서는 permutations() 함수를 사용하여 모든 도시에 대한 경로 순열을 생성했다. 그리고 기존 순열에서 두 도시의 위치를 바꿔서 새로운 순열을 생성했다. 그러나 이 문제에서는 처음부터 각 순열을 생성한다. 전화번호에서 각 숫자와 일치하는 문자를 보면서 계속 문자를 결합해 나간다. 이것은 일종의 카티션 프로덕트^{cartesian product}(카티션 곱, 집합 A와 집합 B를 곱한 집합)이며, 파이썬 표준 라이브러리의 itertools 모듈에서 제공한다.

먼저 각 숫자에 문자를 매핑해보자.

예제 9-8 phone_number_mnemonics.py

```python
from typing import Dict, Tuple, Iterable, List
from itertools import product

phone_mapping: Dict[str, Tuple[str, ...]] = {"1": ("1",),
                                             "2": ("a", "b", "c"),
                                             "3": ("d", "e", "f"),
                                             "4": ("g", "h", "i"),
                                             "5": ("j", "k", "l"),
                                             "6": ("m", "n", "o"),
                                             "7": ("p", "q", "r", "s"),
                                             "8": ("t", "u", "v"),
                                             "9": ("w", "x", "y", "z"),
                                             "0": ("0",)}
```

다음 함수는 주어진 전화번호의 각 숫자에서 가능한 모든 문자를 니모닉 리스트로 결합한다. 전화번호의 각 숫자에 대한 잠재적 문자의 튜플 리스트를 작성한 후 itertools 모듈에서 카티션 프로덕트를 제공하는 product() 함수를 사용하여 문자를 결합한다. 언팩^{unpack} 연산자 ∗를 사용하여 letter_tuples의 튜플을 product() 함수의 인자로 사용한다.

예제 9-9 phone_number_mnemonics.py (계속)

```python
def possible_mnemonics(phone_number: str) -> Iterable[Tuple[str, ...]]:
    letter_tuples: List[Tuple[str, ...]] = []
    for digit in phone_number:
        letter_tuples.append(phone_mapping.get(digit, (digit,)))
    return product(*letter_tuples)
```

이제 전화번호로 가능한 모든 니모닉을 찾을 수 있다.

예제 9-10 phone_number_mnemonics.py (계속)

```python
if __name__ == "__main__":
    phone_number: str = input("전화번호를 입력해주세요: ")
    print("가능한 니모닉 목록: ")
    for mnemonic in possible_mnemonics(phone_number):
        print("".join(mnemonic))
```

전화번호 1440787는 기억하기 쉬운 1GH0STS로 쓸 수 있다.

9.4 적용사례

배낭 문제에서 사용된 동적 계획법은 광범위하게 적용 가능한 기술이다. 구성하기 어려운 문제를 구성 가능한 작은 문제로 나누고, 나눠진 작은 문제에서 답을 구축해 나가며 전체 문제를 해결한다. 배낭 문제 자체는 다른 최적화 문제와 관련 있다. 유한한 양의 자원(배낭 용량)은 선택할 수 있는 유한한 집합(도둑질할 물건)에 할당된다. 운동 팀의 예산을 할당하는 대학을 생각해보자. 모든 팀에 지원할 자금이 충분하지 않다. 각 팀은 각종 기부금에 대한 기대 예산이 있다. 예산 할당을 최적화하기 위해 배낭 문제와 같은 문제가 발생할 수 있다. 이러한 문제는 현실에서 일반적으로 일어난다.

외판원 문제는 UPS나 페덱스 같은 운송 및 유통 회사에서 매일 발생한다. 배송 회사는 운전자가 가능한 한 짧은 경로로 이동하길 원한다. 운전자의 작업 시간 단축과 연료 및 유지비용을 절약할 수 있기 때문이다. 뿐만 아니라 일상에서 어떤 곳에 갈 때 최적의 경로를 찾으면 많은 자원을 절약할 수 있다. 그러나 외판원 문제는 여행 목적지에 대한 최적의 경로를 찾는 것이 아니다. 노드(도시)를 한 번만 방문해야 하는 거의 모든 경로 찾기의 경우에 발생한다. 4장의 최소 신장 트리는 이웃을 연결하는 데 필요한 전선량을 최소화할 수 있다. 그러나 모든 집이 회로의 일부로 사용되어 한 번만 전달되어야 한다면 외판원 문제를 통해 최적의 전선량을 구할 수 있다.

외판원 문제의 단순한 접근과 전화번호 니모닉 문제와 같은 순열 생성 기술은 모든 종류의 브루트포스 알고리즘을 테스트하는 데 유용하다. 예를 들어 짧은 암호를 해독하는 경우 암호에 들어 있을 수 있는 문자의 가능한 모든 순열을 생성할 수 있다. 이러한 대규모 순열 생성 작업을 수행하는 전문가는 힙 알고리즘[2]과 같은 효율적인 순열 생성 알고리즘을 사용한다.

9.5 연습문제

1. 4장의 그래프 프레임워크를 사용하여 외판원 문제 코드를 다시 작성하라.

2. 5장에서 배운 유전 알고리즘을 사용하여 외판원 문제를 구현하라. 이 장에서 설명한 버몬트주 도시의 간단한 데이터셋부터 시작한다. 유전 알고리즘이 짧은 시간 내에 최적의 답을 제공하는가? 그런 다음 점점 더 많은 도시를 추가하여 문제를 풀어보라. 유전 알고리즘은 얼마나 잘 유지되는가? 인터넷에서 외판원 문제를 위해 특별히 제작된 많은 데이터셋을 찾을 수 있다. 문제 분석의 효율성을 확인하기 위한 테스트 프레임워크를 구현하라.

3. 전화번호 니모닉 프로그램에 사전 기능을 추가하여 유효한 단어가 포함된 순열만 반환하라.

---

2 「순열 생성 방법(Permutation Generation Methods)」(Robert Sedgewick, Princeton University). http://mng.bz/87Te

용어 사전

부록 A에서는 이 책에 사용된 용어를 간단히 설명한다.

경로[path] 그래프에서 두 정점을 연결하는 **에지**의 집합. (4장)

경사 하강법[gradient descent] **역전파**에서 계산된 **델타**와 **학습률**을 사용하여 **인공 신경망**의 가중치를 수정하는 방법. (7장)

군집[cluster] 군집화 참조. (6장)

군집화[clustering] 데이터셋을 **군집**이라고 하는 관련 포인트 그룹으로 나누는 **비지도 학습** 기술. (6장)

그래프[graph] 문제를 일련의 **연결된** 노드로 나누어 실제 문제를 모델링하는 데 사용하는 추상적인 수학적 구조. 노드는 **정점**으로, 연결은 **에지**로 알려져 있다. (4장)

뉴런[neuron] 인간의 뇌에 있는 것과 같은 개별적인 신경 세포. (7장)

뉴클레오타이드[nucleotide] DNA의 네 가지 염기 중 하나의 예: 아데닌^{adenine} (A), 시토신^{cytosine} (C), 구아닌^{guanine} (G), 티민^{thymine} (T). (2장)

델타[delta] 신경망에서 가중치의 예상값과 실젯값 사이의 간격을 나타내는 값. 예상값은 **훈련 데이터** 및 **역전파**를 사용하여 결정된다. (7장)

도메인[domain] 제약 충족 문제에서 **변수**의 가능한 값 범위. (3장)

돌연변이[mutation] 유전 알고리즘에서 다음 **세대**에 포함되기 전에 개체의 속성을 임의로 변경하는 과정. (5장)

동적 계획법[dynamic programming] 브루트포스 방식은 큰 문제를 완전히 해결한다(시간이 많이 소요된다). 반면 동적 계획법은 큰 문제를 관리하기 쉬운 작은 하위 문제로 나누어 해결한다. (9장)

딥러닝[deep learning] 딥러닝은 고급 머신러닝 알고리즘을 사용하여 빅데이터를 분석하는 여러 기술을 참조할 수 있다. 가장 일반적인 딥러닝은 다중 **인공 신경망**과 대규모 데이터셋을 사용하여 문제를 해결하는 것을 말한다. (7장)

메모이제이션[memoization] 나중에 메모리에서 검색하여 동일한 결과를 다시 생성하기 위한 추가 계산 시간을 절약할 수 있도록 계산 작업 결과를 메모리에 저장하는 기술. (1장)

모집단[population] 유전 알고리즘에서 모집단은 문제를 해결하기 위해 경쟁하는 개체(문제에 대한 잠재적 해답을 나타냄)의 그룹. (5장)

무한 루프[infinite loop] 끝나지 않는 루프. (1장)

무한 재귀[infinite recursion] 종료되지 않고 계속해서 추가 재귀 호출을 하는 일련의 재귀 호출. **무한 루프**와 비슷하다. 일반적으로 기저 조건이 없거나 잘못 설정했을 때 발생한다. (1장)

방향이 있는 그래프[directed graph] 유향 그래프. **digraph**라고도 하며, 에지가 한 방향으로만 이동할 수 있는 **그래프**다. (4장)

배타적 논리합[exclusive or] XOR 참조. (1장)

백트래킹[backtracking] 미로 찾기 문제에서 벽에 부딪힌 후 이전 결정 지점으로 돌아가서 다른 경로를 다시 탐색. (3장)

변수[variable] 제약 충족 문제에서 변수는 문제 해결의 일부로 해결해야 하는 매개변수다. 변수에서 가능한 값은 **도메인**이다. 문제의 요구사항은 하나 이상의 **제약 조건**이다. (3장)

비순환적[acyclic] 사이클^{cycle}이 없는 **그래프**. (4장)

비지도 학습[unsupervised learning] 결론에 도달하기 위해 사전 지식을 사용하지 않는 모든 머신러닝 기술. 즉, 어떠한 사전 지식 없이 자체적으로 실행되는 기술. (6장)

비트 문자열[bit string] 메모리의 각 단일 비트를 사용하여 1과 0의 시퀀스를 저장하는 자료구조. **비트 벡터** 또는 **비트 배열**이라고도 한다. (1장)

사이클[cycle] 백트래킹 없이 같은 **정점**을 두 번 방문하는 **그래프 경로**. (4장)

선택[selection] 유전 알고리즘에서 다음 **세대**의 **개체** 번식을 위해 개체를 선택하는 과정. (5장)

세대[generation] 유전 알고리즘의 평가에서 1라운드. 또한 라운드에서 활동 중인 **개체**의 **모집단**을 지칭하는 데 사용된다. (5장)

스택[stack] 후입선출(LIFO)의 추상 자료구조. 스택은 요소의 조작(추가, 제거 등)을 위한 푸시와 팝 등의 메서드를 제공한다. (2장)

시그모이드 함수[sigmoid function] 인공 **신경망**에 널리 사용되는 **활성화 함수** 중 하나. 시그모이드 함수는 항상 0과 1 사이의 값을 반환한다. 선형 변환 외의 결과를 신경망으로 표현하는 데 유용하다. (7장)

시냅스[synapse] 신경 전달 물질이 방출되어 전류의 전도를 허용하는 **뉴런** 사이의 갭. 이 책에서는 **뉴런** 사이의 연결로 해석한다. (7장)

신경망[neural network] 정보를 처리하기 위해 함께 작용하는 여러 **뉴런**의 네트워크. **뉴런**은 층으로 구성된다. (7장)

신장 트리[spanning tree] 그래프의 모든 **정점**을 연결하는 **트리**. (4장)

압축[compression] 저장 공간을 적게 차지하도록 데이터를 인코딩(형태 변경)하는 기술. (1장)

압축 풀기[decompression] 압축^{compression}의 역과정으로, 데이터를 원래 형태로 되돌린다. (1장)

에지[edge] 그래프에서 두 **정점**(노드) 사이의 연결. (4장)

역전파[backpropagation] 정확한 출력이 확인된 입력셋에 따라 **신경망** 가중치를 **학습**하는 데 사용되는 기술. 편미분은 실제 결과와 예상 결과 간의 오차에 대한 가중치의 '책임'을 계산하는 데 사용된다. **델타**는 향후 다음 실행에 대한 가중치를 갱신하는 데 사용된다. (7장)

연결된[connected] 어떤 정점에서 다른 모든 정점으로 경로가 있음을 나타내는 그래프 속성. (4장)

염색체[chromosome] 유전 알고리즘에서 모집단의 각 개체. (5장)

우선순위 큐[priority queue] 우선순위에 따라 항목을 팝POP하는 자료구조. 예를 들어 우선순위 큐는 우선순위가 높은 전화에 먼저 응답하는 전화 대응 시스템에서 사용할 수 있다. (2장)

유전 프로그래밍[generic programming] 선택, 크로스오버, 돌연변이를 통해 유전자를 수정하여 불분명한 문제의 해답을 찾는 프로그램. (5장)

유향 그래프[digraph] 방향이 있는 그래프 참조. (4장)

은닉층[hidden layer] 전방 전달 인공 신경망에서 입력층과 출력층 사이의 모든 층. (7장)

인공 신경망[artificial neural network] 기존 알고리즘 접근법에 적합한 형태로는 쉽게 풀리지 않는 문제를 위해 사용되는 생물학적 신경망의 시뮬레이션. 인공 신경망의 동작은 일반적으로 생물학적 대응물에서 상당히 벗어난다는 점에 주의해야 한다. (7장)

입력층[input layer] 어떤 종류의 외부 실체로부터 입력을 받는 전방 전달 인공 신경망의 첫 번째 층. (7장)

자동 메모이제이션[auto-memoization] 언어 수준에서 구현된 메모이제이션. 부작용이 없는 함수 호출의 결과는 나중에 동일하게 호출되는 함수 호출을 위한 조회를 위해 저장된다. (1장)

자연 선택[natural selection] 잘 적응한 유기체는 살아남고, 그렇지 못한 유기체는 실패하는 진화 과정. 제한된 환경에서 가장 적합한 유기체는 생존하여 널리 퍼진다. 이러한 유기체의 유용한 특성은 여러 세대에 걸쳐 집단들 사이에 전파되어 환경의 제약에 의해 자연스럽게 선택된다. (5장)

재귀 함수[recursive function] 자신을 호출하는 함수. (1장)

적합도 함수[fitness function] 문제에 대한 잠재적인 해답의 효과를 평가하는 함수. (6장)

전방 전달[feed-forward] 신호가 한 방향으로 전파되는 신경망 유형. (7장)

정규화[normalization] 서로 다른 유형의 데이터를 비교할 수 있도록 만드는 프로세스. (6장)

정점[vertex] 그래프의 단일 노드. (4장)

제약 조건[constraint] 제약 충족 문제를 해결하기 위해 충족되어야 하는 요구사항. (3장)

중심[centroid] 군집(클러스터)의 중심(포인트). 일반적으로 중심의 각 차원은 해당 차원에서 나머지 포인트의 평균이다. (6장)

지도 학습[supervised learning] 알고리즘이 외부 자원을 사용하여 올바른 결과로 유도하는 모든 머신러닝 기술. (7장)

최소 신장 트리[minimum spanning tree] 에지의 최소 총 가중치를 사용하여 모든 정점을 연결하는 **신장 트리**. (4장)

출력층[output layer] 주어진 입력 및 문제에 대한 신경망 결과를 결정하는 데 사용되는 **전방 전달 인공 신경망**의 마지막 층. (7장)

코돈[codon] 아미노산을 형성하는 3개의 **뉴클레오타이드**의 조합. (2장)

큐[queue] 선입선출(FIFO)의 추상 자료구조. 큐는 요소의 조작(추가, 제거 등)을 위한 푸시와 팝 등의 메서드를 제공한다. (2장)

크로스오버[crossover] 유전 알고리즘에서 부모와 혼합된 자손을 만들기 위해 **모집단**의 개체를 결합하는 것. 이것은 다음 **세대**의 일부가 된다. (5장)

탐욕 알고리즘[greedy algorithm] 모든 결정 지점에서 항상 최상의 선택을 하는 알고리즘으로, 전체적으로 최적의 솔루션을 기대한다. (4장)

트리[tree] 두 정점 사이에 하나의 **경로**만 있는 **그래프**. 트리는 **비순환**acyclic 구조다. (4장)

플라이[ply] 2인용 게임에서의 턴, 이동. (8장)

학습[training] 일부 입력에 대해 알려진 올바른 출력과 함께 **역전파**를 사용하여 **인공신경망**의 가중치를 조정하는 단계. (7장)

학습률[learning rate] 계산된 **델타**를 기반으로 **인공 신경망**에서 가중치가 수정되는 비율을 조정하는 데 사용한다. 일반적으로 상숫값이다. (7장)

허용 가능한 휴리스틱[admissible heuristic] 목표에 도달하는 데 드는 비용을 결코 과대평가하지 않는 A* 알고리즘의 **휴리스틱**. (2장)

활성화 함수[activation function] 일반적으로 **인공 신경망**에서 **뉴런**의 출력을 변환하여 비선형 변환을 처리할 수 있게 만들거나 출력값이 일정 범위 내로 고정되도록 하는 함수. (7장)

휴리스틱[heuristic] 불충분한 시간이나 정보로 인하여 합리적인 판단을 할 수 없거나, 체계적이면서 합리적인 판단이 굳이 필요하지 않은 상황에서 사람들이 빠르게 사용할 수 있는 어림짐작 방법. (2장)

CSV 데이터셋의 행이 쉼표로 구분된 값을 갖는 텍스트 교환 형식이다. 행은 일반적으로 개행 문자로 구분된다. CSV는 Comma-Separated Values(**콤마로 구분된 값**)의 줄임말이다. CSV는 스프레드시트 및 데이터베이스에서 일반적으로 내보내기^{export} 형식으로 사용된다.

NP-난해[NP-hard] 다항 시간에 풀 수 있는 알고리즘이 존재하지 않는 문제. (9장)

SIMD 명령[SIMD instruction] 벡터를 사용한 계산에 최적화된 마이크로프로세스 명령어. 벡터 명령어라고도 한다. SIMD는 **단일 명령 다중 데이터**를 나타낸다. (7장)

XOR 피연산자 모두 참이거나 모두 거짓이면 참을 반환하고, 피연산자 둘 중 하나가 참이고 다른 하나가 거짓이면 거짓을 반환하는 논리 비트 연산이다. XOR은 **eXclusive OR**(배타적 OR, 배타적 논리합)의 줄임말이다. 파이썬에서 XOR 연산은 ^ 연산자에 해당한다. (1장)

z점수[z-score] 데이터 포인트가 데이터셋의 평균에서 벗어난 표준편차의 수. (6장)

참고 자료

이 책을 다 읽은 다음에는 무엇을 해야 할까? 이 책은 알고리즘의 다양한 주제를 다루고 있으며, 부록 B에서는 더 자세한 정보를 얻을 수 있는 유용한 자료를 제공한다.

B.1 파이썬

이 책의 첫 부분에서 언급했듯이 이 책의 독자는 파이썬에 대한 지식이 어느 정도 있다고 가정한다. 파이썬 수준을 다음 단계로 올려주는 두 가지 책을 소개하겠다. 이들은 파이썬 중급 개발자를 고급 개발자로 만들어준다. 초보자라면『Quick Python Book』(매닝, 2018)을 참고한다.

• 『전문가를 위한 파이썬: 간단하고, 명료하고, 효율적인 파이썬 프로그래밍』(한빛미디어, 2016)
  – 초급 개발자와 중급/고급 개발자의 경계를 넘나들지 않는 유명한 파이썬 언어 책 중 하나다. 중급 및 고급 개발자를 대상으로 한다.
  – 광범위한 고급 파이썬 주제를 다룬다.
  – 파이써닉한 코드를 어떻게 작성하는지 모범 사례를 다룬다.
  – 모든 주제에 대한 수많은 예제 코드를 다루며, 파이썬 표준 라이브러리의 내부 작동을 설명한다.

- 『Python Cookbook, 3판』(인피니티북스, 2014)

  - 예제를 통해 파이썬을 배운다.

  - 일부 내용은 초보자가 보기 어려울 수 있다.

  - 파이썬 표준 라이브러리를 강력하게 사용한다.

  - 출시일이 좀 오래되어서 최신 표준 라이브러리 도구는 포함되어 있지 않다. 곧 4판이 나
    오길 바란다.

B.2 자료구조와 알고리즘

이 책의 첫 부분에서 언급했듯이 이 책은 자료구조와 알고리즘 전공 서적이 아니다. 이 책에서
는 빅오 표기법을 거의 사용하지 않으며, 수학적 증명에 대해서도 다루지 않는다. 이 책은 중요
한 프로그래밍 기술에 대한 실습 튜토리얼이다. 물론 전공 서적 또한 살펴볼 가치가 있다. 이
책은 특정 기술이 동작하는 이유보다 동작에 대한 설명을 제공하며, 유용한 참고 자료로 사용
할 수 있다. 온라인 자료는 매우 훌륭하지만, 때때로 학자와 출판사에 의해 세심하게 조사된 자
료를 보는 것이 더 좋다.

- 『Introduction to Algorithms, 3판』(한빛아카데미, 2014)
  - 컴퓨터 과학 대학 교재로 많이 사용된다. 4명의 저자 이름(Thomas Cormen, Charles
    Leiserson, Ronald Rivest, Clifford Stein) 머리글자를 따서 CLRS라고 부르기도 한다.
  - 포괄적이고 자세한 내용을 다룬다.
  - 다른 책보다 많은 내용을 다루고 있으며, 훌륭한 참고 자료로 사용할 수 있다.
  - 대부분의 알고리즘에 대한 의사코드가 제공된다.
  - 4판이 집필 중이다.
- 『알고리즘, 개정4판』(길벗, 2019)
  - 자료구조와 알고리즘을 포괄적으로 소개한다.
  - 모든 알고리즘에 대한 예제가 자바로 잘 구성되어 있다.
  - 대학 알고리즘 수업에서 인기 있는 책이다.

- 『The Algorithm Design Manual, 2nd edition』(스프링거, 2011)

  - 전공 서적과는 조금 다른 접근 방식으로 알고리즘을 배운다.
  - 코드가 적지만, 각 알고리즘의 적절한 사용에 대한 설명이 포함되어 있다.
  - 다양한 범위의 알고리즘에 대해 모험을 선택하는 지침을 제시한다.

- 『Hello Coding : 그림으로 개념을 이해하는 알고리즘』(한빛미디어, 2016)

  - 알고리즘을 그림으로 쉽게 설명한다.
  - 참조 서적이라기보다 이해하기 어려운 몇 가지 기본 알고리즘을 배우기 위한 책이다.

B.3 인공지능

인공지능이 우리 세상을 변화시키고 있다. 이 책에서는 A* 알고리즘과 최소최대 알고리즘 같은 전통적인 인공지능 검색 기술뿐만 아니라 k-평균 군집화 및 신경망 같은 흥미진진한 인공지능의 하위 분류인 머신러닝을 소개했다. 인공지능에 대해 더 많이 배우는 것은 흥미로울 뿐만 아니라 다음 단계의 컴퓨팅에 대비할 수 있도록 해준다.

- 『인공지능 : 현대적 접근 방식, 3판』(제이펍, 2016)

  - 대학 교재로 사용된다.
  - 폭 넓은 주제를 다룬다.
  - 책에서 의사코드로 구현한 훌륭한 코드를 온라인 저장소로 제공한다.

- 『Artificial Intelligence in the 21st Century, 2nd edition』(머큐리 러닝 앤 인포메이션, 2015)

  - 『인공지능 : 현대적 접근 방식』보다 더 현실적이고 다양한 지침을 제공한다.
  - 실무적인 예제와 참조를 제공한다.

- 앤드류 응의 「머신러닝」 코세라 강의(스탠포드 대학), https://www.coursera.org/learn/machine-learning/

  - 머신러닝의 많은 기본 알고리즘을 다루는 무료 영상 강의를 제공한다.
  - 세계적으로 유명한 전문가가 강의한다.
  - 많은 실무자가 머신러닝을 시작하는 사람에게 추천하는 강의다.

B.4 함수형 프로그래밍

파이썬은 함수형 프로그래밍 형식으로 코드를 작성할 수 있지만, 실제로 그렇게 설계되지 않았다. 함수형 언어로 함수형 프로그래밍을 익힌 후, 그 경험에서 습득한 아이디어 중 일부를 파이썬에 적용하면 코드 작성에 도움 될 것이다.

- 『컴퓨터 프로그램의 구조와 해석』(인사이트, 2016)
  - 컴퓨터 과학 입문 수업에서 자주 사용되며, 함수형 프로그래밍을 고전적으로 소개한다.
  - 함수형 언어인 스키마scheme를 사용한다.
  - 온라인에서 무료로 이용 가능하다(https://mitpress.mit.edu/sicp/).
- 『Grokking Functional Programming』(매닝, 2018)
  - 함수형 프로그래밍을 그림으로 쉽게 설명한다.
- 『Functional Programming in Python』(오라일리, 2015)
  - 파이썬 표준 라이브러리의 일부 함수형 프로그래밍에 대한 모듈을 소개한다.
  - 무료로 이용할 수 있다. https://www.oreilly.com/programming/free/functional-programming-python.csp
  - 총 37페이지이며, 포괄적이라기보다 킥-스타트kick-start 형식이다.

B.5 머신러닝 외부 라이브러리

머신러닝에 최적화된 외부 파이썬 라이브러리가 몇 가지 존재한다. 그중 일부는 7장에서 언급했다. 이들 외부 라이브러리는 편리한 많은 함수를 제공한다. 머신러닝 또는 빅데이터 애플리케이션을 작성하는 경우 이러한 라이브러리를 사용해야 한다.

- 넘파이NumPy(http://www.numpy.org)
  - 사실상의 파이썬 표준 숫자 라이브러리다.
  - 빠른 성능을 위해 대부분 C로 구현되었다.
  - 텐서플로와 사이킷런을 포함한 파이썬 머신러닝 라이브러리의 기본이다.

- 텐서플로 ^{TensorFlow} (https://www.tensorflow.org)
  - 신경망 처리에 가장 많이 사용되는 파이썬 라이브러리 중 하나다.

- 팬더스 ^{pandas} (https://pandas.pydata.org)
  - 데이터셋을 파이썬으로 가져와서 조작하기 위한 인기 파이썬 라이브러리다.

- 사이킷런 ^{scikit-learn} (http://scikit-learn.org/stable/)
  - 이 책에서 다룬 여러 머신러닝 알고리즘에 대한 테스트를 거친 완전한 버전(이 책보다 더 많은 기능을 제공한다.)

타입 힌트 간단한 소개

PEP 484와 파이썬 버전 3.5에서 타입 힌트(또는 타입 어노테이션)를 파이썬의 공식 기능으로 도입했다. 그 후 많은 파이썬 코드에서 타입 힌트가 일반적으로 사용되었으며, 언어의 강력한 지원이 추가되었다. 타입 힌트는 이 책의 모든 코드에서 사용했다. 부록 C에서는 유용한 타입 힌트를 소개하며, 타입 힌트에 대한 좀 더 깊은 자료를 읽는 데 도움을 줄 것이다.

> **CAUTION_** 여기에서는 타입 힌트를 포괄적으로 다루지 않는다. 간단한 킥-스타트 형식으로 소개한다. 타입 힌트에 대한 자세한 내용은 공식 파이썬 문서를 참고하라.
>
> https://docs.python.org/3/library/typing.html

C.1 타입 힌트가 무엇인가?

타입 힌트는 파이썬에서 예상되는 타입의 변수, 함수의 매개변수 및 반환 타입에 어노테이션을 다는 것이다. 즉, 개발자가 파이썬 코드의 특정 부분에서 예상되는 타입을 나타낼 수 있는 방법이다. 대부분의 파이썬 개발자는 타입 힌트 없이 코드를 작성한다. 사실 이 책을 읽기 전에 중급 파이썬 개발자라도 타입 힌트가 있는 파이썬 코드를 본적이 없을 가능성이 크다.

파이썬은 개발자가 타입을 지정하도록 요구하지 않기 때문에 타입 힌트가 없는 변수의 타입을 알아내는 유일한 방법은 확인(문자 그대로 해당 시점까지 코드를 읽거나 실행하여 타입을 출력) 및 문서화를 통해서다. 이것은 파이썬 코드를 읽기 어렵게 만들기 때문에 문제가 된다(이에 대한 반대 의견도 있는데, 뒷부분에서 다룬다). 또 다른 문제는 파이썬이 매우 유연하기 때문에 개발자가 동일한 변수를 사용하여 여러 타입의 객체를 참조할 수 있어서 오류가 발생하기 쉽다는 것이다. 타입 힌트는 이러한 스타일의 개발을 방지하고, 오류를 줄이는 데 도움을 준다.

파이썬에는 타입 힌트가 있으므로 **점진적으로 타입이 지정된** 언어라고 부른다(원하는 경우 타입 어노테이션을 사용할 수 있지만 필수는 아니다). 부록 C를 통해 타입 힌트가 파이썬 코드를 약간 더 길게 하고 모양을 바꿀지라도 타입 힌트는 활용해야 하는 좋은 것임을 확신하길 바란다.

C.2 타입 힌트는 어떻게 생겼나?

변수와 함수가 선언된 코드에 타입 힌트가 추가된다. 콜론(:)은 변수와 함수 매개변수의 타입 힌트 시작을 나타내고, 화살표(->)는 함수의 반환 타입의 시작을 나타낸다. 아래 코드를 살펴보자.

```
def repeat(item, times):
```

함수 정의를 읽지 않고, 이 함수가 무엇을 하는지 알 수 있는가? 문자열을 특정 횟수만큼 출력하는 함수인가? 아니면 다른 일을 하는 함수인가? 물론 함수 정의를 읽어서 내용을 파악할 수 있지만 시간이 소요된다. 불행하게도 이 함수의 저자는 문서를 제공하지 않았다. 타입 힌트로 다시 작성해보자.

```
def repeat(item: Any, times: int) -> List[Any]:
```

훨씬 더 명확해졌다. 타입 힌트를 보면 이 함수는 Any 타입의 item과 정수 타입의 times 매개변수를 취하며, 리스트에서 Any 타입의 item 리스트를 반환한다. 문서화는 함수를 조금 더 쉽게 이해하는 데 도움이 되지만, 타입 힌트를 통해서도 어떤 타입의 값을 취하고 반환하는지 알 수 있다.

이 함수의 항목이 부동소수점 타입을 취한다고 가정하자. 부동소수점 제약 조건을 나타내기 위해 타입 힌트를 다음과 같이 변경할 수 있다.

```
def repeat(item: float, times: int) -> List[float]:
```

이제 항목은 부동소수점 타입이어야 하며, 반환 타입에서 리스트의 인덱스는 부동소수점수가 된다. 강한 타입 언어처럼 보인다. 이 타입은 진짜로 필요한 것이 아니라 힌트일 뿐이다. 파이썬은 런타임에 타입 힌트를 완전히 무시하고 추정된 제약 조건을 어길 수도 있다. 하지만 타입 검사기 type checker는 개발 중에 코드의 타입 힌트를 평가하고 함수에서 부당한 호출이 있는지 개발자에게 알려준다. repeat("hello", 30)을 호출하면 오류가 발생할 것이다(문자열 "hello"는 부동소수점 타입이 아니다).

이번에는 변수 선언에 대한 타입 힌트 예제를 살펴보자.

```
myStrs: List[str] = repeat(4.2, 2)
```

이런 타입 힌트는 말이 안 된다. myStrs 변수는 문자열 리스트가 할당될 것으로 예상한다. 그러나 repeat() 함수는 이전 타입 힌트에서 부동소수점수 리스트를 반환한다고 되어 있다. 다시 한 번 말하지만 파이썬 3.7은 타입 힌트의 정확성을 검증하지 않기 때문에 잘못된 타입 힌트가 코드 실행에 영향을 미치지 않는다. 하지만 타입 검사기를 통해 이러한 오류를 예방할 수 있다.

C.3 타입 힌트는 왜 유용한가?

지금까지 타입 힌트에 대해 간단히 살펴봤다. 그럼 타입 힌트는 왜 유용한가? 파이썬은 런타임에 타입 힌트를 무시한다. 파이썬 인터프리터가 타입 힌트를 신경 쓰지 않는데, 왜 타입 힌트를 작성하는 데 시간을 들여야 할까? 이미 언급한 바와 같이 타입 힌트를 사용하는 두 가지 이유가 있다. 코드 자체를 문서화하고, 타입 검사기가 실행 전에 코드의 정확성을 확인할 수 있도록 하는 것이다.

자바와 하스켈 같은 정적 타이핑 언어에서의 타입 선언은 함수(또는 메서드)가 예상하는 매개변수와 반환할 타입을 매우 명확하게 한다. 이것은 코드의 문서화 부담을 경감시킨다. 예를 들어 다음 자바 메서드는 매개변수 또는 반환 타입을 주석으로 작성할 필요가 없다.

```
/* 세상을 정복하고, 돈을 반환한다. */
public float eatWorld(World w, Software s) { ... }
```

이를 타입 힌트 없이 기존 파이썬으로 작성한 다음 문서화 예제를 보자.

```
# 세상을 정복한다.
# 매개변수:
# w - 정복할 세상
# s - 정복할 세상에 필요한 소프트웨어
# 반환값:
# 세상을 정복하고, 부동소수점 타입의 돈을 반환한다.
def eat_world(w, s):
```

타입 힌트를 사용하면 다음과 같이 코드 자체를 문서화함으로써 파이썬 문서를 정적 타입 언어처럼 간결하게 만들 수 있다.

```
/* 세상을 정복하고, 돈을 반환한다. */
def eat_world(w: World, s: Software) -> float:
```

극단적으로 주석이 없는 긴 코드를 본다고 상상해보자. 주석이 없는 코드에서 타입 힌트 없이 코드를 이해하기 쉬울까? 타입 힌트는 주석이 없는 함수의 매개변수로 전달할 타입과 반환할 타입을 쉽게 이해하는 데 도움을 준다.

타입 힌트는 코드의 어떤 시점에서 어떤 타입이 예상되는지 나타내는 방법이다. 그러나 파이썬은 이 예상을 검증하는 데 아무것도 하지 않는다. 그래서 타입 검사기가 필요하다. 타입 검사기는 타입 힌트가 작성된 파이썬 코드 파일을 가져와서 코드가 실행될 때 타입을 유지하는지 확인할 수 있다.

파이썬 타입 힌트에 대한 여러 타입 검사기가 있다. 예를 들어 널리 사용되는 통합 개발 환경 도구인 파이참에는 타입 체커가 내장되어 있다. 타입 힌트를 사용하여 파이참에서 코드를 작성할 때 타입에 맞지 않으면 타입 오류가 자동으로 나타난다. 이는 코드를 작성하기 전에 실수를 방지해준다.

이 책이 집필되는 시점에서 가장 많이 사용되는 파이썬 타입 검사기는 mypy다. mypy 프로젝트는 파이썬의 창시자인 귀도 반 로섬이 주도한다. 파이썬의 미래에 타입 힌트가 매우 중요한 역할을 할 것이라는 데 의심할 여지가 있을까? mypy는 설치한 후 mypy example.py를 입력하여 간단하게 실행할 수 있다(여기서 example.py는 실행하려는 파일의 이름이다). mypy는 코드의 모든 타입 오류를 콘솔에 출력한다. 오류가 없다면 아무것도 출력하지 않는다.

미래에는 타입 힌트가 유용한 다른 방법으로 사용될 수도 있다. 현재 타입 힌트는 실행 중인 파이썬 코드의 성능에 영향을 미치지 않는다(마지막으로 다시 말하자면 타입 힌트는 런타임에서 무시된다). 그러나 파이썬 추후 버전에서는 타입 힌트의 정보를 바탕으로 최적화를 수행하여 코드의 실행 속도를 높일 수 있다. 물론 이것은 순수한 추측이다. 파이썬은 아직 타입 힌트 기반 최적화를 구현할 계획이 없다.

C.4 타입 힌트의 단점

타입 힌트는 아래 세 가지 단점이 있다.

- 타입 힌트가 있는 코드는 없는 코드 보다 작성하는 데 시간이 더 걸린다.
- 타입 힌트는 경우에 따라 가독성을 떨어뜨린다.
- 타입 힌트는 완전히 구현되지 않았으며, 현재 구현 방식으로 타입을 제약하는 것은 혼란스러울 수 있다.

타입 힌트가 있는 코드를 작성하는 데 시간이 더 걸리는 두 가지 이유가 있다. 단어를 더 많이 입력해야 하고(키보드에서 더 많은 키를 눌러야 하고), 코드에 대해 더 많이 추론해야 한다. 코드에 대한 추론은 대부분 항상 긍정적이지만 속도가 느려진다. 코드가 실행되기 전에 타입 검사기로 오류를 예방하여 느려진 시간을 보충할 수 있다. 타입 검사기에 의해 잡힐 수 있는 오류를 디버깅하는 시간이 코드를 추론하는 시간보다 더 걸릴 수 있다.

어떤 사람은 타입 힌트가 있는 파이썬 코드가 그냥 파이썬 코드보다 더 읽기 어렵다고 느낀다. 이에 대한 두 가지 이유는 아마도 익숙함과 장황함이다. 익숙하지 않은 구문은 익숙한 구문보다 읽기 어렵다. 타입 힌트는 실제로 파이썬 코드의 모양을 바꿔서 처음에는 익숙하지 않을 수 있다. 타입 힌트로 더 많은 코드를 작성하고 읽어야 이 부분을 극복할 수 있다. 두 번째 문제는 장황함이다. 파이썬은 간결한 구문으로 유명하다. 같은 일을 수행하는 파이썬과 다른 언어의 프로그램이 있다고 할 때 보통 파이썬은 다른 언어보다 코드가 상당히 짧다. 타입 힌트가 있는 코드는 간결하지 않아서 육안으로 빨리 읽을 수 없다. 그러나 처음 코드를 이해하는 데 시간이 오래 걸리더라도 그다음에 코드를 읽을 때 더 잘 이해할 수 있다. 타입 힌트를 사용하면 예상 타입을 바로 볼 수 있다. 즉, 코드나 문서를 통해 타입을 파악할 필요가 없다.

마지막으로 타입 힌트는 유동적이다. 파이썬 3.5에서 처음 소개된 이후 많이 개선되었지만, 타입 힌트가 작동되지 않는 경우가 여전히 존재한다. 이에 대한 예는 2장에 있다. 일반적으로 타입 시스템의 중요한 Protocol 타입은 아직 표준 라이브러리의 typing 모듈에 없으므로 2장에서 외부의 typing_extensions 모듈을 사용해야 했다. 향후 표준 라이브러리에 Protocol 타입을 포함할 계획이 있지만 포함되지 않았다는 것은 아직 파이썬에서 타입 힌트가 초기 단계라는 증거다. 이 책을 집필하는 동안 표준 라이브러리에서 사용할 수 있는 기존 프리미티브^{primitive}에서 혼란스러운 몇 가지 예외의 경우에 부딪혔다. 파이썬에서는 타입 힌트가 필요하지 않기 때문에 사용하기 불편한 부분에서는 무시해도 된다. 그러나 타입 힌트를 절충해서 사용한다면 여전히 여러 이점을 얻을 수 있다.

C.5 더 많은 정보

이 책의 많은 코드는 타입 힌트를 사용하지만 타입 힌트에 대한 설명은 없다. 타입 힌트를 시작하기 가장 좋은 곳은 typing 모듈에 대한 파이썬 공식 문서다.[1] 이 문서는 다양한 내장 타입뿐만 아니라 간단한 설명에서부터 고급 내용까지 다룬다.

mypy 프로젝트를 살펴보면 더 좋다. mypy는 최고의 파이썬 타입 검사기다. mypy는 타입 힌트의 유효성을 확인하는 소프트웨어다. 설치 및 사용법 외에도 mypy의 문서를 참조하면 좋다. 이 문서는 내용이 풍부하며, 일부의 경우 표준 라이브러리에서 설명되지 않은 타입 힌트를 사용하는 방법을 설명한다. 예를 들면 조금 이해하기 어려운 제네릭이 있다. mypy 문서의 제네릭 부분을 읽을 것을 추천한다. mypy의 '타입 힌트 치트 시트'도 참고하면 좋다.

풍부한 설명이 있는 이 문서는 표준 라이브러리에서 설명되지 않은 일부 경우에 타입 힌트를 사용하는 방법에 대해 설명한다. 여기서 조금 어려운 부분은 제네릭이다. mypy의 제네릭 문서는 좋은 출발점이 될 것이다. 또 다른 좋은 자료는 mypy의 '타입 힌트 치트 시트'다.

- **mypy 사이트**: http://mypy-lang.org
- **mypy 문서 사이트**: https://mypy.readthedocs.io/
- **mypy 제네릭**: https://mypy.readthedocs.io/en/latest/generics.html
- **타입 힌트 치트 시트 사이트**: https://mypy.readthedocs.io/en/stable/cheat_sheet_py3.html

----

[1] https://docs.python.org/3/library/typing.html

INDEX

INDEX

INDEX

INDEX